L'ORDRE DES TEMPLIERS

DU MÊME AUTEUR

George Sand (Tallandier), 1936.

Alfred de Musset (Tallandier), 1928.

Voltaire (Tallandier), 1938.

Baudelaire (Tallandier), 1939.

Héloïse, amante d'Abailard (Tallandier), 1939.

Rabelais (Tallandier), 1941.

Molière (Tallandier), 1942.

Gœthe (Tallandier), 1943.

Théodore de Banville (Librairie académique Perrin).

Coleridge, le somnambule sublime (Librairie académique Perrin).

Jean-Jacques Rousseau (Librairie académique Perrin).

Édouard Estaunié (Firmin-Didot).

George V (Plon), 1936.

George VI et la Princesse Elizabeth (Plon), 1937.

Dupleix et l'Empire des Indes (Mame), 1937.

Napoléon et les hommes de lettres de son temps (Mercure de France), 1935.

La Lumière intérieure chez Jeanne d'Arc (Les Libertés françaises), 1937.

John Charpentier

L'Ordre des Templiers

Tallandier

25 Boulevard Malesherbes
75008 Paris

Première partie

I

La fondation de l'Ordre

La pieuse exaltation suscitée par les terreurs de l'an 1000 (ce chiffre fatidique figure dans l'Apocalypse) avait fait les chrétiens s'engager, dès la seconde moitié du Xe siècle, sur les routes du Proche-Orient. D'aller à Saint-Jacques, au Mont-Cassin, aux Saints-Apôtres ne semblait plus suffisant : il fallut remonter le courant de la foi jusqu'à sa source pour s'y retremper. C'est que, des plus humbles aux plus puissants, tous s'étaient posé la même question avec une égale anxiété : « La France — cette France distincte désormais de l'Allemagne et de l'Italie, qui commence à vivre de sa vie propre en 987, à l'avènement des Capétiens — doit-elle périr et le monde avec elle ? »

Hugues, incertain de son droit, s'était refusé par scrupule à ceindre le diadème. En qualité d'Abbé de Saint-Martin de Tours, il s'était contenté de revêtir la chape du vénérable évêque, et son fils Robert, âme édifiante, n'avait eu de pensée que pour les pauvres, les infirmes et les égrotants. On attribua à une grâce de franchir la passe redoutée avec ce bénin pilote à la barre...

C'était le premier millénaire de la Chrétienté. Reportons-nous à ces temps lointains, rendus si proches, cependant, par l'actualité. L'homme, au lieu de mettre à profit pour son rachat, son salut, la Passion de Notre-Seigneur, n'avait cessé de perpétrer crimes sur crimes, de piller, de violer, de tuer. Il eût été juste qu'il pâtît, payât son infamie de l'anéantissement annoncé et que les trompettes du Jugement dernier retentissent le jour où l'Annonciation de la Vierge coïnciderait avec le Vendredi Saint, suivant la prédiction d'un ermite de la Thuringe, nommé Bernard. La conjonction s'était produite en 992 ; mais ç'avait été assez de l'ouragan qui dévasta le Parisis en 945 ; des famines de 990 et de 997, lesquelles, un lustre durant, chacune, désolèrent les campagnes. Dieu, auprès de qui son Fils avait intercédé, invoquant les prières du roi, des mères au sein tari, avait suspendu son geste vengeur, accordé aux coupables un délai. On le pensa, du moins ; et les premiers pèlerins, armés du seul bourdon de voyage, partirent de chez nous.

Après s'être agenouillé dans l'ombre des églises, on voulut se prosterner, battre sa coulpe, exhaler son repentir et sa gratitude en pleine lumière, sur le sol où le Verbe s'était incarné, afin d'obtenir la rémission plénière de ses fautes. Jérusalem ! « Les pieds y portaient d'eux-mêmes », a dit Michelet. Heureux qui revenait ! plus heureux qui mourait près du tombeau du Christ, et qui pouvait lui dire, selon l'audacieuse expression d'un contemporain (Pierre d'Auvergne) : « Seigneur, vous êtes mort pour moi et je suis mort pour vous. »

Mais on n'approchait pas sans péril de la Judée. Si, longtemps, les califes de Bagdad et du Caire s'étaient montrés tolérants à l'égard des Occidentaux, attirés par les Lieux Saints, aussitôt Jérusalem tombée au pouvoir des Turcs tout avait changé. Ces musulmans arrogants, cruels, abreuvaient d'outrages les chrétiens. Après leur avoir infligé d'odieuses vexations, s'être plu à les contraindre de souiller la pierre sous laquelle le Sauveur avait été enseveli, ils les torturaient, puis les exterminaient ou les abandonnaient, mutilés, aux ardeurs du soleil.

En vain, l'empereur Alexis Comnène, menacé par les Arabes qui campaient devant Constantinople — sur la rive asiatique du Bosphore —, avait-il crié au secours, vantant aux chrétiens pour les séduire, avec des mots de proxénète, la rare beauté des filles de son pays : son appel était demeuré sans réponse. Auparavant, une éloquente lettre adressée aux princes par le pape français Sylvestre II, n'avait produit aucun effet. Cette armée de 50 000 chevaliers, dont il eût voulu prendre le commandement pour accomplir la délivrance du Saint-Sépulcre, Grégoire VII avait échoué à la lever, malgré son énergie.

Mais ce que tant de consciences, écartelées par le remords, se répétaient sans arrêt dans leur solitude, une voix s'éleva pour l'exprimer publiquement. La grande pénitence, un moine né à Amiens ou aux environs de cette ville, et que l'on avait affublé du sobriquet de *coucou Piètre,* Pierre l'Ermite la prêcha.

C'était trop peu des larmes répandues : il fallait du sang; pour cela tenir les promesses arrachées par l'épouvante et toujours différées; payer, sans nouveau délai, de sa personne. Pierre, qui revenait tout frémissant du théâtre des horreurs turques et avait eu à Jérusalem une vision céleste, disait, avec les paroles qui transpercent les cœurs des simples, la grande pitié des pèlerins. Monté sur une mule dont on tirait des pincées de poils au passage pour s'en faire des reliques, ce petit homme malingre, à la barbe embroussaillée, enthousiaste et rude, boutait le feu aux esprits en évoquant, crucifix au poing, les souffrances des meilleurs d'entre les chrétiens. Partout, sur son passage, s'affermissait la même volonté. « On avait pleuré en Italie, on s'arma en France », a écrit Voltaire, son habituelle ironie tombée. *Gesta Dei per Francos !*

Mais les menues gens, en réclamant les premiers la guerre sainte, montrèrent plus d'empressement à acquitter leur dette envers la Providence que la noblesse assemblée à Clermont sur convocation d'Urbain II. Comme on délibérait encore, s'attardait à des préparatifs, ils devancèrent la date fixée par le Souverain Pontife pour le départ des « Croisés », car c'est ainsi qu'on appela les chrétiens résolus de soustraire la Terre Sainte à la domination des infidèles, à cause de l'insigne qu'ils adoptèrent : une croix d'étoffe rouge fixée à leur épaule ou à leur chaperon. « Chacun doit renoncer à soi-même et se charger de la croix », avait dit Urbain II.

« Dieu le veut ! Dieu le veut ! » l'immortel cri, la foule indisciplinée des gueux, serfs et vagabonds (« l'écume de la France »)[1] groupés autour du Picard, le poussa d'abord. Nulle ambition ni espoir de conquête chez ces déshérités, au rebours des comtes et barons qui, sûrs de leur vaillance, de leur épée, abandonnaient leurs biens à vil prix en faisant le rêve de devenir princes, rois, empereurs même dans les pays fabuleux qu'ils allaient envahir. Mais sous la conduite d'une chèvre, démunis d'armes ou presque, sans viatique, confiants en Dieu seul, que voulaient, sinon racheter leur âme, plus que la vie ! ceux-là qui vidaient dans les mains des misérables les boisseaux de froment qu'ils avaient tenus cachés en prévision de la disette ? « Sept brebis, dit Guibert de Nogent, furent vendues sept deniers. »

Pierre donnait l'exemple, distribuant autour de lui les dons qu'il recevait en abondance. Les pieds déchaux, seulement vêtu d'une robe de bure, il ne mangeait ni viande ni pain, ne semblait nourri que du divin souffle. Nul mieux que lui ne justifia l'opinion que la Croisade était chose plus qu'humaine, *non tam humanitus quam divinitus.* Un siècle avant François d'Assise, il incarnait la pauvreté libératrice.

1. « *Faex residua Francorum* » (Guibert de Nogent).

Et qui avait-il pour lieutenant ou pour émule ? Un valeureux guerrier nommé Gauthier-Sans-Avoir. Huit chevaux, voilà tout ce que l'on pouvait se partager entre tant de milliers d'hommes, bientôt exténués.

Des pauvres gens qui le révéraient, l'Ermite ne devait ramener en France qu'une poignée. Dans la marche vers l'est, il en tomba une multitude telle que la route qui emprunte la vallée du Danube en fut jonchée de bout en bout.

Trois mois et six jours après leur entrée à Cologne, le samedi de Pâques 12 avril 1096, les bandes décimées de Pierre parvinrent à Constantinople. Près de Civitot, en Asie Mineure, il périt on ignore combien de Croisés, et Gauthier-Sans-Avoir d'abord, symboliquement percé de sept flèches, autant que le Crucifié fut de fois blessé dans sa chair. Presque tout le reste devait mourir de la faim, de la peste devant Antioche. Ébranlée, la foi chancela, faillit s'abattre sous le faix des maux. La débauche, ce vertige que rend irrésistible le spectacle de la mort triomphante en sa furie déchaînée, s'empara de ces misérables. Leur délire horrifia Pierre qui s'enfuit, incapable d'en supporter l'abomination. Il fallut, de force, le ramener au camp des Croisés en armes, arrivés enfin.

Seule, la convoitise avait soutenu le courage défaillant de ceux-ci. Mais, Antioche emportée, la vue de Jérusalem ranima l'enthousiasme. Un mystique élan souleva et d'un seul coup fit flamber les âmes. Des chants, hymnes et cantiques jaillirent de toutes les poitrines, battirent les murs de la ville avant les vagues d'assaut des guerriers. Pas un chrétien qui ne s'agenouillât, bras tendus ou mains levées vers le ciel. Les plus fervents, prosternés, baisaient la terre, l'arrosant de leurs pleurs.

Par l'ouverture des haillons dont, pour la plupart, les Croisés étaient couverts, on voyait la croix qu'ils avaient imprimée dans leur chair avec un fer rouge afin d'être sûrs qu'elle ne les quitterait pas, leurs habits déjà usés, pourris par les pluies, déchirés par les coups, eussent-ils achevé de s'émietter sous la brûlure du soleil.

Les privations, les souffrances, endurées en commun, faisaient qu'on ne distinguait plus les hommes les uns des autres, toutes classes mêlées. L'épreuve avait établi entre eux une indéfectible égalité. Celui-ci était-il de la « vilainaille » et celui-là « prudhomme » ? On ne savait. Et pourquoi eût-on voulu savoir ? Tous se retrouvaient enfants de la même foi, fils du même Dieu. Cela seul importait de les réconforter, de leur assurer la vie sauve. Mais il faut voir là plus qu'une coïncidence : c'est avec la Croisade que naissent — la chevalerie forgeant sa règle et tout chevalier pouvant en créer un autre[2] — les armoiries, les devises parlantes. En même temps, les noms de famille remplacent les noms de baptême. Jean devient Lefort, par exemple, et Robert, Lebon ou Ledoux, pour leurs qualités physiques et morales. Celui-ci s'appellera Charron, à cause du métier qu'il exerce, et cet autre Dubois, Dupont ou Duval en considération du lieu où il habite. Supprimées entre eux les différences sociales, les hommes s'individualisent. Enfin, un grand sentiment de commisération se dégage de l'expérience, de la leçon des Croisades. Si fortement trempées qu'elles soient, les âmes s'attendrissent, ici, de pitié. Et les plus rudes ne sont pas les moins émues.

L'assaut de la ville sainte avait été donné le 14 juillet 1099. Onze ans plus tard, avec quelques-uns des 3 000 cheva-

2. Jusqu'au XVIIIe siècle, on put être armé chevalier sans avoir à fournir un titre de noblesse. Par la suite, recevoir l'investiture devint une obligation pour tout gentilhomme. On punit d'amende les écuyers nobles qui, passé vingt-quatre ans, n'avaient pas été faits chevaliers.

liers demeurés aux côtés de Godefroi de Bouillon, le pur — il mourut vierge à trente-neuf ans — Gérard de Martigues, un Provençal, fonde l'ordre religieux, puis militaire des Hospitaliers. Ces Hospitaliers, c'est mieux que ce que nous appelons prétentieusement « l'humanité » : la charité qui les inspire. À qui le chevalier dévouera-t-il le courage, la puissance qu'il tient de Dieu et dont il est si fier, si ce n'est aux débiles ? Au Moyen Age, le goût du risque pour le risque ne saurait être le mobile du héros, comme on en a hasardé le paradoxe. Le chevalier n'est pas joueur. Sans la foi il ne serait qu'un aventurier, la brute ivrogne et paillarde — bonne à tout, propre à rien — qui bataillera sous la bannière de n'importe quel chef de bande deux ou trois siècles plus tard.

Au début des Croisades, le preux (de *probus,* probe) a vu dans les faibles des martyrs dont l'exemple a frayé la voie à de plus faibles encore. Car on s'élança sur leurs traces. « Le père n'osait point arrêter son fils, l'épouse son époux, le maître son esclave ; chacun était libre d'aller au Saint Tombeau (...). Aucune route, aucune cité, aucune plaine, aucune montagne qui ne fût couverte des tentes et des pavillons d'une foule de barons, de chevaliers, d'hommes et de femmes de toutes conditions », dit la chronique.

La fièvre des conquérants tombée (elle ne reparut que cinquante ans plus tard), une autre lui succéda, qui devait se prolonger jusque sous le règne de saint Louis et même au-delà. Presque sans interruption, le zèle des peuples l'entretiendra pendant près de trois siècles.

En pleine guerre de Cent Ans, on verra Jeanne écrire au duc de Bourgogne pour le conjurer de faire la Croisade avec les fidèles sujets du roi Charles VII plutôt que de poursuivre une lutte fratricide. Par désir d'expiation d'une faute, pour accomplir un vœu comme Vercors, le père de Violaine, dans *L'Annonce faite à Marie,* ou en quête du paradis promis à ceux-là qui, à défaut de pourfendre des Sarrasins, iraient en suppliant prier à Jérusalem, on organisait des pèlerinages pareils à de véritables expéditions. Il y eut même une croisade des enfants...

Offrir un refuge aux chrétiens errants égarés, les secourir dans la détresse, tel fut l'objet des Hospitaliers, les « Frères de la Maison allemande », comme de leurs cadets, les Chevaliers Teutoniques. En 1128, « un honnête et religieux allemand, inspiré par la Providence, dit Jacques de Vitry, fit bâtir à Jérusalem, où il habitait avec sa femme, un hôpital pour ses compatriotes ».

Contrairement aux infirmiers de cet hôpital, qui ne s'armèrent qu'après coup, comme les Hospitaliers, pour devenir l'ordre militaire des Chevaliers Teutoniques, les Templiers constituèrent, d'abord, un ordre guerrier.

Avant d'entreprendre de soulager les misères des pèlerins, de leur prodiguer la charité chrétienne, s'ils étaient malades ou blessés, ils songèrent à les protéger en vertu de l'adage : « Mieux vaut prévenir que guérir ». Ces « moines-soldats », ainsi qu'on les a appelés, voulaient rendre par leur bras, aussi sûr que possible à leurs frères trop faibles pour se défendre, ce désert de Judée « qui semble respirer encore la grandeur de Jéhova et les épouvantements de la mort », comme l'a vu Chateaubriand dans *L'Itinéraire de Paris à Jérusalem.*

En 1118, Hugues de Payens ou de Payns *(Hugo de Paganis),* de la maison des comtes de Champagne, et Godefroy ou Geoffroi de Saint-Omer *(Godefridus de Sancto Andemardo),* d'origine flamande, qui étaient partis pour Constantinople en 1096, se consacrèrent au service de Dieu sous la règle des chanoines de Saint-Augustin. À cette date, Baudouin Dubourg, cousin et successeur de Baudouin d'Édesse, étant roi de Jérusalem, ils choisirent, afin d'y exercer une surveillance efficace, le plus dangereux pour les caravanes, de tous les défilés qui menaient au Saint-Sépulcre, celui d'Athlit. Situé à la hauteur de Nazareth, entre Césarée et Caïpha, au sud de Saint-Jean-d'Acre (l'antique Ptolémaïs), ce défilé devint par la suite célèbre sous le nom de Château-Pèlerin.

Pour en assurer la garde, ce parut assez à Hugues et à Geoffroi de s'adjoindre sept compagnons réputés pour leur prudhommie et vaillance : André de Montbard, Gondemare, Godefroy, Roral (ou Rossal), Payen de Montdésir, Geoffroy Bisol et Archambaud de Saint-Agnan (ou de Saint-Anian)[3].

Comme ces preux étaient sans gîte, Baudouin II leur offrit un asile à Jérusalem même, dans l'aile de son palais qui jouxtait l'ancienne mosquée d'el-Aqsâ, c'est-à-dire le Temple de Salomon[4], d'où leur surnom de « Pauvres chevaliers du Christ et du temple de Salomon » *(Pauperes commilitones Christi templique Salomonici).* Auparavant[5], en présence de Garimond, archevêque ou *patriarche* de la Ville Sainte, selon le titre quelquefois adopté par les Églises des Gaules, ils avaient prononcé les trois vœux de chasteté, de pauvreté et d'obéissance, en prêtant serment de faire tout en leur pouvoir « pour assurer les routes, défendre les pèlerins contre les brigandages et les attaques des infidèles » ; *Ut vias et itinera, ad salutem perigrinorum contra latronum et incursantium insidias, pro viribus conservarent* (Guillaume de Tyr).

Par la suite, les chanoines réguliers du Saint-Sépulcre leur ayant cédé un terrain près du palais, ce fut là qu'ils

3. Lejeune cite, en outre, Hugues, comte de Champagne, le fondateur de Clairvaux. Mais de 1118 à 1127 — pendant neuf ans — le nombre des chevaliers resta à neuf.

4. *« Rex in palatio quod secus Templum Domini Australem habet partem, lis ad Tempus concessit habitaculum »* (Guillaume de Tyr).

5. Hugues de Payns et Geoffroy de Saint-Omer avaient, tout d'abord, tenu leurs pouvoirs du patriarche Theocletes, soixante-septième successeur de l'Apôtre Jean.

édifièrent leur demeure et se fixèrent définitivement, sans préjudice de la forteresse, à destination toute militaire, qu'ils devaient bâtir à Château-Pèlerin.

Durant les trois fois trois années qu'ils vécurent avant leur établissement, observant la règle augustinienne sans avoir été soumis à une discipline imposée par la plus haute autorité de l'Église, les Templiers remplirent, en habits séculiers, les devoirs qu'ils s'étaient prescrits. Années d'épreuve, au cours desquelles ils vécurent uniquement d'aumônes, et avec rigueur observant l'engagement qu'ils avaient pris, vis-à-vis les uns des autres, de toujours accepter le combat, fût-ce *un* contre *trois*. Leur pauvreté leur fait, d'autre part, une obligation de monter à deux sur un seul cheval, faute d'autant de montures qu'ils sont d'hommes, ou pour épargner celles dont ils disposent. Les sceaux les plus anciens de l'Ordre l'attestent, qui représentent un couple de chevaliers, la lance en arrêt, poussant leur unique cheval au galop contre l'adversaire[6]. Ainsi se représente-t-on Hugues de Payns et Godefroi de Saint-Omer, faire au début de leur association la police des Saints-Lieux sur les pistes de l'immense désert, une maigre besace et la gourde à demi pleine d'eau tiédie, sûrie, pendues à leur selle... L'antiquité de ce cachet dément l'accusation de manichéisme que l'on a portée contre les Templiers, en arguant de son symbolisme (Mignard, *Preuves du manichéisme de l'Ordre du Temple*).

Il n'y faut même pas chercher une allusion à la loi du binaire qui, par la suite seulement, acquerra de l'importance aux regards des Templiers quand ils seront instruits des doctrines pythagoriciennes.

6. Ce sceau prit, par la suite, le nom de *boule*. Il était coulé en argent et en plomb (cf. Lavocat, *Procès des Frères et de l'Ordre du Temple*) et portait cette inscription : *Sigillum militum Christi* (sceau des soldats du Christ).

Hugues, Godefroy et les sept premiers Croisés qu'ils s'adjoignirent ne sont que des chrétiens de la plus stricte orthodoxie, choisis par le destin, sans doute, pour accomplir un grand rôle, mais qui ne voient pas au-delà de la tâche qu'ils se sont assignée : mettre les païens « hors d'état d'opprimer les fidèles ». Nulle subtilité d'esprit, aucun ésotérisme, apparemment, chez les deux compagnons, le Champenois de terre ingrate, triste, crayeuse, le Flamand de sol balayé, fouetté par l'âpre vent de mer, mais tous deux de piété fervente et sérieuse, de volonté tenace et de cœur vaillant. Le noyau des soldats du Christ est dur si le fruit, en mûrissant, gonflera une pulpe charnue, tendre, riche de sucs capiteux sous sa peau veloutée, cuivrée par le soleil d'Orient...

« Combattre avec une âme pure pour le suprême et vrai roi », voilà d'abord l'unique ambition de ces moines-soldats qui ne veulent avoir rien de commun avec les chevaliers séculiers, lesquels, par vanité, caparaçonnent leurs chevaux de soie, arborent sur leurs armures on ne sait quelles étoffes lâches et pendantes, couvrent d'ornements leurs lances, leurs boucliers, leurs selles, ont des étriers d'argent et d'or, embellis de pierres précieuses et dont « la faveur humaine est l'objet, non Jésus-Christ ».

Les premiers Templiers, qui dépendent de la charité publique, n'ont pas d'habit distinctif. Quelle meilleure preuve, alors, d'humilité de la part de chevaliers ? Au surplus, leur communauté n'a rien d'exclusif. Mieux : quoique ce point ait été controversé, il faut tenir pour certain, avec Prutz, que leur règle primitive leur ait enjoint de rechercher tout particulièrement les « chevaliers escomeniés » (excommuniés) et de les convaincre d'entrer dans leur Ordre, après absolution de l'évêque. On admire ce qu'il y a de généreux, de chrétien — d'habile, en même temps, s'il est vrai qu'on peut attendre plus des âmes ardentes à l'excès que des tièdes — dans une telle entreprise de rachat des sacrilèges, des impies, des voleurs, des meurtriers, des parjures et des adultères ! Discipliner les rebelles, ramener les égarés, fournir aux coupables l'occasion de se réhabiliter, voilà œuvre qui ne doit pas être moins agréable à Notre-Seigneur que celle de donner en son nom la mort aux oppresseurs et tourmenteurs des fidèles. Ainsi, le sénéchal du roman intitulé *La Rose* (1199 ou 1201, selon Servois), pour se punir d'avoir fait violence à Liénor, « entre dans l'Ordre des Templiers » ; de même le duc de *La Châtelaine de Vergi* (1288), après le meurtre de sa femme. Tard, la communauté restera une espèce de légion étrangère où l'on pourra, par une conduite édifiante, se refaire un nom respecté... De là, dans l'avenir, le privilège qui sera conféré aux Templiers de jouir d'une complète immunité touchant les sentences d'excommunication prononcées par les évêques et les prêtres paroissiaux. Qu'on fasse son purgatoire ici-bas, dans le cercle de cette nouvelle milice composée de chevaliers qui sont aussi des religieux, inquiète cependant l'Église et éveille ses soupçons...

Après tout, Hugues de Payns était-il si simple que cela ? N'a-t-il pas deviné la force de l'union, entrevu l'immense avenir proposé à ceux qui savent, par la volonté, la soumission librement consentie à une rigoureuse discipline, dominer un monde instable, hésitant entre les voies à suivre, tiraillé par des motifs frivoles, animé par un vain appétit de gloire, le désir de s'emparer aussitôt d'un bien convoité ?... Il sentit, en tout cas, le péril qui le menaçait et l'urgence d'obtenir pour son Ordre enrichi déjà par les dons de pèlerins débordant de gratitude, la sanction la plus haute, c'est-à-dire sa reconnaissance par le pape.

Dès l'automne de 1127, il délègue à Rome six de ses plus féaux, dont André de Montbard et Gondemare, précédés par une réputation de courage et de sainteté. Il faut lire le vibrant panégyrique *(De laude novae militiae)*, que devait écrire en l'honneur des Templiers, Bernard, le puissant abbé de Clairvaux — la claire vallée — en Champagne, pour comprendre qu'avant même qu'ils touchassent sa terre natale, les ambassadeurs de Hugues de Payns avaient cause gagnée. « L'âme des Croisades », comme on l'a appelé, le saint petit moine au poil roux, dévoré de divine ardeur et de phtisie, qui domine de son haut esprit la chrétienté tout entière, conseille s'il ne le régente, le pape, accueillit à bras ouverts ces preux selon son cœur. Énergiques : le réformateur de Cîteaux est homme d'action ; simples : il abhorre les ornements fastueux sous lesquels la superstition des croyants masque ou dérobe l'idéale figure de la Divinité, les Templiers lui apparaissent comme l'incarnation même des mâles serviteurs, dont il a toujours rêvé pour la foi.

Au service de la religion, de la Vierge à laquelle il avait voué un culte, il voulait une milice de taille à frayer la voie de la Terre Sainte aux foules des croyants (Lettre 332 aux clercs et au peuple de France; Lettre 395 à Manuel Comnène). Ces chevaliers au crâne tondu, que n'efféminent point des bains trop souvent renouvelés, qui sont « hirsutes et négligés, noirs de poussière, la peau brûlée par le soleil et aussi bronzés que leur cuirasse », il salue, bénit en eux, dans la forte odeur de suint dont ils sont enveloppés, les plus aimables d'entre les brebis de Notre-Seigneur. C'est en soldat que les célèbre le commentateur du Cantique des Cantiques.

« ... Quand sonne l'heure de la guerre, ils se bardent au-dedans de foi, au-dehors de fer et non de dorures ; ils veulent s'armer, non se parer ; inspirer la terreur à l'ennemi, et non tenter sa cupidité. Ils s'inquiètent d'avoir des chevaux rapides sans souci de les décorer de toutes les couleurs : c'est qu'ils vont à la bataille, non à la parade, désireux de victoire et non de vaine gloire, préoccupés de se faire craindre plutôt qu'admirer... »

Le patriarche Étienne de la Fierté avait sollicité d'Honorius II[7] l'accord aux Templiers de la règle qu'ils demandaient. Mais on ne pouvait faire mieux que de s'adresser à Bernard pour qu'il appuyât leur requête. Aussi les émissaires de Hugues de Payns étaient-ils munis de la lettre ci-dessous, adressée à l'abbé de Clairvaux par le P. Chrysostome, et tout au long reproduite par Henriquez :

« Beaudouin II, par la grâce de Jésus-Christ roi de Jérusalem, prince d'Antioche au vénérable P. Bernard, abbé de Clairvaux, salut et respect.

« Les frères Templiers, que Dieu inspira pour la défense de cette province et protégea d'une façon remarquable, désirent obtenir la confirmation apostolique, ainsi qu'une règle fixe de conduite. A ce fait, nous avons envoyé *André* (de Montbard) et *Gundomar,* illustres par leurs exploits guerriers et la noblesse de leur sang, afin qu'ils sollicitent du Souverain Pontife l'approbation de leur Ordre, et s'efforcent d'obtenir de lui des subsides et des secours contre les ennemis de la foi, ligués tous pour nous supplanter et renverser notre règne.

« Sachant bien de quel poids peut être votre intercession tant auprès de Dieu qu'auprès de son Vicaire et des autres princes orthodoxes de l'Europe, nous confions à votre prudence cette double mission dont le succès nous sera très agréable.

« Fondez les constitutions des Templiers de telle sorte qu'ils ne s'éloignent pas du fracas et du tumulte de la guerre, et qu'ils restent les utiles auxilaires des princes chrétiens...

« Faites en sorte que nous puissions, si Dieu le permet, voir bientôt l'heureuse issue de cette affaire.

« Adressez pour nous des prières à Dieu.

« Qu'il vous ait en sa Sainte Garde. »

7. Lambert, évêque d'Ostie, élu pape le 11 décembre 1124, sous ce nom.

Munis de cette recommandation royale, les ambassadeurs de Hugues de Payns s'étaient embarqués pour le port d'Italie le plus proche, et avaient été accueillis à Rome par le pape qui leur avait fait rendre les hommages dus à leur rang et à leur courage, et s'était entretenu longuement avec eux de l'état de la Terre Sainte. A Troyes, on a vu qu'ils ne furent pas reçus avec moins d'égards par Bernard que par Honorius II.

L'objet de l'abbé de Clairvaux était, comme on l'a dit, d'« associer l'épée temporelle et l'épée spirituelle ». N'écrivait-il pas au pape Eugène (Lettre 56) : « Il faut sortir les deux glaives » ? Pour servir d'avant-garde à l'armée de la foi qu'il voulait lever (c'est lui qui prêchera la seconde Croisade en 1147), il ambitionnait de constituer une milice permanente, composée de guerriers d'élite. Et voilà qu'elle venait à lui tout équipée et prête à férir. Dans son exultation, il se hâta de convoquer un concile dans la capitale de la Champagne. Ce concile s'ouvrit le 13 janvier 1128 ; et Bernard s'excusa d'abord de ne point s'y rendre, arguant d'une fièvre aiguë qui l'épuisait. « Les affaires pour lesquelles on veut interrompre mon silence sont faciles ou non, disait-il en outre. Si elles sont faciles, on peut les faire sans moi ; si elles sont difficiles, je ne puis les faire, à moins qu'on ne me croie capable de ce qui est impossible aux autres. » Mais, enfin, dominant par un immense effort de volonté ses maux, sa faiblesse, il parut à l'assemblée que présidait le cardinal Mathieu, évêque d'Albane et légat pontifical, assisté de treize évêques et archevêques, de neuf abbés illustres et de plusieurs grands seigneurs, enflammant tout le monde par son seul aspect. Bernard, chacun le sentait, était l'âme du concile. En suivit-il régulièrement les débats ? On l'ignore. Mais c'est lui qui a tracé le plan, inspiré la rédaction de la règle sollicitée par les Templiers — règle dite *latine* — et qui, complétée, réformée comme elle devait l'être par la suite, reçut toujours l'approbation sans réserve de l'Église.

L'« humble escrivain », le scribe de la règle du Temple, Johan Michiel (de Saint-Michel ou de Saint-Mihel), rédigea, en effet, celle-ci « par le commandement du concile et du vénérable père Bernard abbé de Clerevaus ».

II

La règle

La règle de l'Ordre des Templiers — règle enthousiaste et austère — comprend soixante-douze articles. Elle a été primitivement rédigée en français du nord, en langue d'oil. Le texte en fut trouvé à Paris, environ 1610, l'année de l'assassinat d'Henri IV, comme chacun sait, par Aubert-le-Mire, doyen d'Anvers. Des trois autres manuscrits que l'on connaît encore, et qui ont subi des modifications, le premier, découvert par le savant danois Münster, est conservé à l'Académie dei Lincei, à Rome ; le second, dû aux recherches de Gérard, conservateur de la Bibliothèque Royale, fait partie de la Bibliothèque Nationale, à Paris ; le troisième, enfin, que révèle un conservateur des Archives de Bourgogne, peut être consulté aux Archives départementales de Dijon. Ce dernier, destiné à l'usage d'une « maison » auxiliaire de la milice, a été dans ce dessein fort abrégé. Il date, cependant, de la première partie du XIIIe siècle, tandis que les deux autres remontent seulement à la seconde moitié de ce même siècle. Mais pour l'essentiel ce brelan de copies reproduit fidèlement la forme et l'esprit du document original. Il prouve que, jusqu'à son terme, l'Ordre demeura soumis — au moins en principe — à la même rigoureuse discipline que lors de sa création.

On verra, par la suite, ce qu'il faut penser de l'existence d'une règle secrète et de ce qui a été appelé « les doubles réceptions ». Raynouard *(Monuments historiques relatifs à la condamnation des Templiers)* en nie la réalité. Il déclare qu'elle a pour unique fondement les déclarations faites, lors du procès, par des *servants,* c'est-à-dire par ces frères que l'on chargeait dans les commanderies des travaux des champs ou auxquels incombaient les devoirs de la domesticité. Ragots ancillaires, donc. Toutefois, si la valetaille se montre encline à la médisance, elle ne laisse pas d'être aussi généralement mieux instruite des secrets des maîtres que bien des meilleurs amis de ceux-ci... Il va de soi, au surplus, que si une telle règle a jamais été appliquée, elle n'a pu être qu'orale, et transmise de bouche à oreille. Aucune recherche, si active et patiente qu'elle ait été, n'a réussi à en déceler la moindre trace. Quoi qu'il en soit, l'allégation de son existence — qui devait être fatale aux Templiers — il sied de l'attribuer au fait que la règle complète était jalousement gardée par l'archiviste de l'Ordre. Il n'en était jamais communiqué que des extraits aux chefs des maisons d'importance secondaire...

C'est de la règle de saint Augustin, selon laquelle les Templiers avaient vécu de 1118 à 1127, que procèdent les statuts qui leur furent officiellement donnés au concile de Troyes. La docte assemblée avait estimé suffisant d'adapter à l'usage du nouvel Ordre, à la fois religieux et militaire, les élements de la constitution augustinienne, comme l'a dit Guillaume de Tyr dont le témoignage ne saurait être mis en doute. Il va de soi que les articles relatifs à l'administration de la milice, à sa hiérarchie, à son costume, aux devoirs et aux privilèges des différentes classes de son personnel, à ses obligations monastiques, à ses relations avec le pape et avec les autres Ordres, à la tenue de ses chapitres, à sa discipline, à l'édiction des lois concernant les fautes commises et leur châtiment, à la procédure de l'élection du Grand-Maître et à la réception des chevaliers n'ont pas été fixés à Troyes, une fois pour toutes. Certains de ces articles ont été modifiés, compliqués ou détaillés par la suite ; on leur en a ajouté d'autres, selon les besoins. Par exemple, il n'y avait, lors de la fondation de l'Ordre qu'un chef unique : le maître du Temple de Jérusalem. Les titres de sénéchal et de maréchal ont été créés ultérieurement. C'est à dater seulement de la bulle *Omne datum optimum,* du pape Alexandre III (1163) — la grande Charte de l'Ordre — que la constitution des Templiers fut fixée de manière définitive.

Nous laissons au pape Honorius II, et au patriarche de Jérusalem, qui connaît parfaitement les affaires de l'Orient et des pauvres soldats du Christ, avait dit le concile de Troyes, le soin d'achever notre œuvre. Ainsi, d'année en année, des règlements intimes vinrent s'ajouter à la « règle latine » déclarée de la sorte perfectible.

L'Ordre des Templiers était constitué, premièrement, de chevaliers *(fratres milites) ;* deuxièmement, de chapelains *(fratres capellani) ;* troisièmement, de sergents ou d'écuyers *(fratres servientes armigeri) ;* et quatrièmement, de domestiques et d'artisans *(servientes famuli et officii).* Les uns et les autres étaient liés par la règle de l'Ordre, et jouissaient des privilèges afférents à leur qualité.

Point de femme, en revanche, dans la communauté. A cet égard, la règle était formelle. Contrairement au galant esprit de l'époque qui tenait l'amour pour inspirateur des plus nobles actions, on lisait à l'article 70 des statuts du Temple : « Perillouse chose est compaignie de feme, que le deable ancien par compaignie a degeté pluisors dou droit sentier de paradis. »

A la tête de l'Ordre se trouvait placé le maître du Temple

de Jérusalem, désigné par le titre de Grand-Maître. Son autorité était souveraine, non absolue, toutefois, et si ses décisions avaient force de loi, la plupart du temps, certains cas d'importance avaient été prévus, qui limitaient son pouvoir. En particulier, pour l'aliénation des états ou biens de l'Ordre, la conclusion d'un armistice, *la réception d'un nouveau frère,* il lui fallait consulter le chapitre et s'incliner devant un vote contraire de sa part. Modifier ou abroger un décret du conseil lui était impossible sans l'assentiment de la majorité de ses membres.

On conçoit l'importance du jeu que ces clauses restrictives permettaient de jouer aux intrigues (on pourrait dire *de couloir,* pour parler le langage parlementaire). Cette majorité capable de faire obstacle aux décisions du grand-maître, une minorité active (composée de chevaliers instruits d'une doctrine secrète ?) pouvait parvenir à la créer pour des fins déterminées. Le consentement du chapitre était indispensable au maître du Temple de Jérusalem pour la nomination des *grands commandeurs des provinces.* Celle des moindres officiers était abandonnée à sa discrétion. Il ne pouvait être choisi que parmi les chevaliers qui, seuls, avaient le droit de l'élire (bulle *Omne datum optimum*). La procédure selon laquelle s'opérait sa nomination était assez compliquée. Un chapitre, constitué *ad hoc,* nommait un « commandeur de l'élection », puis un second frère, lequel, après vigile et prière pour demander au ciel l'inspiration, en désignait deux autres. Ces quatre frères en choisissaient, à leur tour, deux nouveaux, et ainsi de suite jusqu'à ce que le nombre douze fût atteint. Enfin, un chapelain, représentant Jésus-Christ, complétait le collège électoral auquel le Saint-Esprit présidait.

Quatre chevaux étaient affectés au service ordinaire du grand-maître. Sa maison comprenait un *frater capellanus,* un clerc, un *frater serviens,* avec une paire de chevaux, un secrétaire sarrasin (« écrivain sarrasinois »), qui remplissait les fonctions d'interprète, un « turcople », c'est-à-dire un soldat appartenant à la cavalerie légère attachée à l'Ordre, un maréchal-ferrant et un cuisinier, deux « garçons à pied », particulièrement chargés du soin de son destrier turcoman, réservé pour le temps de guerre. Deux chevaliers l'assistaient, qui prenaient place, l'un à sa droite, l'autre à sa gauche quand il chevauchait, mais toujours légèrement en retrait de sa monture. De la sorte, bien que n'étant pas à son alignement, ils pouvaient l'entendre quand il leur adressait la parole sans qu'il eût à se tourner vers eux.

Quel qu'il fût, le Templier qui marchait à sa rencontre devait s'arrêter à trois longueurs de l'*abacus,* ainsi qu'on appelait le bâton de commandement qu'il tenait à la main. Long d'une toise, ce bâton symbolique, d'origine pythagoricienne, était muni à son extrémité d'une plaque ronde, gravée de la croix de l'Ordre, entourée d'un cercle orle. Le grand-maître scellait ses missives d'un sceau représentant le Temple de Salomon. Les marques attestant sa présence, en campagne, étaient la large tente ronde à la ressemblance de la chapelle du Saint-Sépulcre et le gonfanon Baucent ou Beauséant (*gallica lingua :* Bienséant)[1], enfin la bannière mi-partie noire et blanche, ornée de la croix rouge de l'Ordre, et qui signifiait que les Templiers étaient « blancs et bons pour les amis du Christ, mais noirs et terribles pour ses ennemis » (Bernard). Sur cette bannière on lisait la devise suivante, tirée des psaumes : *« Non nobis, Domine ! non nobis, sed nomini tuo da gloriam ! »* (Pas à nous, Seigneur ! pas à nous, mais à ton nom donne la gloire !).

Le second officier du temple était le Sénéchal. Ce haut

1. Certains auteurs ont prétendu que l'on avait ainsi appelé, par corruption, la bannière des Templiers. A l'origine, ceux-ci auraient porté sur leur étendard l'inscription *Vau Cent* (vaut cent) en témoignage de leur valeur. Mais ce qui est écrit ne s'altère pas comme ce qui est communément parlé.

dignitaire avait le droit d'assister à tous les chapitres, même les plus secrets. Son équipage, sa tente, sa bannière et son sceau étaient les mêmes que ceux du Grand-Maître, qu'il doublait, en quelque sorte, mais en qui l'on peut voir, moins en évidence comme il était, l'animateur de l'organisation occulte de l'Ordre. Deux écuyers, un chevalier, un frère servant, un secrétaire ayant qualité de diacre, un turcople, un secrétaire sarrasinois et deux hommes de pied étaient attachés à sa personne.

Venait ensuite le Maréchal, à qui était impartie l'autorité militaire suprême, et qui avait la charge des chevaux et des armes. En l'absence du grand-maître et du sénéchal, il agissait en qualité de *locus tenens.* Son équipage et sa suite étaient les mêmes que ceux du grand-maître et du sénéchal.

Les maréchaux de province étaient maîtres absolus dans leur juridiction, mais subordonnés au maréchal de l'Ordre.

Le commandeur de la terre et du royaume de Jérusalem faisait fonction de trésorier de la communauté. Il administrait ses états dans la province de Jérusalem, et la responsabilité du logement des frères lui incombait. Il détenait le commandement de la flotte, et le commandement du port d'Acre était placé sous ses ordres. Son équipement et sa suite ne différaient guère de ceux du sénéchal et du maréchal.

Le commandeur de la cité de Jérusalem s'honorait du titre d'hospitalier de l'Ordre. La défense des pèlerins visitant la Terre Sainte lui était confiée, et il avait, en outre, pour devoir de leur fournir nourriture et chevaux. A cette fin, dix chevaliers lui étaient attachés, qui veillaient, d'autre part, à la protection des reliques de la Vraie Croix. Sous son autorité directe était placé un second commandeur de la cité elle-même.

Les commandeurs de Tripoli et d'Antioche jouissaient des mêmes prérogatives que le grand-maître, à l'intérieur de leurs provinces, mais il lui abandonnaient ces prérogatives quand il était présent. Par faveur insigne, l'usage leur était accordé de la tente ronde et du gonfanon par quoi le maître suprême marquait sa présence.

La règle faisait aussi mention des commandeurs de France, d'Angleterre, du Poitou, du Portugal, de l'Apulée et de la Hongrie, dont les droits et privilèges étaient analogues à ceux des autres commandeurs. Leurs titres variaient. Le commandeur provincial s'appelait « maître » ou « grand prieur » ou « grand précepteur ». Sous ses ordres se trouvaient placés des « prieurs » gouvernant ou régissant de grands domaines, et sous ces prieurs, des « précepteurs » des maisons. Lesdits précepteurs tiraient leurs noms du mandat que le maître leur avait confié *(praecipimus tibi, etc.).*

On comptait encore parmi les grands officiers le drapier qui avait la charge de la fourniture et la surveillance de l'habillement des frères. Le drapier était en relation étroite avec le commandeur du royaume de Jérusalem. A cela près qu'il comportait un certain nombre de tailleurs, son équipage ne différait pas de celui des commandeurs.

Au-dessous des grands dignitaires, on comptait dans les provinces des « commandeurs des maisons », dépendant des commandeurs provinciaux, et des « commandeurs des chevaliers », faisant fonction de lieutenants des maréchaux.

Les chevaliers avaient droit à trois chevaux et à un écuyer. Certains, cependant, pouvaient être dotés, par faveur spéciale, de quatre chevaux et de deux écuyers.

Des servants ou écuyers, cinq occupaient une situation exceptionnelle : le sous-maréchal *(souz-mareschau),* qui avait soin de l'armure et des armes ; le gonfanonier, qui était responsable de la discipline et de la subsistance des écuyers ; le cuisinier et le maréchal-ferrant. Ceux-ci avaient deux chevaux, un écuyer et une tente. Les autres, un seul cheval. En temps de guerre, à la tête de tous les sergents se trouvait placé le « turcoplier » ou chef des turcoples. Son équipage comprenait quatre chevaux, et il jouissait de certaines prérogatives. Par exemple, au cours du combat, il ne recevait d'ordres que du grand-maître ou du sénéchal.

Les chapelains avaient une importance toute particulière. A l'origine, ils ne faisaient point partie de l'Ordre qui recourait à des prêtres appelés de l'extérieur pour les obligations et le service religieux. La bulle *Omne datum optimum* de 1163 avait imposé aux clercs attachés à l'Ordre de prêter pour la vie serment d'obédience au grand-maître ; vers le milieu du XIIIe siècle, les chapelains durent prononcer les paroles qui engageaient les autres frères, avec la même solennité qu'eux. Ils se distinguèrent seulement des autres membres de l'Ordre par les privilèges afférents à leur caractère ecclésiastique. Les punitions les plus humiliantes leur étaient épargnées. Ils se rasaient le visage, et, pour boire, se servaient d'une coupe qui leur était réservée.

Dès lors, les Templiers eurent au service de leur fraternité un clergé propre, indépendant de la juridiction des évêques du diocèse et des prêtres de la paroisse où ils avaient établi leur résidence. Ce clergé ne devait obéissance qu'au grand-maître et qu'au Souverain Pontife en dernière instance. L'article 269 de la règle interdisait formellement aux chevaliers de se confesser à d'autres prêtres que ceux de l'Ordre, lesquels avaient, d'ailleurs, reçu du pape un plus grand pouvoir d'absolution qu'un archevêque : « Car ils en ont greignor povir de l'apostoile (le pape) d'eaus assoudre que un arcevesque. »

Les frères étaient admis soit pour la vie, soit pour un terme d'années, renouvelable, assurément. On ne laissait pas d'accueillir aussi des hommes mariés, à la condition, toutefois, qu'ils léguassent à la Milice la moitié de leurs biens (article 69).

L'article 36 stipulait que les réunions de l'Ordre étaient de deux sortes. Les unes, composées des frères dont le grand-maître estimait le conseil « sage et profitable », formaient des chapitres secrets ; les autres avaient le caractères d'assemblées générales. Il était abandonné à la discrétion du grand-maître d'en reconnaître ou non l'opportunité. Certes, il prêtait attention aux avis, aux suggestions du Conseil. Toutefois, des uns et des autres, il ne retenait, pour en faire l'application, que ceux qu'il jugeait utiles, en son âme et conscience, mais sans se voir obligé de fournir les raisons de son choix.

III

Réception et discipline

Une probation de durée indéterminée, par conséquent variable, mais généralement longue, était imposée au chevalier aspirant à être reçu frère par les Templiers[1]. Et d'abord, il convenait d'éprouver les esprits (ou d'invoquer le Saint-Esprit simplement) pour savoir si le nouveau venu avait bien suivi les voies de Dieu, s'il n'était un émissaire du Malin, guidé par l'orgueil, le désir de faire partie d'un corps aristocratique, d'en pénétrer les secrets, et de se les approprier pour les divulguer ensuite en les dénaturant. *« Probate spiritus, si ex Deo sunt »*, précise le texte latin.

Bernard avait dit aux miliciens dans son *Exhortation :* « Allez heureux, allez paisibles ; chassez d'un cœur intrépide les ennemis de la croix du Christ, bien sûrs que ni la vie ni la

1. L'aspirant avait-il commis quelque action préjudiciable aux églises, aux propriétés publiques et privées, il ne pouvait prétendre à être fait Templier, qu'il ne l'eût réparée. Ainsi Hugues d'Amboise ne fut admis dans l'Ordre qu'après s'être repenti de ses torts et les avoir matériellement rachetés (*Annales Benedictini,* tome VI).

mort ne pourront vous mettre hors de l'amour de Dieu qui est en Jésus. En tout péril, répétez-vous la parole : *« Vivants ou morts, nous sommes au Seigneur... Glorieux les vainqueurs, heureux les martyrs ! »*

Tout récipiendaire sait par cœur cette injonction sublime, et qu'il va lui falloir renoncer à ce qui fait le charme de ce monde pour aller grossir le « torrent qui coule à la guerre sainte ». L'exil. Point de repos à espérer dans la lutte contre les impies. Toute volonté tendue vers le sacrifice, avec l'héroïsme pour ordinaire. Le combat à un contre trois, comme on sait ; de surcroît, dans le corps à corps, l'obligation morale de ne frapper l'agresseur qu'après avoir paré son attaque à trois reprises. Ne jamais implorer quartier ni lâcher pied ; ne point donner de rançon. « Pas un pan de mur, pas un pouce de terre... »

Les épreuves auxquelles on soumettait le nouveau frère étaient rudes. Un mois, deux mois, souvent davantage, il lui fallait se plier aux plus rebutants travaux de la maison, aux plus vexatoires. Chauffer le four, tourner la meule du moulin, vaquer aux soins de la cuisine, conduire les chameaux, garder et nourrir les porcs, telles étaient les tâches humiliantes auxquelles les plus fiers devaient s'atteler sans rechigner. Au XVIe siècle, les Jésuites procéderont de manière analogue avec leurs élèves. Ce n'était qu'après avoir témoigné de sa bonne volonté, de son entière soumission que le postulant était, enfin, accueilli.

Le chapitre chargé de valider sa réception se rassemblait la nuit — recréant le mystère des initiations antiques — dans une salle attenante à l'église de la Commanderie. Encore habillé de la défroque des frères, qu'il avait portée pendant son noviciat, il attendait dehors entre des écuyers, la torche au poing. A trois reprises on lui déléguait deux chevaliers pour lui demander ce qu'il voulait, et à trois reprises il répondait — instruit comme il avait été du cérémonial — qu'il désirait entrer dans la maison.

On l'introduisait alors devant le chapitre, composé de douze membres. Le grand-maître, ou, à défaut, le dignitaire qui le remplaçait et présidait comme il l'eût fait, représentait au récipiendaire tout ce qui l'attendait de pénible dans le *collège* où il aspirait à prendre place. (*Te in nostro* COLLEGIO *accipio* était une des formules de l'adoubement des chevaliers.)

« Réfléchissez, lui disait-il, qu'en sollicitant de prendre rang parmi nous, vous requérez une chose grande, car de notre Ordre vous ne voyez que l'écorce qui est au-dehors. Vous nous voyez avoir de beaux chevaux, de beaux harnais, de beaux habits, mais vous qui êtes maître de vous-même, il vous faudra devenir serf d'autrui. Vous ne ferez jamais ce que vous désirerez, car si vous voulez résider en la terre qui est en-deçà des mers, l'on vous mandera en celle qui est par-delà. Si vous voulez être en celle de Syrie, on vous ordonnera de partir pour celle de Tripoli ou d'Antioche ou d'Arménie, ou l'on vous mandera en Pouille, en Sicile ou en Lombardie ou en France ou en Bourgogne ou en Angleterre ou en plusieurs autres terres où nous avons des maisons et des possessions. Et si vous voulez dormir, il vous faudra veiller, et si vous voulez quelquefois veiller, on vous commandera d'aller vous reposer dans votre lit. Lorsque vous aurez faim et que vous voudrez manger, on vous commandera d'aller ici ou là, sans être tenu de vous en donner les raisons.

« Regardez bien, beau doux frère, si vous serez capable de souffrir toutes ces duretés. »

Le récipiendaire répondait-il comme il seyait :

« Oil, Sire, je les souffrirai toutes, se Dieu plaist. »

Le maître ajoutait aussitôt :

« — Sachez, beau seigneur frère, que vous ne devez point requérir la compagnie de la maison pour avoir seigneuries, honneurs et richesses, ni aises de votre corps, mais pour trois choses :

« 1° Éviter et fuir les péchés de ce monde ;

« 2e Servir Notre-Seigneur ;

« 3° Être pauvre et faire pénitence en ce siècle pour le salut de votre âme.

« Sachez aussi que vous serez chaque jour de votre vie serf et esclave de la maison. Y êtes-vous bien décidé ?

« — Oil, Sire, se Dieu plaist ! » répondait le nouveau récipiendaire.

« Adonc, déclarait alors le président en se tournant vers les chevaliers immobiles et graves qui composaient le chapitre, *leves sus, Biaux Seignors, et pries Nostre Seignor et Madame Sainte-Marie que il le doit bien faire. »*

A peine avait-il cessé de parler que chacun disait fort dévotement le *Pater.* En même temps, les frères chapelains récitaient l'oraison du Saint-Esprit. Ensuite, on apportait l'Évangile, traduit en français, ouvert à l'endroit où était le canon de la messe et l'image du Christ, et le récipiendaire, la dextre étendue sur le texte sacré, jurait à haute et intelligible voix de répondre avec franchise aux questions suivantes :

« 1° N'avez-vous ni épouse ni fiancée ?

« 2° N'êtes-vous pas engagé dans un autre Ordre et n'avez-vous pas prononcé d'autres vœux, fait d'autres promesses ?

« 3° N'avez-vous aucune dette que par vous-même ou par vos amis vous ne puissiez payer ?

« 4° Êtes-vous sain de corps ?

« 5° N'avez-vous donné ou promis de l'argent à personne pour faciliter votre admission dans l'Ordre du Temple ?

« 6° Êtes-vous fils de chevalier et de dame, et vos pères sont-ils de lignage de chevaliers ?

« 7° N'êtes-vous ni prêtre, ni diacre, ni sous-diacre ?

« 8° N'êtes-vous pas excommunié ?

« Prenez garde de mentir, car si vous mentiez, vous seriez parjure et perdriez la maison. »

Cet interrogatoire terminé, le grand-maître ou son suppléant s'adressait derechef au chapitre pour savoir si personne n'avait de déclaration à faire touchant la moralité ou quoi que ce fût de la vie passée du récipiendaire. Si aucun d'entre les chevaliers ne prenait la parole, il se tournait vers celui-ci :

« Écoutez, beau frère, lui disait-il, ce qu'il nous reste à vous demander :

« Promettez à Dieu et à Notre-Dame que vous obéirez toute votre vie au maître du Temple et au commandeur sous les ordres duquel vous serez placé.

« Encore que tous les jours de votre vie vous vivrez sans *propre.*

« Encore promettez à Dieu et à Madame Sainte Marie que, tous les jours de votre vie, vous respecterez les bonnes coutumes établies en la maison, et celles que les maîtres et les prudhommes pourront ajouter.

« Encore que, chaque jour de la vie, vous aiderez, de toute la force et de tout le pouvoir que Dieu vous a donnés, à conquérir la sainte terre de Jérusalem, et à protéger et à défendre les possessions des chrétiens.

« Encore que jamais vous ne quitterez cette religion[2] pour entrer dans une autre, quelle qu'elle soit, sans la permission du grand-maître et du chapitre, etc. »

Et chaque fois le futur milicien devait répondre, invariablement, par ces simples mots où se résumaient sa volonté ferme, sa bonne foi et sa modestie :

« Oil, Sire, se Dieu plaist. »

Alors, mais alors seulement, le président du chapitre lui annonçait en ces termes, avec un accent qui en soulignait la nécessité, son admission dans l'Ordre :

« Et vos, de par Dieu et de par Nostre-Dame, et de par saint Pierre de Rome, et de par nostre Père l'apostoile, et de par tous les frères du Temple, si vos acuillons vos et vostre

2. Ordre.

père et mère et cesque vos vorres acueillir de vostre lignage à toz les bienfaitz de la Maison qui ont esté fais dès le commencement et qui seront fais jusques à la fin : et vos aussi acuillez en tos les bienfaiz que vos avez fais et ferez. Et si vous prometons dou pain et laigue et de la povre robe de la Maison, et de la poine et du travail assez. »

Quand il avait achevé son discours, le frère chapelain qui l'assistait entonnait le psaume : *Ecce quam bonum*... ou quelquefois — dans les initiations selon Mignard *(Preuves du manichéisme de l'Ordre du Temple)* — certains versets des psaumes où il est fait allusion à l'esprit de fraternité[3]. L'oraison du Saint-Esprit récitée, en outre, le nouveau chevalier étant « fait frère », le président du chapitre « le baisait en la bouche » (aussitôt imité par le chapelain) et l'invitait à s'asseoir devant lui.

« Beau frère, lui disait-il, notre Sire vous a amené à votre désir, et vous a mis en aussi belle compagnie comme est la chevalerie du Temple, par quoi vous devez mettre grand'peine à vous garder de commettre jamais chose par quoi vous la perdriez — ce dont Dieu vous préserve ! »

Après avoir énuméré les fautes susceptibles d'entraîner la perte de l'habit et de la maison, puis les règlements disciplinaires — on trouvera ceux-ci et celles-là plus loin consignés —, le président en finissait par ces mots avec le nouvel élu :

« *Or vos avons dites les choses que vos deves faire, et de quoi vos vos deves garder (...) et si no ne vos avons pas tout dit quanque dire nos devrions, mais vos le demanderes. Et Dieu vos laist bien dire et bien faire. — Amen.* »

S'il était célibataire, le chevalier ceignait la cordelière destinée à lui rappeler le vœu qui le liait et il revêtait la

3. Par exemple, le verset : « *Ecce quam bonum et quam jucundum habitare fratres in unum.* » Mignard voit là une nouvelle preuve du manichéisme des Templiers...

blanche chlamyde, symbole « d'innocence et de chasteté » (*Règle,* § 17). Sur cette chlamyde, brodée à hauteur de la poitrine d'une croix pattée et alézée de gueule, était jeté un ample manteau, pareillement blanc, et orné sur l'épaule gauche *(a sinistra)* de la même croix rouge accordée à l'Ordre en 1146, sur la demande de Bernard de Clairvaux, par le pape Eugène III. L'adopteront pour insigne toutes les entreprises charitables destinées à pallier les effets des violences martiales.

Les servants, les écuyers portaient robe brune ou noire (*Règle,* § 68) ; mais la croix rouge — privilège des chapelains dans les Ordres épiscopaux — était commune à tous les membres de la Milice, à l'exception, toutefois, des grands dignitaires qui arboraient la croix à deux croisillons inégaux, le plus court en haut. Quant aux frères chapelains, ils se distinguaient en ceci encore des frères chevaliers que leur manteau n'était pas ouvert, mais clos et garni d'une pèlerine avec capuchon.

Les frères étaient astreints à des obligations religieuses journalières ; mais le guerrier pouvait, en des circonstances spéciales ou sous certaines conditions, s'abstenir d'assister à matines avec le consentement du maître.

Les chevaliers prenaient régulièrement deux repas par jour. Néanmoins — l'octroi de cette licence était laissé à la discrétion du maître — ils pouvaient s'offrir le luxe d'une légère collation supplémentaire vers l'heure du couchant. On ne mangeait de viande que trois fois par semaine ; les autres jours, on avait le choix entre trois plats de légumes, à l'exclusion des fèves, sans doute déjà prohibées, jadis, par l'École Italique...

Il était expressément recommandé aux chevaliers, par saint Bernard lui-même, « de manger ensemble dans le même réfectoire, deux à deux *(duos et duos manducare generaliter opportet),* pour que l'un pût empêcher l'autre de faire furtivement des abstinences et des jeûnes exagérés ». Le vin figurait sur la table à chaque repas, à raison d'une hémine (un tiers de litre environ) par convive, à cause de ses qualités de longue date reconnues favorables à la continence par les ecclésiastiques, mais la discipline pythagoricienne du silence était avec rigueur imposée et observée, de façon que les paroles du texte saint, lu en français par le chapelain, fussent écoutées avec attention et méditées aussitôt que recueillies.

Les soins les plus dévoués étaient réservés aux membres de la milice âgés, impotents ou malades — car beaucoup avaient la santé prématurément ébranlée par le dur climat d'Orient. Aucune objection contre les ordres donnés par le maître, en quelque manière que ce fût, n'était recevable. On devait à celui-ci une soumission absolue. Lui obéir comme si l'on eût été commandé « par Dieu même », telle était la loi que nul n'eût enfreinte sans encourir un châtiment exemplaire. Tout déploiement indu d'armes ou de harnais, notamment, était interdit.

Vêtements et sous-vêtements devaient être de laine ; toutefois, de Pâques à la Toussaint, il était permis de substituer une chemise de toile à celle, de laine, que l'on portait pendant les mois froids. Les cheveux longs (signe d'efféminement) se trouvaient prohibés par la règle ; il fallait avoir le crâne ras tondu, et la rudesse de la barbe, quasiment hirsute devint bientôt un des caractères distinctifs des miliciens. Chasser, aussi bien à courre qu'au faucon, était défendu. Tuer des bêtes est divertissement profane (indigne de guerriers assignant à leur force et à leur adresse un meilleur emploi), sacrilège aussi, sans doute, quand on croit que certaines âmes sont condamnées à expier dans le corps d'animaux des fautes commises en une vie antérieure... Le lion, cependant, symbole ou vivante incarnation du mal, était une proie légitimement désignée aux coups du Templier qui le rencontrait dans le désert.

Toute allusion aux folies ou aux exploits séculiers de leur

première existence était interdite aux chevaliers, car on n'est libéré de ses erreurs qu'on ne les ait oubliées. Pour cela, il faut commencer par n'en point parler. Une surveillance étroite contrôlait les sorties et les rentrées des hôtes de la maison. Liberté entière leur était accordée, néanmoins, quand ils allaient, de nuit, visiter le Saint-Sépulcre, méditer ou prier devant le tombeau du Christ. Nulle lettre, même des parents les plus proches, ne pouvait être ouverte en dehors de la présence du maître. Aucun membre ne devait, en outre, manifester chagrin ni dépit de voir remettre à un autre frère sur l'ordre du maître — celui-ci jugeait-il bon qu'il en fût ainsi — un cadeau à lui adressé par quelqu'un de sa famille...

Les chevaliers dormaient sur des lits séparés, en chemise et culotte, un luminaire brûlant toujours dans le dortoir. Ceux qui se trouvaient démunis de matelas pouvaient étendre un tapis sur le plancher ou sur la terre, en campagne ; mais toute espèce de luxe était rigoureusement prohibé — l'élégance vestimentaire en particulier. Faire parade de ses armes, s'attifer d'ornements mi-partis : rien qui ne parût ostentation plus vaine aux Templiers, ne fût tenu par eux pour plus frivolement coupable. Une clause des statuts spécifiait qu'aucun jeune homme ne pouvait être accueilli dans l'Ordre qui ne fût en état de porter les armes. Par la suite, cette clause cessa d'être observée. On reçut des postulants sans leur faire subir l'épreuve du noviciat, et il se trouva même parmi les Templiers arrêtés sous Philippe le Bel des garçons de douze ou treize ans auxquels on n'avait pas encore remis « les armes viriles ». Quelles fonctions remplissaient-ils ? Celles de pages, probablement ; et leur présence a paru suspecte — non sans raison — parmi ces hommes farouches que la règle exhortait à fuir le baiser de toute femme, demoiselle ou veuve, mère, tante ou sœur...

Les coupables étaient punis de trois façons. Ceux qui commettaient une faute vénielle se voyaient fustiger à trois reprises et jeter au cachot après avoir été ainsi passés par les verges. Ceux qui causaient, accidentellement ou non, la mort d'un esclave noir ou d'un cheval, refusaient d'obéir ou abaissaient la bannière dans la bataille, « perdaient l'habit », c'est-à-dire subissaient une dégradation temporaire. Ceux, enfin, qui donnaient dans une hérésie sarrasinoise, égaraient ou laissaient prendre un gonfanon par l'ennemi, tuaient un chrétien, négligeaient de rendre un compte exact des biens de l'Ordre confiés à leur garde, étaient purement et simplement exclus de la milice, ils « perdaient la maison » sans espoir de la réintégrer jamais.

L'obédient, une fois déchu, menait loin de ses frères une vie lamentable. Le plus souvent, il se réfugiait dans un monastère où il passait le reste de sa vie à racheter son crime par une conduite édifiante, s'il ne se jetait à la première occasion sous les coups des infidèles, dans l'espoir de sauver son âme par une mort glorieuse. Il arrivait, toutefois, que d'anciens Templiers, non touchés par le repentir, devinssent bandits ou *vagants* comme ces moines indignes qui avaient perdu toute clergie.

Aucun membre d'aucune autre communauté religieuse n'était admis par les Templiers, et nul Templier ne pouvait quitter l'Ordre sans la permission du grand-maître ; encore fallait-il que la communauté dans laquelle il aspirait à prendre place fût plus rigoureuse que celle du Temple. En dépit de leur rivalité, Templiers et Hospitaliers avaient conclu un accord par lequel ils s'engageaient mutuellement à évincer tout transfuge de l'Ordre concurrent qui demanderait à entrer chez eux. Seul, de tous les soldats de la Milice du Christ, celui qui avait par couardise rompu le combat, et perdu pour cette raison tout espoir de reprendre son rang parmi les vaillants, était autorisé à rallier la croix de saint Jean…

IV

L'épopée

C'était à des héros, déjà, que l'abbé de la Clairevallée adressait la pieuse exhortation que l'on connaît : « Allez heureux, allez paisibles ; chassez d'un cœur intrépide les ennemis de la croix du Christ... » Mais leurs successeurs ne devaient point démériter de l'estime dans laquelle on tenait universellement l'Ordre des Templiers.

De retour aux Saints Lieux avec de nouveaux frères, recrutés pour la plus grande part à l'ouest de l'Europe (parmi ceux-ci se trouvait le comte d'Anjou, Foulques, qui devait ceindre la couronne de Jérusalem le 14 septembre 1131), Hugues de Payns avait réorganisé, raffermi ses troupes. Il semble que, durant le voyage de France en Palestine, il ait instruit Foulques, dont la sagesse avait produit une forte impression sur lui, de la politique avisée et prudente pratiquée par Beaudouin II à l'égard des musulmans. Beaudouin les avait ménagés dans la mesure du possible, aussi souvent que l'occasion s'en était présentée. Comme lui, Foulques se montra tolérant vis-à-vis d'eux. De fanatisme, aucun, —

malgré sa piété — chez ce roi dont l'honneur revient, peut-être, aux Templiers d'avoir éclairé la pensée. Fort instruit dans l'art de la guerre, il avait, à quarante ans, la maturité d'esprit qui permet la réalisation des plus grands desseins, et suivit le conseil que lui donna Hugues de Payns de tendre à la réalisation d'un équilibre entre Francs et Musulmans.

Le fondateur de l'Ordre des Templiers mort en 1136, il continue, d'accord avec le nouveau grand-maître Robert de Craon (le neveu d'Anselme), de se montrer compréhensif à l'endroit des adorateurs du Croissant. Avec le chef du gouvernement de Damas, le capitaine turc Ounour, il empêche Zengi de s'emparer de la célèbre ville. Accompagné de l'émir Ousâma, Ounour rend visite à Foulques dans Saint-Jean-d'Acre, et se lie d'amitié, à Jérusalem, avec les Templiers.

« Lorsque je visitai Jérusalem, nous dit-il lui-même, j'entrai dans la mosquée el-Aqsâ, qui était occupée par les Templiers, *mes amis.* A côté se trouvait une petite mosquée, que les Francs avaient convertie en église. Les Templiers m'assignèrent cette petite mosquée pour faire mes prières. »

« Un jour qu'un Croisé fraîchement débarqué veut empêcher l'émir de faire les invocations coraniques, les Templiers se précipitent sur l'intolérant personnage, l'expulsent et s'excusent auprès d'Ousâma : « C'est un étranger, il ne connaît pas ce pays. » Et Ousâma de souligner combien la cohabitation avec les musulmans a modifié l'attitude des Francs de Syrie » (René Grousset).

Mais lors de la seconde Croisade, prêchée à Vézelay par Bernard le 31 mars 1146, et qui entraîna — animés d'un égal enthousiasme — Français et Allemands en Asie Mineure, les Templiers accomplirent de si magnifiques exploits qu'ils accrurent encore leur réputation de preux dont le courage ne fléchit jamais.

Sous le commandement de son nouveau grand-maître,

Everard de Barris, la milice empêcha la marche pénible de Laodicie à Attalia, à travers les montagnes, de dégénérer en désastre. Par leur ferme discipline, leur sang-froid imperturbable, les soldats du Christ firent l'admiration de Louis VII qui avait failli périr et qui s'empressa, de retour en France, de réformer sa propre armée sur le modèle de la leur.

« Nous ne voulons pas cacher à ta discrétion, mandait le vieux roi à son conseiller Suger, la somme d'honneurs, de révérence et de secours que les frères du Temple nous prodiguèrent, à nous et aux nôtres, après notre arrivée en Orient. Nous ne voyons pas, nous ne pouvons même pas voir (imaginer) comment, sans leur aide et sans leur assistance, qui ne nous firent jamais défaut, nous aurions pu subsister dans ce pays pour quelque temps que ce fût (...). C'est pourquoi il faut, nous t'en supplions chaleureusement, que les Templiers, déjà bénis de l'amour de Dieu, se ressentent de notre amour et de nos faveurs. Nous t'informerons qu'ils nous ont prêté une somme considérable de monnaie, et il est nécessaire de la leur rendre promptement, pour que leur maison n'ait pas à en souffrir. Envoie-moi donc sans retard 2000 marcs d'argent pour que je les leur rende (...). Nous ne saurions dire de quel zèle, de quelle affection les chevaliers du Temple font preuve envers nous en Orient. Aussi devons-nous considérer comme nôtres, plus gravement même encore, les injures et les dommages qu'ils pourraient subir et mettre toute notre ardeur à les venger. »

« Toujours les premiers à l'attaque, les derniers à la retraite, écrivait d'autre part Vitry, lorsqu'ils allaient à la bataille, ils ne demandaient jamais quel était le nombre des ennemis, mais où ils se trouvaient. »

Associés, d'abord, aux Hospitaliers pour la défense de Jérusalem, fournissant alternativement avec ces charitables l'avant-garde et l'arrière-garde des armées, ils plaçaient entre eux et leurs ennemis les nouveaux venus d'Europe, inexperts en la tactique des combats d'Asie. Assistés ou seuls, ils furent l'âme de la guerre sainte, entourant, protégeant pèlerins et croisés « comme une mère son enfant », devait dire plus tard avec une juste fierté Jacques Molay.

Michelet, malgré la méfiance qu'ils lui inspirent, ne peut, impartialement, que le constater : « Le soldat a la gloire, le moine le repos. Le Templier abjurait l'un et l'autre. Il réunissait ce que les deux vies ont de plus dur : les périls et les abstinences. La grande affaire du Moyen Age fut longtemps la guerre sainte, la Croisade ; l'idéal de la Croisade semblait réalisé dans l'Ordre du Temple. C'était la Croisade devenue fixe et permanente. »

Pendant près d'un siècle et demi, il est vrai, l'histoire des Templiers apparaît inséparable de celle des Croisades. Partout présents (« oncques ne firent mauvaisement le service »), ils sont de tous les combats, de toutes les entreprises. « Oh ! s'exclame saint Bernard en parlant d'eux, l'heureux genre de vie, dans lequel on peut attendre la mort sans crainte, la désirer avec joie et la recevoir avec assurance ! » Dans les batailles un cri les rallie : « Baucent à la rescousse ! ou cet autre : « Vive Dieu Saint-Amour ! » qui suffisent à jeter la confusion parmi leurs ennemis. A chacun des points vulnérables de la Terre Sainte, leurs ouvrages militaires se dressent, très différents de ceux des Francs, des Teutons, des Anglais, analogues aux constructions des Sarrasins. Ils ne se réclament d'aucune nation, appartiennent à toutes, et au service de toutes se consacrent avec une égale abnégation. Ici, dans le voisinage de Tripoli d'Asie, ce sont des Templiers d'outre-Manche, Gilbert de Lacy et Robert Mansel, qui surprennent Nûr-al-Din et le forcent à s'enfuir, les pieds déchaussés. Ailleurs, des miliciens d'origine franque, taillent en pièces l'armée de Saladin, en 1170. Sept ans plus tard, ils partagent avec Beaudouin IV les lauriers d'Ascalon. Souvent, on les voit voler au secours des autres Ordres en péril. C'est ainsi qu'ils prennent part à la défense de la forteresse des Hospitaliers en 1157. Le grand-maître

Bertrand de Blanquefort et Odon de Saint-Amand sont faits prisonniers...

Montés sur des chevaux « ardents et rapides », les Templiers étonnent, par leur mobilité, les lourds chevaliers occidentaux dont la présomption est telle qu'ils ferment l'oreille à leurs conseils, les entraînent aux entreprises les plus vainement périlleuses. Par générosité, les Templiers se sacrifient-ils ? On les paye d'ingratitude. On rejette sur eux la responsabilité des erreurs commises et les calomnie sous l'influence du dépit, de la basse envie.

En 1153, Bernard de Tremelan, se jetant témérairement avec quarante de ses miliciens à l'assaut d'Ascalon, se voit cerner par les Sarrasins. Il est tué et tous ses compagnons succombent avec lui. On parle tout haut de trahison. Guillaume de Tyr pour pallier le scandale insinue — faute de trouver mieux — que les Templiers ont été victimes de leur avidité à s'emparer des trésors de la ville...

Mais beaucoup, de bonne foi, révèrent ces preux ; et qui ne rendrait publiquement hommage au total oubli de soi avec lequel ils se prodiguent pour le salut de leurs auxiliaires passagers, répandent leur sang dans les aventures mêmes dont ils dénonçaient la folie ? Le 8 février 1250, à Mansourah, notamment, où ils constituaient l'arrière-garde, ils firent bon marché d'eux « par honneur », en suivant l'infortuné comte d'Artois, entêté à se ruer sur la ville, malgré leur avis.

Traité de « poulain », de « couard », par le frère du roi, le vieux maître du Temple, Guillaume de Sonnac, avait répondu : « Les Templiers n'ont pas l'habitude d'avoir peur. Nous vous accompagnerons. Mais sachez que nul d'entre nous n'en reviendra. » A peine exagérait-il : sauf trois d'entre eux qui survécurent miraculeusement, tous ses chevaliers tombèrent ce jour-là sous la lance, le sabre, les flèches et carreaux d'arbalète des Mamelouks.

Quelques mois plus tôt, cependant, les *Frieri del Tempio*

avaient dissuadé Louis IX d'assaillir prématurément l'armée du sultan d'Égypte par surprise et réussi à faire remettre au printemps l'attaque du Delta. La victoire de Damiette fut le fruit de leur sage conseil.

Après la chute du royaume de Jérusalem, ils prennent part au siège de Saint-Jean-d'Acre — un siège de deux ans (1189-1191) durant lequel sévit la plus horrible des famines — et ils subissent toutes les souffrances. Pour ne pas survivre honteusement au massacre de ses frères, leur grand-maître s'était fait tuer lors de la meurtrière bataille du 4 octobre 1189. Auparavant, les Templiers avaient soldé la rançon des chrétiens pauvres tombés aux mains des infidèles et dont ils avaient protégé la pénible marche de la Cité sainte à Tripoli.

En 1218, Guillaume de Chartres, qui a tenu à assister au sacre de Jean de Brienne et construit la forteresse géante appelée Château-Pèlerin, près d'Acre, sauve du désastre l'armée chrétienne et paye de la vie son dévouement.

A Gaza (18 octobre 1244) des trois cents Templiers qui prennent part à la bataille, dix-huit seulement survivent...

Qu'ils soient sans reproche, et n'aient jamais commis aucune faute, malgré leur connaissance du climat et du terrain orientaux, familiarisés comme ils sont avec la tactique des infidèles, qui le croirait sachant l'infirmité de l'humaine nature ? Eux aussi ont péché par orgueil ou cédé à la colère, partagé les deux vices dominants de leur temps. Près de Séphorie le grand-maître Gérard de Ridefort voyant Saladin se retirer après sa démonstration en terre franque, alerte les Templiers de la région et court sus aux troupes du Sultan. Il n'a pu, dans sa hâte, rassembler que cent cinquante lances, et son propre lieutenant, le maréchal Jacques de Mailly, lui signale le danger de livrer combat en si petit nombre à la « chevalerie » de l'infidèle — plusieurs milliers de gens armés de pied en cap. Ridefort insulte Mailly : « Vous tenez trop à cette tête blonde, que la vouliez si bien garder ! » lui jette-t-il du haut de sa méprisante arrogance. L'autre riposte : « Je me ferai tuer comme un gentilhomme, et c'est vous qui lâcherez pied ! »

L'attaque a lieu, si violente « que les chevelures les plus noires en eussent blanchi de frayeur », lit-on dans la chronique arabe. Seul (Jacques de Mailly a été bon prophète), Gérard de Ridefort en réchappe avec les deux autres responsables de la défaite : Guy de Lusignan et Renaud de Châtillon.

Enfin, c'est à la témérité de la milice que remonte la cause de la défaite d'Hittin (juillet 1187). Deux cent trente Templiers tombent pendant ou aussitôt après cette bataille, Saladin ayant donné l'ordre d'exécuter sans merci les survivants...

Rappelons-nous ceci : le grand-maître n'est pas toujours le meilleur de l'Ordre, ni le plus instruit. Et la haine, en particulier, une haine farouche contre le comte de Tripoli aigrissait la bile de Gérard de Ridefort. C'est cette haine qui le pousse, malgré les prudents avis de Raymond III (le comte de Tripoli), à défendre la citadelle de Tibériade en 1187. « Laissez-la prendre. Les Musulmans ne pourront la conserver », avait dit Raymond. « J'aime mieux voir ma femme captive (elle était dans les murs de la ville) et Tibériade prise que toute la Terre Sainte perdue. Car vous êtes perdus si vous marchez en ce moment sur Tibériade (on était en juillet, mois torride en Galilée). Je connais le pays. Sur toute la route il n'existe pas un point d'eau. Vos hommes et vos chevaux seront morts de soif avant même d'être cernés par les multitudes de l'armée musulmane. »

Injurieux, à son ordinaire, le grand-maître déclara qu'un tel discours suait la trahison : « Il sent le poil de loup ! » cria-t-il, hors de lui.

En dépit de l'outrage, le comte de Tripoli tint bon. Un moment même la fermeté de son attitude impressionnant le conseil, il parut avoir cause gagnée. Mais, rentrant dans la tente de Guy de Lusignan, une fois ce conseil levé, Gérard de Ridefort s'ingénia à troubler l'âme du roi. Il insinua que Raymond était un traître qui voulait le déshonorer par une lâche inaction, et finit par arracher l'ordre de marche.

Par des collines de sable et de cailloux, calcinées, arides, l'armée franque s'engage, et, bientôt languissante, achève de s'épuiser en souffrant de la soif. « Allah nous la livre ! » s'écria Saladin, à la nouvelle de son approche. Il l'encercle, à la faveur de la nuit, et profitant de ce que le vent soufflait de l'est, fait mettre le feu aux herbes sèches. La fumée qui les enveloppe ajoute à la torture des Francs : elle leur brûle les yeux, la gorge, affole leurs montures. « Sur ces hommes bardés de fer, écrit le chroniqueur arabe, la canicule répandait ses flammes. Les charges de cavalerie se succédaient au milieu de la poussière, de la fumée et du tourbillon des flèches. Ces chiens tiraient leurs langues desséchées et hurlaient sous les coups. Ils espéraient arriver à l'eau, mais ils avaient devant eux les flammes et la mort. »

Étrange personnalité que celle de ce Gérard de Ridefort, qui, jeune chevalier flamand accouru en Orient avide de fortune, se mit au service de Raymond de Tripoli dans l'espoir d'obtenir, en retour, la main d'une riche veuve, la dame de Boutron ! Évincé, il se montra ulcéré par sa disgrâce dont il ne pensait qu'à tirer vengeance. Pour cela, il se fit accueillir dans l'Ordre des Templiers, et, par de patientes et habiles intrigues, réussit à en obtenir le magistère à la mort d'Arnold de Torroge. Il se déclara pour Guy de Lusignan, époux de la princesse Sybille, sœur de Beaudouin IV, et prétendant à la succession ouverte du jeune Beaudouin V, en dépit de l'exhérédation dont il était frappé par l'oncle de ce prince. Malgré le veto des barons assemblés en « parlement » à Naplouse et favorables au comte de Tripoli, grâce à l'appui du patriarche Héraclius, du grand-maître du Temple, Renaud de Châtillon, sire de Transjordanie, et de Jocelin de Courtenay, le couronnement de Sybille eut lieu au dam de Raymond. Aussitôt, Sybille prit le diadème et appela son mari : « Seigneur, dit-elle à Guy de Lusignan, venez et recevez cette couronne, car je ne sais à qui je la pourrais mieux offrir. » Guy s'agenouilla alors devant son épouse, et elle lui posa la couronne sur la tête. Gérard de Ridefort exultait. On l'entendit murmurer entre ses dents : « Cette couronne vaut bien l'héritage de Boutron. » Envoyé en compagnie d'autres ambassadeurs par Guy de Lusignan pour négocier, avec Raymond de Tripoli, l'union des forces franques, il brouille intentionnellement les choses, et l'on n'a pas oublié sa folle conduite et la déconfiture de ses chevaliers, près de Séphorie où les Musulmans vainqueurs s'acheminent vers le Jourdain, les têtes des Templiers fichées à la pointe de leurs lances... On a vu aussi le même Gérard de Ridefort provoquer le désastre de Tibériade. Emmené par les Sarrasins avec Guy de Lusignan et Renaud de Châtillon, l'étonnant est qu'il ne subisse pas le sort de ce dernier. Saladin avait fait conduire les trois chevaliers dans sa tente sur laquelle flottait un drapeau noir avec cette inscription : « Salah-ed-Dyn, le roi des rois, le vainqueur des vainqueurs, est comme les autres hommes, l'esclave de la mort. » Il tend chevaleresquement à Guy la coupe de paix (un sorbet d'eau rafraîchi par la neige immaculée de l'Hermon) : « C'est une noble coutume des Arabes, dit-il, qu'un captif ait la vie sauve, s'il a bu et mangé avec son vainqueur. » Guy s'étant désaltéré, veut passer le reste du breuvage à Renaud, mais Saladin, furieux, s'oppose à ce geste. L'un après l'autre, il jette ses forfaits à la face du chevalier-brigand. De haut, celui-ci riposte : « Telle est la coutume des rois ! » Tant de morgue porte à son comble l'exaspération de Saladin. D'un coup de cimeterre, il fend l'épaule de Renaud que les Sarrazins présents achèvent... Gérard de Ridefort a assisté, impassible, au drame. Peut-être s'attendait-il à périr à son tour. Le certain, c'est qu'il fut épargné. Pourquoi ? On l'ignore. Toutes les hypothèses sont plausibles. Aussi bien, dans la confusion qui régnait en Orient, imputable à l'antagonisme des intérêts, tant musulmans que chrétiens, le rôle des Templiers apparaissait-il souvent obscur. On aura à revenir sur ce sujet. Mais ce qu'il faut dire, ici, c'est que tout changea, fut bouleversé avec Louis IX. Le pieux souverain, qui n'avait d'autre souci que de voir le triomphe de la foi, s'efforçait de tenir la balance égale entre les mameluks, maîtres de l'Égypte, et les héritiers de Saladin qui régnaient sur la Syrie. Il lui parut que les Templiers — à cause des traités particuliers (d'alliance ?) qu'ils avaient conclus avec le sultan de Syrie — entravaient ses desseins. Publiquement, il les humilia, obligea leur grand-maître et les hauts dignitaires de l'Ordre à faire amende honorable, en présence de l'armée entière, pieds nus, comme des pénitents vulgaires.

« Quoi ! se récriera-t-on, les héros de Damiette ? » Oui ; mais le destin leur réservait une revanche : la gloire d'accomplir le dernier exploit qu'illustre la grande épopée du Moyen Age, exploit homérique, en vérité.

Populaire à ses débuts, la croisade devait l'être de même à sa fin. En 1291, unc foule de pèlerins illuminés — des Italiens, en majorité — débarqua à Saint-Jean-d'Acre. Faute d'aliment, sa fureur belliqueuse se rabattit sur les populations de la ville et de la campagne environnante. Elle y organisa, comme on l'a dit, de véritables « vêpres musulmanes », détroussant et massacrant d'inoffensifs paysans autochtones, venus vendre leurs denrées au marché, tuant aussi, dans l'aveuglement de sa fureur, non seulement les marchands mahométans, mais des Syriens chrétiens qu'elle prit, à cause de leur barbe, pour des infidèles...

En apprenant cette criminelle folie, le sultan el-Achraf Khalil, qui venait de monter sur le trône d'Égypte, jugea opportune l'occasion de rouvrir les hostilités contre les Francs. Le 5 avril 1291, il assiégea Saint-Jean-d'Acre, à la tête de cent soixante mille fantassins, appuyés par soixante mille cavaliers, et d'une imposante « artillerie » (catapultes). A ces forces redoutables, les chrétiens n'avaient à opposer que quatorze mille combattants à pied et huit cents chevaliers ou sergents montés. Les Templiers tentèrent, par leur initiative hardie de suppléer à cette infériorité. Rassemblant trois cents cavaliers, dont les gens d'armes du roi d'Angleterre, commandés par le Suisse Otton de Granson, ils firent une sortie du côté de la plage, à la faveur d'un splendide clair de lune, et bousculant les avant-postes égyptiens, parvinrent jusqu'au camp ennemi. Leurs chevaux, par malheur, s'empêtrèrent dans les cordages des tentes ; l'alarme fut donnée, et ils ne purent incendier, selon leur dessein, les machines de guerre des assiégeants. Autre sortie, une semaine plus tard, cette fois par nuit obscure. Mais el-Achraf Khabil avait été prévenu : à peine les Francs s'ébranlèrent-ils que le camp musulman tout entier s'illumina d'une multitude de torches, et que dix mille mameluks, équipés du haut en bas, chargèrent en hurlant. Irrésistible ruée qui contraignit la cavalerie franque à rentrer dans Saint-Jean-d'Acre.

Enfin, le 18 mai, le sultan jugea le moment venu de livrer l'assaut suprême. A la pique du jour, les cymbales retentirent, et l'armée musulmane s'avança, si compacte, qu'elle formait une mer humaine devant qui tout devait céder. La Tour Maudite effondrée, les mameluks foncèrent contre la porte Saint-Antoine ; mais là ils se heurtèrent au maréchal de l'Hôpital, Mathieu de Clermont, et au grand-maître du Temple, Guillaume de Beaujeu, qui, non seulement les tinrent en échec, mais les firent un instant reculer. Avec une douzaine de ses miliciens, Beaujeu poussa une pointe si furieuse qu'il jeta le désordre parmi les infidèles, selon le chroniqueur du Temple, qui fut un des héros de la journée. C'est ici qu'il convient de rappeler les paroles de Vitry : « Les Templiers étaient de si formidables adversaires pour les ennemis de la chrétienté qu'un seul en mettait mille en fuite, et douze, douze mille... »

Au passage, Beaujeu était entré chez le grand-maître des Hospitaliers et l'avait décidé à le suivre. Tous deux ayant ainsi marqué la réconciliation *in extremis* de leurs Ordres rivaux, marchèrent fraternellement à la mort. Que pouvaient-ils espérer d'autre qu'un trépas glorieux ? Contre des adversaires trop supérieurs en armes et en nombre « rien ne valut ». Les deux hommes eurent beau accomplir des prodiges de vaillance : chacune des ouvertures qu'ils creusaient de leur épée dans « le mur de pierre » des mameluks se refermait aussitôt. Aveuglés par les fumées du feu grégeois, ils ne voyaient plus leurs adversaires, n'entendant que les coups terribles dont ils les frappaient. Les Francs avaient lâché pied, eux combattaient toujours. Vivants, ils n'eussent jamais cédé. Mais la mort se lassa. A 3 heures, le grand-maître du Temple fut percé d'un trait qui pénétra profondément sous son aisselle. « Quand il se sentit frappé à mort, il se retira, et l'on crut qu'il se sauvait. Quelques croisés de Spolète l'arrêtèrent en lui criant : « Pour Dieu, seigneur, ne nous abandonnez pas, ou la ville est perdue ! » Et il leur répondit : « Je ne m'enfuis pas, je suis mort, voyez le coup ! »

On le porta au Temple où il rendit l'âme.

Beaujeu tué, puis le maréchal Mathieu de Clermont, qui fit preuve d'un courage égal au sien, les mameluks s'engouffrèrent dans Saint-Jean-d'Acre, sabrant tout, se disputant les femmes, égorgeant les malheureuses sur l'attribution desquelles ils n'avaient pu se mettre d'accord...

Seul, le couvent-forteresse des Templiers tenait encore. Il donnait sur la mer. Le maréchal de l'Ordre, Pierre de Sevry, et le commandeur, Thibaut Gaudin, s'y barricadèrent avec les derniers survivants, après avoir fait rassembler au bas des murailles toutes les embarcations disponibles. Grâce à elles, ceux des habitants de la ville, hommes, femmes, enfants, qui avaient pu se réfugier dans la citadelle templière, trouvèrent le salut en voguant vers Chypre. Consolant spectacle pour les chevaliers du Christ, que celui de ces voiles en partance avec leur précieux chargement de vies chrétiennes ! Plusieurs jours durant, le couvent-forteresse des Templiers défia les attaques presque ininterrompues des mameluks. El-Achraf Khalil offrit une capitulation honorable aux héroïques défenseurs du dernier rempart de Saint-Jean-d'Acre, avec autorisation de se retirer à Chypre. Mais, l'accord conclu, les musulmans, admis dans la forteresse pour présider à l'embarquement des chrétiens, se laissèrent aller, dans l'ivresse du triomphe, à outrager des dames franques qui s'étaient fait un devoir de demeurer avec la fleur de la chevalerie. La réaction des Templiers fut immédiate : indignés, ces prudhommes abattirent sur place les délégués misérables et refermèrent les portes.

Il fallut soutenir un nouveau siège. La citadelle se révélant imprenable, le sultan recourut à une félonie. Pour la seconde fois il proposa aux chrétiens une reddition sans humiliation. Pierre de Sevry commit l'imprudence de se fier à cette offre, exprimée en termes flatteurs, et se rendit auprès d'el-Achraf avec quelques-uns des siens. A peine le traître tint-il ces chevaliers à sa merci qu'il leur fit trancher la tête. A cette vue, les assiégés, dans leur désespoir et leur colère, jurèrent de résister jusqu'au dernier souffle du dernier d'entre eux. A grand renfort de mines, el-Achraf réitéra l'assaut. Sapés à leur base, des pans de mur s'écroulaient. Les Templiers tenaient quand même, faisant grand massacre d'ennemis. Enfin, le 28 mai, la brèche étant suffisamment large, le sultan donna l'ordre qui devait emporter la décision. Telle était la masse des mameluks qui se précipitèrent, qu'elle fit céder sous son poids les étançons des sapes et que l'édifice tout entier s'abîma, ensevelissant sous ses décombres plus de deux mille soldats turcs avec les derniers Templiers.

Des vingt-deux grands-maîtres que compta l'Ordre, de sa création à son terme, sept perdirent la vie dans les combats : cinq moururent de leurs blessures ; un de jeûne volontaire, étant tombé aux mains des infidèles. Enfin, Jacques Molay devait être brûlé vif, sous Philippe-le-Bel, mais l'Ordre était dissous quand ce crime fut commis. C'est donc, au total, *treize* grands-maîtres, en fonction, qui payèrent de leur existence l'honneur de commander les soldats du Christ.

Deuxième partie

I

Puissance de l'Ordre

On jalousait d'autant plus « les indomptables défenseurs du Christ », que croissait l'admiration qu'ils inspiraient aux cœurs bien placés et que se multipliaient les témoignages de reconnaissance dont ils étaient comblés par ceux-ci. Comment assez faire pour récompenser, maintenir en état de rendre service de si valeureux chevaliers ? Le cas de Louis VII exprimant à Suger à quel point il a été sensible à leurs nobles procédés, n'apparaît point chose singulière. Princes et papes rivalisaient de générosité envers eux en leur accordant, les uns places fortes et domaines, les autres immunités et privilèges.

Bien avant la mort de saint Bernard, l'Ordre se trouvait déjà fixé dans presque tous les royaumes de la chrétienté. Dès le début du XIIe siècle, Henri Ier d'Angleterre leur octroie des fiefs en Normandie. On les voit établis en Castille, en 1129 ; à La Rochelle, en 1131 ; en Languedoc, en 1136 ; à Rome, en 1138 ; en Bretagne, en 1141, et en Allemagne plus tôt encore, probablement. Alphonse Ier d'Aragon et de

Navarre, dit « le Batailleur », voulut leur céder son royaume, selon Mariana. Il fallut l'opposition du peuple pour l'en empêcher. En 1143, Raymond-Bérenger IV, comte de Barcelone et successeur d'Alphonse en Aragon, dont le père avait été reçu parmi les Templiers, les gratifie du formidable château de Monzon. Son admiration pour la sainte Milice est à ce point vive qu'il crée un nouvel Ordre de chevalerie sur son modèle.

De toutes parts, l'or afflue dans les coffres du Temple, qui s'engage dans son héroïque légion la fait bénéficier sinon de la totalité, du moins de la majeure partie de ses biens. Quelques-uns, il est vrai, se bornent à lui payer une rente annuelle ; et leurs dons sont parfois en nature. Dans la liste des redevances d'un certain seigneur Joubert de la Partenaye, on relève, par exemple, dix œufs à Pâques, un demi-chapon à la Noël...

Mais ils ne refusent rien : muids de vin, boisseaux d'avoine, setiers de froment ou de méteil — cloches même —, vignes, prairies, sols et livres tournois, tout leur est bon !

Pour beaucoup de pécheurs de sang noble et qui guerroyèrent, il n'existe pas d'intercession auprès de Dieu qui ait plus d'efficace que celle de ces moines-soldats. Aussi fait-on souvent d'eux ses héritiers par devant tabellion, sur bon parchemin, dans les formes les plus légales. Imposant dossier de pièces signées ou marquées d'une croix... On leur cède des terres avec les droits y afférents : droit de pacage pour les troupeaux, droit de mouture, droit de bûchage sur les rivières...

Au siège de Damiette, le seigneur de Vigneux, qui s'est « croisé », sachant qu'il risque la mort, fait hommage « à Dieu, à la bienheureuse Marie et aux frères de la Milice du Temple », pour le salut de son âme, de tous les droits et coutumes qui lui appartiennent. Ce sont tous les domaines, avec les serfs qui les cultivent, qu'en mémoire de feu son fils, André de Baudemont, sénéchal de Champagne, leur abandonne, d'autre part.

Il existait une maison du Temple à Paris dès 1147[1] ; mais vers 1170, le même Louis VII, ci-dessus nommé, abandonne au grand maître Odon de Saint-Amand, dont l'ambassadeur est Geoffroy Fulcher, le chroniqueur, un vaste terrain, en partie marécageux, au nord de la ville. C'est là qu'en 1212, sous le règne de Philippe-Auguste et durant le magistère de Guillaume de Chartres, frère Hubert, trésorier de l'Ordre, construit la célèbre tour qu'on pouvait voir encore au siècle dernier, et qui servit de prison à Marie-Antoinette.

La cité royale agrandie, l'enclos, « la coultoure du Temple », avec les magnifiques bâtiments que la Milice édifie, en occupe le tiers. La commanderie parisienne, qui deviendra le chef-lieu de l'Ordre, est une capitale entre les capitales, à côté de celle des Capétiens ; davantage, même : la cité-mère d'une espèce d'empire européen, s'étendant en France depuis les côtes de la Manche et de l'Atlantique jusqu'aux Pyrénées, et dans tout l'Occident, de l'Irlande à la Grèce. Quand la Terre Sainte est perdue pour la Croix et que les Templiers reviennent (abandonnant leurs domaines de Palestine) des principautés d'Antioche et de Tripoli, ils possèdent des établissements en Apulie et en Sicile, en Portugal et en Espagne, en Allemagne, en Hongrie, en Moravie et en Bohême — sans parler de la France, bien entendu, où ils sont particulièrement riches, surtout en Champagne, leur

1. Cette année-là, cent trente chevaliers de la Milice tiennent chapitre dans la capitale ; mais en un lieu qui n'est pas encore la forteresse dite du Temple. Cette maison était-elle celle qu'ils possédaient sous Louis VII dans le voisinage de Saint-Gervais ? Il est possible. En tout cas, ils ont priorité de résidence à Paris sur les Hospitaliers de Saint-Jean de Jérusalem dont la demeure (la commanderie de Malte) ne s'édifia dans le Clos de vignes appelé Clos-Bruneau, entre la place de Cambrai et la rue des Noyers, qu'en 1171 (cf. Dulaure, *Histoire de Paris*).

terre d'élection[2]. Neuf mille, voilà, selon Mathieu Pâris, le nombre des commanderies — ou manoirs avec dépendances — que la chronique de Flandre portera à dix mille cinq cents et dont les Templiers sont détenteurs ou plutôt souverains maîtres.

Nul, hormis le pape, n'avait pouvoir de les contrôler, en effet. Seuls arbitres de leur cause (qui fût allé aussi loin que Rome pour plaider contre eux ?)[3], ils pouvaient, en outre, y être témoins et avaient droit de haute et basse justice dans leurs *états,* pour employer le mot exact. Aussi bien leur vie spirituelle même était-elle religieusement indépendante. Ils possédaient, en propre, des églises, des cimetières où ils pouvaient enterrer des seigneurs excommuniés par Rome, un clergé... Ils ne devaient pas le service militaire au roi. Exempts de droits de mutation, de tailles, de dîmes, tributs ou péages, ils se faisaient payer, en revanche, de lourdes redevances pour les pêcheries, la chasse, les coupes de bois, les marchés. Une seule chose leur était défendue, qu'ils s'interdisaient, d'ailleurs : la cession d'aucun des fiefs qu'ils avaient acquis aux princes les plus puissants, aux monarques mêmes. Ils achètent souvent, mais jamais ne vendent. Une chronique manuscrite, qui suit le célèbre roman de *Favel,* fait allusion à cette particularité en parlant de leurs richesses et de la crainte qu'ils inspiraient :

Li frere, li mestre du Temple
Qui estoient rempli et ample
D'or et d'argent et de richesse,

2. Leurs commanderies se divisent en neuf provinces : France, Portugal, Castille et Léon, Aragon, Majorque, Allemagne, Italie, Pouille et Sicile, Angleterre et Irlande.

3. Il leur arrive, cependant, d'en appeler à la Cour de Rome quand ils sont en litige avec quelque seigneur, qui croit avoir à se plaindre d'eux. C'est ainsi qu'ils font excommunier par le Pape, Pierre d'Assirac, qui leur tenait tête. Ils préfèrent avoir le droit pour eux que d'user de violence.

Où sont-ils ? Que sont devenu ?
Que tant ont de plait maintenu,
Que nul a elz ne s'ozoit prendre,
Tozjors achetoient sans vendre...

Mais pour appuyer leur droit — se fût-on permis d'y porter atteinte — ils avaient mieux que des promesses ou des traités, des parchemins solennellement paraphés et scellés : la force énorme de leurs 15 000 lances *(Ferretus Vicentinus)*, celle, non moins imposante, de leurs 50 millions de livres de revenus, selon le P. Honoré de Sainte-Marie, chiffre que d'autres historiens portent à 112 millions. On est pris de vertige en évaluant le capital que de telles rentes pouvaient représenter.

Aux 15 000 lances de la Milice, tenues fermes par les membres d'à peu près toutes les familles nobles de la chrétienté, et auxquelles il fallait ajouter trois fois autant d'écuyers, de servants d'armes, sans compter les esclaves noirs, quel souverain eût pu opposer un ost égal ? Possesseurs, en outre, d'une flotte puissante (c'est sur une de leurs nefs que fuira Richard Cœur de Lion), les Templiers s'étaient rendus de taille à tenir tête à *trois* armées réunies. Au roi Henri III d'Angleterre, ils avaient osé dire, sous-entendant quel principe supérieur d'ordre et d'équité ils représentaient : « Vous serez roi tant que vous serez juste. »

Partout, leurs ambassadeurs avaient droit au premier rang. Les actes du Concile de Lyon mentionnent qu'à l'assemblée générale tenue dans cette ville par Grégoire X, le grand-maître de l'Ordre du Temple prima les représentants des têtes couronnées. En fait, de puissance coloniale qu'ils étaient au temps de Guillaume de Tyr, les Miliciens sont devenus puissance continentale. Cette transformation, commencée de bonne heure, était accomplie lors de la fin des Croisades qu'ils marquèrent par la reprise de Jérusalem, en 1299. Lorsqu'en 1306, appelé par le pape Clément V, Jacques Molay fait sa rentrée en France, escorté de soixante chevaliers choisis parmi les vétérans des Croisades, il semble un roi magnifique qui reprend possession de son royaume après l'avoir quitté pour une lointaine expédition. Une armée de turcoples, montés sur des chevaux arabes, et une multitude d'esclaves le suivent. Il traîne dans son bagage sabres, lances, boucliers et casques richement damasquinés, 150000 florins d'or, on ne sait combien de gros tournois d'argent — la charge de douze chevaux robustes... Que nous voilà loin de l'austérité d'Hugues de Payns et de ses compagnons ! Pour justifier tel déploiement de force et de fortune, est-ce assez, comme dit le « décroisé » dans le *Débat du Croisé et du Décroisé,* d'attendre de pied ferme « le Soudan », s'il lui prend fantaisie de tenter d'envahir l'Europe ?...

Et qu'on songe que, comme ils ont leurs propres églises, les templiers ont leurs propres marchés, et de tous produits tirent bénéfices. Que prélèvent-ils sur les sommes qui, sans discontinuer, ruissellent dans leurs énormes coffres ?[4] Les frais de leurs campagnes, leurs équipements, leurs vivres. D'autres débours, point. Ils vivent sur eux-mêmes, des produits de leurs domaines qu'ils exploitent, font cultiver par leurs domestiques. L'inventaire qui fut dressé des biens de Baugy, près de Bayeux, le 13 octobre 1307, lors du coup de force de Philippe IV, nous renseigne complètement sur la façon dont une commanderie fonctionnait. Toujours établie de manière à enclore un lieu d'eau, source ou rivière, c'était une véritable exploitation agricole, et qui fournissait les vivres nécessaires à une grande communauté. On y eût pu soutenir un long siège sans craindre la famine. Grains de blés, de froment emplissaient à craquer les granges, en attendant d'être réduits en poudre sous la meule. L'avoine abondait pour les chevaux, le foin pour le bétail, l'herbe pour les brebis et les moutons.

4. D'Arménie, seule, leurs revenus s'élèvent à 20000 besants d'or.

Veut-on des chiffres ? Rien que pour les bêtes — non comptées les volailles — l'inventaire mentionne 14 vaches à lait, 5 génisses, 1 bouvillon, 7 veaux, 2 grands bœufs, 100 moutons, 180 brebis et agneaux, 98 porcs et truies, 8 juments, 8 poulains de plus d'un an, 4 poulains à lait, le cheval du commandeur et 1 roncin, 4 roncins pour la charrette... Et l'énumération des produits de la terre est à l'avenant, comme celle des instruments aratoires, des ustensiles de cuisine et des objets de ménage. Il y a 3 hampes d'argent massif, d'autres en onyx, dans la chambre du commandeur, et des tonneaux de vin et de bière dans ses caves ; les étoffes de tous fils sont variées, abondantes ; mais il convient de dire que rien de ce qui est nécessaire à l'exercice du culte ne fait défaut.

Or, Baugy n'était qu'une maison de troisième ou de quatrième ordre. On imagine, d'après ses richesses, ce que pouvaient être celles de la capitale de l'Ordre, à Paris. Dans les murs de son enceinte quadrilatère, flanquée de tourelles d'angles, à poivrières, et percée d'une porte unique, solidement défendue, l'enclos du Temple, dit « Ville-Neuve-du-Temple », enfermait, avec ses chevaliers, la population même d'une grande cité. Les Templiers y régnaient en maîtres (l'instrument de leur justice, le pilori, s'élevait au coin de la rue des Audriettes et de la rue Sainte-Avoye, aujourd'hui du Temple). Il n'était de métier qui n'y fût exercé en franchise. Non seulement des armes, mais des meubles, des habits, on y fabriquait tout. La commanderie fait son pain elle-même, et va jusqu'à tirer bénéfice du débit des viandes qu'elle a installé dans son enclos, parmi ses marchés publics *(mercata publica),* ce qui soulève les protestations des bouchers de Paris, lésés dans leurs intérêts. Le roi arbitre le débat ; mais il ferait beau voir, alors, qu'il rendît une sentence contraire à la prospérité de l'Ordre. Il décrète (1182) que la boucherie des Templiers leur restera, mais qu'elle n'aura que deux étaux, larges chacun de douze pieds. Pour dédommager les bouchers de sa bonne ville, qui font encore assez grise mine, il leur octroie la faculté d'acheter et de vendre du poisson d'eau douce... « On pense qu'ils établirent alors la poissonnerie de l'apport de Paris, et l'étendirent jusqu'à la rue Pierre-aux-Poissons appelée, depuis, la Petite-Saulnerie », dit Dulaure.

On le sait, les Templiers ne sont pas populaires. Leur avidité scandalise :

« Convoitous sont... »

écrit à leur propos le poète satirique Guyot de Provins dans sa *Bible* (environ 1200). On ne saurait les accuser pourtant d'avarice. En effet, quand il s'agit d'acquisitions — celle de l'île de Chypre, par exemple —, ils ne rechignent point devant le prix, et, sans marchander, payent comptant. On les a vus, lors de la deuxième Croisade, se faire les bailleurs de fonds de Louis VII pour des sommes, de l'aveu même de ce roi, « considérables ». Après la chute de Jérusalem, ils rachètent les malheureux chrétiens tombés aux mains des Infidèles, et une part de leur trésor de guerre aide Conrad de Montferrat à organiser la défense de Tyr. Sans doute, ils s'interdiront, plus tard, de disposer des biens de l'Ordre, qui sont propriété commune, indivise, inaliénable, de tous les Templiers. Sollicités par le sire de Joinville, au cours de la campagne d'Égypte, en 1250, de prêter à Louis IX le supplément d'or nécessaire au paiement de sa rançon — soit 30 000 livres —, ils prétendent que les fonds à la tête desquels ils se trouvent ne sont pas leur propriété qu'ils appartiennent à des particuliers qui les leur ont confiés, et ils ne consentent à donner satisfaction au conseiller du roi qu'il ne se soit livré à un simulacre de violence, *pour le principe...* En présence du commandeur de l'Ordre, frère Étienne d'Otricourt et du maréchal Renaud de Vichiers, agissant au lieu et place du grand-maître, décédé, Joinville monte à bord de la galère du Temple, et, brandissant la hache qu'on lui a donnée, fait mine de vouloir fendre le coffre ou l'or des Miliciens est enfermé.

« Sire, nous voyons bien que c'est violence que vous nous faites, et nous vous ferons bailler les clés », dit le maréchal, sur quoi le trésorier, requis, se met en devoir d'ouvrir « la huche » et d'en extraire la somme demandée...

Généreux comme ils sont, quand les Templiers agissent de la sorte, ils obéissent, faut-il croire, à des raisons de caractère politique, non à un mesquin égoïsme. D'ailleurs, ce n'est pas de regarder à la dépense qu'on leur fait reproche, mais de leurs prétentions illimitées.

« Et d'orgueil f'ont-ils molt grant bruit. »

dit encore d'eux Guyot de Provins. Ceci est plus grave. Justifié, d'ailleurs. Sur toutes choses, leur morgue, cette « superbe » que dénonça Richard Cœur de Lion, qui s'y connaissait, offense le bourgeois, le menu peuple, habitués par nos rois à voir la grandeur s'envelopper de bonhomie. Quand leur chevauchée rentre au Temple après en être sortie pour prendre de l'exercice dans le pays environnant, ces fiers hommes, de blanc vêtus, enveloppés de silence, mystérieux d'allure et de masque impénétrable, soulèvent sur leur passage, comme une poussière qu'ils méprisent, les murmures des rustres, des artisans, des boutiquiers. Que des féodaux ne fassent pas peser leur gantelet de fer sur la nuque des humbles, à la façon des autres seigneurs, inspire un effroi superstitieux. Les Templiers ne sont pas moines — du moins par l'habit ; dès lors, pourquoi, hormis les serves auxquelles ils confient les tâches ménagères, excluent-ils les femmes de leurs commanderies ? se demande-t-on.

A Paris, la silhouette massive de leur église, celle géante de leur tour carrée offusquent le ciel comme un défi, si près du Palais de la Cité et du Louvre, où habite le roi. Véritable forteresse aux murs épais, atteignant 16 ou 17 toises à son crénelage et flanquée de quatre tours rondes, plus hautes, avec un avant-corps à tourelles, ce « donjon » fait paraître chétive la tour de Nesle[5]. C'est dans cet édifice solide, construit comme toutes les autres maisons des Templiers par d'habiles ingénieurs, que l'Ordre a enfermé son trésor, c'est-à-dire la majeure partie de sa fortune, et ses archives. En 1190, avant de partir pour la Croisade, Philippe-Auguste avait exprimé, dans le testament qu'il fit, sa volonté que tous ses revenus, services, « obventions », fussent apportés à Paris, à trois époques de l'année, reçus par six bourgeois de la ville et par son vice-maréchal et *déposés au Temple (Ordonnances du Louvre).* Telle est sa confiance dans les Templiers que, des coffres où est enfouie sa fortune, il ordonne qu'ils détiendront une clé, tandis que ses agents garderont l'autre. Plus tard, Philippe le Hardi exige, à son tour, que soit fait au Temple le dépôt des épargnes publiques. Le trésorier du Temple s'intitulait Trésorier du Temple et du Roi, et même — selon Sauval — Trésorier du Roi et du Temple. Quelle autre forteresse choisir pour y mettre à l'abri les biens de la couronne ? On ne se sent en sécurité absolue qu'en ce lieu d'asile[6]. Henri III d'Angleterre, revenant de ses possessions de Guyenne, en 1259, et faisant visite à saint Louis, demande à loger dans « le manoir du Temple » comme « le plus sûr séjour de Paris », de préférence au Palais de la Cité...

5. Cléry, dans ses mémoires, écrit en 1814 que la grande tour a environ cent cinquante pieds de hauteur. Elle se compose de quatre étages, voûtés et soutenus au milieu par un gros pilier, depuis le bas jusqu'à la flèche. L'inférieur est d'à peu près « trente pieds en carré ». La grande tour communique par chaque étage à quatre tourelles placées sur les angles. Chacune de ces chambres était éclairée par une croisée, « mais on avait mis au dehors de gros barreaux de fer ». Les embrasures des fenêtres avaient neuf pieds de profondeur — soit près de trois mètres !

6. A noter, et il sied de rapprocher ceci de ce qui est dit plus loin du caractère bancaire du Temple : entre tous, les banqueroutiers et les personnes poursuivies pour dettes se trouvaient à l'abri dès qu'ils avaient franchi l'enclos de la commanderie.

Ce monarque est, d'ailleurs, entièrement subjugué par l'Ordre, qui lui a avancé l'argent nécessaire à l'achat de l'île d'Oléron (1235) ; et comme ses favoris, Hubert de Burgh et le Poitevin, la leur, il a confié sa fortune à la garde du Temple de Londres, qui double le Temple de Paris. Mais, toujours à la recherche de ressources nouvelles, Philippe IV multipliait les tailles, pressurait le peuple, saignait le juif, et s'il ne se faisait pas « faux monnayeur », comme on l'a dit, altérait, *décriait* la monnaie, la retaillant, la rognant, en frappant une nouvelle de son coin, dans laquelle entrait moins de métal précieux. Cette baisse du titre du numéraire — à quoi il gagnait moins que les malins, qui payaient leurs dettes en monnaie faible — provoqua en 1306 une émeute si grave qu'il se sentit menacé par elle, et, pour s'en garer, chercha refuge dans l'enceinte du Temple. Il y avait eu bataille de rues, massacre des représentants de l'autorité, pillages. De la tour-donjon, le roi assista à l'incendie de la courtille Barbette, la demeure de son argentin, Étienne Barbette... Quelle humiliation d'avoir pour hôtes fastueux les témoins, en apparence et par politesse affligés, de son impuissance !

Sous les voûtes de la grande tour du Temple, Philippe a contemplé, lui, le roi dont sa victoire de Mons-en-Puelle sur les Flamands a ruiné les finances, le trésor des Miliciens. Leur secret — il ne s'agit encore, pour le moment, que de celui qui est l'artisan de leur prodigieuse fortune — il l'a flairé comme le renard la proie convoitée... Pour le connaître, il a exprimé le désir d'être affilié à l'Ordre. L'Ordre a décliné tel honneur et le roi, serrant les poings, a refoulé sa rage.

Mais le surprenant, c'est qu'il n'ait pas deviné, perspicace comme il le fut toujours, la cause d'une prospérité dont il était envieux. Il ne semble pas, en effet, qu'il ait su quelque chose des opérations financières des Templiers ou qu'il en ait compris, du moins, le mécanisme subtil. Que la source principale de leurs revenus soit là, Philippe l'ignore et croit, peut-être, à quelque sorcellerie de leur part. Mais l'alchimie n'eut jamais pour but, que chez les charlatans, la fabrication de l'or monnayable. Un trésor bien plus précieux : « l'or potable », autrement dit « l'élixir de longue vie », voilà ce que cherchent à extraire de la pierre philosophale (synthèse du savoir) les Roger Bacon, les Raymond Lulle.

Lisez, cependant, la lettre que Christophe Colomb écrit à Ferdinand d'Aragon et à Isabelle de Castille : « L'or, dit-il, est une chose excellente. Avec de l'or (...) on fait tout ce qu'on désire en ce monde. On fait même arriver les âmes au Paradis. » Et Michelet qui cite cette lettre, dans son *Histoire de France,* assure que le XIVe siècle doit être considéré comme celui de l'avènement de l'or. Avec l'or, la richesse, hier encore — si l'on peut dire, statique — toute en terres, ou en constructions, en hommes de servage et en bêtes, secoue son immobilité, circule. Trop lentement, hélas ! au gré de ses détenteurs. Presque inerte, impotente, sa difficulté à se mouvoir est en proportion de son poids. L'alerte Mercure rechigne à s'en encombrer. Pour donner à ce moyen de transaction toute son efficacité, il faudrait l'alléger, lui faire pousser des ailes. Les Templiers s'en avisent. C'est leur coup de génie.

On s'est demandé de qui ils tenaient leur science des transactions monétaires ; et l'on a aussitôt invoqué l'Orient, les Arabes. Péladan qui, dans *Le Secret de Jeanne d'Arc,* a affirmé que « ce que la France a fait de plus beau dans l'ordre de l'action, au Moyen Age, c'est la Croisade et l'Ordre du Temple », écrit, d'autre part, dans ce même ouvrage en parlant des Miliciens dont Guillaume de Tyr, qui les détestait, a noirci la mémoire :

« Ces latins, transplantés en Orient par vœu mystique, ne s'exaltèrent ni ne se corrompirent : au bout d'un demi-siècle, un génie surprenant s'éveilla en eux ; ils pressentirent que la grande force était... le crédit ! Comment cette idée leur vint-elle, vers 1150, dans le palais bâti sur l'emplacement du temple salomonique ? Ils avaient quitté leur foyer et l'Occident en chevaliers, en moines, rêvant paradis et promesses. Qui les persuada de se faire banquiers ? L'exemple du Juif.

« Ils avaient emprunté pour leur départ, ils empruntèrent à leur arrivée, aliénant leurs terres ici et là-bas jusqu'à leurs armes. On n'a pas étudié le rôle du Juif dans toutes les croisades. Les hommes de la Croix, comme ceux du Croissant fastueux, magnanimes, imprévoyants, furent, surtout dans les revers, à la merci de l'usurier et du changeur.

« Les Templiers, devant ce spectacle, conçurent la banque telle que nous l'avons, avec ses comptes de dépôt, ses *chèques* payables dans tous les pays, moyennant un mince courtage. Et la banque honnête ! Il est impossible, sous le rapport financier, de découvrir un seul trait d'usure ou de mauvaise foi chez ces moines chevaliers devenus moines argentiers. Langlois a consacré une belle étude à leurs jeux d'écriture, transportant les plus fortes sommes d'Occident en Orient ; le pape confiait au Temple les sommes levées pour la Croisade, le produit des annates, et le roi le chargeait de percevoir les tailles et de rembourser leurs emprunts. »

Mais la substitution du crédit à la monnaie métallique par la mise en circulation du papier-monnaie, du chèque, n'est point invention qu'il faille attribuer aux Juifs. L'initiative en revient aux Templiers. Princes, comtes, barons, bourgeois, marchands n'ont qu'à mettre en dépôt chez eux les capitaux dont ils sont possesseurs, ils pourront tirer ou faire tirer sur leurs maisons inviolables, et qui joueront le rôle de banques, des mandats, en quelque lieu de France que ce soit, à l'étranger même, et au-delà des mers. Ces lettres auront valeur d'argent liquide. Les voyageurs qui en seront nantis n'auront qu'à les présenter à la commanderie la plus proche du centre où ils auront affaire : il leur sera payé, rubis sur l'ongle, les sommes dont elles porteront le chiffre.

Le sceau de l'Ordre sur un parchemin est une garantie, même aux yeux des plus méfiants. Promener l'or à dos de mulets ou dans des chariots par les chemins, quel risque alors, à cause d'une agression toujours possible des routiers, des mauvais garçons. Sa lettre de change contre la peau, sous la chemise, le négociant n'a que sa vie à sauver. Il peut s'enfuir à toutes jambes, sans laisser derrière lui son bien, si le convoi est assailli, dans la société duquel il voyage...

Au surplus, les croisades terminées, à quels exercices se livrent les Templiers dans les campagnes environnant leurs maisons? A une véritable police des grandes voies du commerce. La surveillance de ces voies semble bien avoir été le but des sorties que, fréquemment, ils accomplissaient par groupes de dix, de vingt, de trente, la lance au poing. Ils assuraient la sécurité des voyageurs aussi bien contre les bandits que contre les péages. Pas de droits à payer sur un papier dissimulé...

Maisons internationales de banque, les demeures des Templiers sont aussi des gendarmeries. Parfois elles pourvoient au ravitaillement d'une contrée en déléguant quelques chevaliers qui protègent de loin ou par le seul fait de leur présence, charrois et troupeaux. On a vu, maintes fois, des miliciens escorter bénévolement, pendant un long parcours, des religieux et des laïcs en pèlerinage.

Pour le reste, la gratuité des services rendus n'est qu'apparente. Et sur quel vaste champ sont répartis ces services! L'usure est antichrétienne, illégale; en conséquence, les Templiers la bannissent de leurs opérations. Mais il y a les frais de commissions, le courtage. Ils tournent encore la difficulté en pratiquant l'hypothèque (mort-gage). Ils font le créancier payer au prêteur une rente *nominale*, destinée à l'amortissement de la dette. La différence entre celle-ci et la rente *réelle* constituait le bénéfice (L. Delisle).

Les opérations des Templiers s'arrêtaient-elles là ? Non, sans doute ; et il est constant qu'il arrivait à telle ou telle commanderie de faire sans nécessité un emprunt. L'or et l'argent affluaient chez elle, grâce à la réputation de probité de l'Ordre. De ce fait, une région entière se trouvait en peu de temps à peu près dépourvue de numéraire. Il en résultait une gêne, qui avait les effets les plus funestes sur l'économie générale. Les valeurs baissaient et les commerçants voyaient leurs affaires péricliter. La ruine menaçant, la commanderie emprunteuse jouait le rôle de la Providence en achetant à vil prix les biens des propriétaires dans l'embarras, ou en prêtant à son tour sur une valeur très approximative de ces biens... Enfin, les Templiers étaient de ces « malins » qui savaient tirer profit des dévaluations royales. Ils spéculaient sur les fluctuations de la monnaie, se trouvant toujours en disposition d'acheter ou de prêter, selon la hausse ou la baisse — jamais de vendre, à moins qu'il ne s'agît de cessions provisoires ou fictives.

On a avancé, sans preuve à l'appui, que les Templiers firent usage d'une monnaie spéciale (intérieure). L'expérience financière la plus récente nous aide à comprendre les avantages qu'ils en eussent pu tirer... Mais cette monnaie, en admettant qu'elle ait existé, fut-elle fiduciaire ? On ne le dit pas. Le certain, c'est que, grâce à la dispersion par tout le monde civilisé de leurs maisons, les Templiers pouvaient se livrer à proximité de l'une ou de l'autre d'entre elles à des opérations appelées à produire leur effet dans un lieu très éloigné. Leur grande commanderie de Londres, en particulier, où la tradition financière de l'Ordre s'était le mieux implantée, dut leur être, à cet égard, infiniment utile.

Et quelle force ils tiraient de leur caractère international ! On le sait, aujourd'hui, de source qui paraît certaine — et Probst-Biraben et Maitrot de la Motte-Capron le rappelaient, dans *Le Mercure de France*, les Templiers se servaient d'un langage secret. Pourquoi ? Pour la transmission des ordres (il faut bien dire de Bourse) émanés du « siège social » de la Milice, où se tenait le grand conseil, non dans un dessein de propagande ni de diffusion doctrinaire, assurément, jamais instructions ésotériques n'ayant été confiées au papier. D'où l'absence de documents relatifs à la vie occulte du Temple. Les ordres financiers du Temple étaient anéantis aussitôt qu'exécutés. Le Temple ne tenait pas registre de ses transactions comme une vulgaire maison de commerce. Ses opérations bancaires avaient un but, connu des seuls initiés — selon toute vraisemblance — et dont ceux-ci n'étaient obligés de rendre compte à personne. Les visées de l'Ordre, on aura à préciser l'idée qu'il paraît conforme à la raison de s'en faire ; mais il convient de tenir, dès à présent, pour assuré, qu'elles relèvent d'un plan mûri de longue date.

Austères comme ils sont, malgré les bruits qu'on répand relativement à leurs mœurs, aux orgies auxquelles ils se livreraient (elles n'ont jamais fait l'objet d'aucun constat), pourquoi les Templiers se donnent-ils pour but l'accaparement de la fortune du monde entier ? Ne dirait-on pas qu'ils agissent comme s'ils voulaient devenir les seuls possesseurs de la richesse publique — rêve qui paraîtrait dément, de nos jours, mais qui était réalisable au XIVe siècle. Saigner l'Europe pour l'anémier, à tout le moins ; faire d'elle une créature facile à réduire — voilà à quoi ils tendent. Le premier, avant Philippe-le-Bel et Philippe-le-Hardi, même, Grégoire X s'inquiéta de la richesse du Temple, prit ombrage de son attitude indépendante. A ce concile de Lyon, auquel il a été fait allusion plus haut, et qui dura du 7 mai au 17 juillet 1274, il émit l'idée qu'il serait souhaitable d'opérer la fusion des divers Ordres religieux-militaires. Joints, ils se fussent mutuellement surveillés, empêchés ou gênés dans leurs prétentions, et le Saint-Siège en eût assumé la direction. Projet séduisant que reprirent Nicolas IV et Clément V, mais qui n'aboutit pas, bien qu'on l'eût réduit à l'idée d'un accord entre les seuls Templiers et Hospitaliers, à l'exclusion des Teutoniques. En attendant, groupés en un lieu unique, dans l'espace plus ou moins vaste d'une province, comme les féodaux, les Templiers sont répartis en divers endroits, choisis, semble-t-il, pour leur importance, il faut dire *stratégique.* Disséminés à travers le monde chrétien qu'ils noyautent, ils forment les mailles d'un immense filet. Leur force est partout. Nuit et jour, derrière les remparts de leurs forteresses, veillent leurs propres *servientes,* et personne ne s'aviserait, non seulement de prétendre contrôler, mais de vouloir suppléer cette garde insolite. Que se passe-t-il derrière ces hautes murailles, à quoi le Diable prend part ? La méfiance que les chevaliers blancs inspirent a crû depuis Saint-Jean-d'Acre, malgré l'héroïsme dont ils ont fait preuve au siège de cette ville. Cette défaite a porté un coup terrible à leur prestige moral, et leur inaction incite à mettre en doute leur utilité. Pour justifier leur arrogance, le faste qu'on les accuse de déployer, est-ce assez des fonctions accessoires de police qu'ils remplissent encore en Orient ? Rien de plus contraire, en outre, à l'esprit galiléen du Moyen Age, tout imprégné de la doctrine de Jésus, qui éleva la pauvreté au rang de vertu suprême, que cette thésaurisation dont ils ont fait apparemment leur principal objet. Par là, ils vont à l'encontre même du mouvement ombrien qui, né au XIIIe siècle, se propagea dans les Ordres mendiants, « les innombrables sectes communistes du Moyen Age (pauvres de Lyon, bégards, bonshommes, fratricelles, humiliés, pauvres évangéliques, etc.) groupées sous la bannière de l'Évangile éternel » (Renan).

Autant que les petites gens craignent et haïssent les Templiers, les grands les envient, les jalousent. « Traîtres » est un terme courant pour les désigner. On connaît, d'autre part, l'expression « boire comme un Templier ». Lisez le long roman d'aventures intitulé *Sone de Nausai,* qui date de la première moitié du XIVe siècle, vous verrez qu'on y fait jouer le rôle d'entremetteur à un grand-maître du Temple...

Mais, le cycle des Croisades clos, comment croire que, parmi les supérieurs de l'Ordre, aucun, saisi d'orgueil au spectacle de la toute-puissance dont il disposait, et ne pouvant se résigner à la laisser oisive, ne se soit pas demandé quel usage il en pourrait faire, à supposer qu'aucune arrière-pensée — ce qu'on se refuse à admettre — n'ait présidé à l'organisation méthodique de cette toute-puissance.

II

La machination de Nogaret

On a vu que Philippe IV avait sollicité son admission à titre de membre honoraire, dans la Milice du Temple. En agissant de la sorte, il caressait certainement l'espoir de se faire octroyer un jour la Grande-Maîtrise pour la réunir à la Couronne. Il accompagnait sa demande de paroles flatteuses à l'égard des Templiers, pour lesquels il assurait entretenir une estime toute particulière. En quoi il ne mentait pas. Toujours l'admiration le disputa à l'envie dans les sentiments qu'il éprouvait pour ces riches et vaillants chevaliers. Un document, daté d'octobre 1304, où le roi concède de nouveaux privilèges aux Templiers, s'exprime en ces termes dans son préambule :

« Les œuvres de piété et de miséricorde, la libéralité magnifique qu'exerce dans le monde entier, et en tout temps, le saint Ordre du Temple, divinement institué depuis de longues années, son courage qui mérite d'être excité à veiller plus attentivement et plus assidûment encore à la défense périlleuse de la Terre Sainte, nous déterminent justement à répandre notre libéralité royale sur l'Ordre et ses chevaliers, en quelque lieu de notre royaume qu'ils se trouvent, et à donner des marques d'une faveur spéciale à l'Ordre et aux chevaliers pour lesquels nous avons une sincère prédilection» *(Trésor des Chartes).*

Soit, cependant, que l'Ordre, cette république aristocratique, dont la hiérarchie était fondée sur le système électif, eût voulu témoigner du peu de sympathie que lui inspirait le caractère de ce monarque absolu, ne relevant de personne, «hors Dieu», soit que ses dignitaires les plus clairvoyants eussent pénétré les intentions qu'il dissimulait sous tant de politesse, Philippe s'entendit refuser l'honneur qu'il briguait, et qui, pourtant, avait été accordé à plusieurs souverains et à quelques papes, dont Innocent III. Cette vexation envenima sa blessure d'orgueil, encore ouverte depuis son séjour forcé au Temple. La vengeance qu'il avait exercée en faisant pendre des centaines d'émeutiers aux portes de Paris ou dans les forêts avoisinantes ne l'apaisa point. S'était-il demandé, sur la tour du haut de laquelle il avait assisté au déchaînement populaire, ce qu'il fût advenu du royaume si, au lieu de lui offrir asile, les Templiers eussent encouragé les rebelles?[1] Il n'oubliait pas que, lors de ses démêlés avec Boniface VIII, la Milice avait offert des secours d'hommes et d'argent au Souverain Pontife, et qu'elle n'avait consenti à souscrire à l'appel contre lui que *sub protestationibus.*

Innocent III, membre honoraire de l'Ordre du Temple,

1. Ne voulurent-ils pas faire entendre au roi qu'ils le tenaient, virtuellement, prisonnier et qu'il dépendait d'eux qu'il fût victime de la révolte qu'ils avaient déchaînée? Gaillard *(Histoire de la rivalité de la France et de l'Angleterre)* les accuse, après Dupuy *(Histoire des Templiers),* d'avoir trempé dans cette révolte. Il écrit : «On pourra croire [...] que leurs plus grands crimes furent leurs richesses [...] et quelques séditions qu'ils avaient excitées en France, au sujet d'une altération de monnaie où ils avaient beaucoup perdu.» La facilité avec laquelle ils apaisèrent la révolte donne, en tout cas, fort à penser. Il se peut qu'il y ait eu là comme la répétition générale du grand drame dont ils se réservaient de donner le signal à une date choisie par eux.

n'avait pas été le seul pape à montrer une sympathie active pour cette organisation devenue insensiblement plus militaire que religieuse. L'esprit d'Honorius II, le contemporain de saint Bernard, survivait chez les plus éclairés de ses successeurs. (Une des causes de l'excommunication de Frédéric II fut sa persécution de l'Ordre dans ses États.) Unie à l'autorité du Saint-Siège, quel frein la force des Templiers n'eût-elle pas mis à la remuante ambition du roi de France et des souverains d'Europe ! Et quelle perspective se fût ouverte s'ils avaient réussi à placer une de leurs créatures sur le trône de saint Pierre ? La chose était réalisable. Il y avait chez les clercs, les maîtres architectes, les tailleurs de pierre ou « compagnons de la liberté », les menuisiers et serruriers ou « compagnons du devoir », les charpentiers (« maîtres de hache »), qui avaient servi de pilotes aux Templiers — les uns et les autres patronnés par Jacques Molay — parmi les riches bourgeois, enfin, des affiliés à L'Ordre dont le nombre ne se comptait pas, et qui constituaient une congrégation laïque. Le zèle de ces partisans, tenus de payer seulement deux ou trois deniers par an de cotisation, et auxquels il est avéré que Dante appartint, compensait l'hostilité irraisonnée, instinctive, du bas peuple, des échoppiers et regrattiers. Une initiative quelconque des Templiers les eût trouvés prêts pour l'action. Leur appui était assuré, du moins à toute entreprise politique et sociale de l'Ordre. Mais l'Ordre avait aussi des adversaires conscients, on le sait. Dans le clan des « légistes », d'abord. Ces « chevaliers ès-lois », comme les appelaient avec dédain comtes et barons, furieux de leur anoblissement par le roi, qui — autre façon de faire de l'argent — institua la vénalité des titres, étaient irrités encore plus qu'inquiets de l'indépendance des Templiers. Les pauvres Dominicains, ensuite, les jalousaient s'ils ne les méprisaient ; et d'accord avec les hommes de loi, encore mal débarbouillés de leur roture (et dont Guillaume Nogaret était l'âme), ils profitaient de ce qu'ils avaient l'oreille de Philippe pour dauber sur les miliciens. Eux aussi pouvaient se targuer d'être les animateurs d'un ordre militaire *(cavalieri gaudenti)*, et d'un tiers-ordre, par le canal duquel ils entretenaient dans les couches profondes du tiers-état la légende des mœurs dissolues des soldats du Christ. Ils ressentaient comme une offense personnelle la présence à la Cour, par privilège spécial, d'un aumônier de l'Ordre, et voulaient faire voir au roi, dans la personne de ce serviteur du culte, à la croix pattée de gueule, un espion, un constant rappel aussi des obligations qu'il devait à la Milice de la Ville-Neuve-du-Temple. Un Dominicain, Clément Paris, confessait Philippe[2], sondait l'âme de ce prince, qui fut presque aussi pieux que son aïeul, Louis IX, à la sainteté près. On ne pouvait lui parler qu'il n'eût entendu la messe... Les apologistes des Templiers l'ont injustement noirci, omettant de dire que l'horreur du péché le hantait, et que les procédés mêmes qu'il devait employer contre les Templiers, il les avait réprouvés naguère, en 1301, lorsque, touché des plaintes de ses sujets, il s'était énergiquement élevé contre l'inquisiteur Foulques, qui sévissait dans le Languedoc :

« Quoi, s'était-il écrié, cet inquisiteur a l'injustice de commencer les procès par les arrestations, par les tortures, par les tourments inouïs contre les personnes qu'il lui plaît d'accuser d'hérésie ! Quoi ! par la violence de la douleur, ce prêtre les forces d'avouer qu'elles ont renié le Christ... » *(Preuves de l'Histoire du Languedoc).*

De visage régulier, froid — qui s'animait seulement dans la colère —, il ne paraît pas qu'il ait été de mœurs dissolues. Au contraire, ses dépenses privées se trouvaient réduites au minimum. L'or n'est pas fait pour le plaisir, mais pour l'exécution des grands desseins. Espagnol par sa mère,

2. Boniface avait mandé à Rome ce confesseur, auquel il reprochait d'être trop indulgent.

Philippe a pour maître, dès l'enfance, un Dominicain, Egidio de Rome (de la maison de Colonna), et sa pensée sombre, tout entière appliquée à poursuivre la politique pertinace des Capétiens, portera, sa vie durant, l'empreinte de cette formation. La France — le domaine royal — voilà sa passion, sa maîtresse. L'inconduite de sa femme, celle de ses belles-filles, le préoccupe moins que les exigences du Trésor. Tous les vingt-cinq jours, il compte avec le grand argentier. Quel désespoir quand les fonds diminuent, quelle joie quand ils augmentent ! Il ne saurait pécher que pour et par le royaume. Aussi bien, dans les débats qui déchiraient la conscience de son pénitent, Clément Paris devait-il bien se garder de prendre ouvertement parti contre les Miliciens dans le sens où l'intérêt de l'État inclinait Philippe ; mais il multipliait les insinuations contre leurs mœurs. En leur qualité d'inquisiteurs, aux agents partout répandus, les Dominicains avaient recueilli plus que des rumeurs, peut-être, au sujet de l'activité occulte de l'Ordre, de sa sympathie avouée ou secrète pour l'islamisme, des intelligences entretenues par certains de ses grands maîtres avec les Sarrasins et les mystiques occidentaux... Lors de la Croisade des Albigeois, près d'un siècle plus tôt, les Templiers ne s'étaient-ils pas refusés à intervenir militairement, se bornant au rôle de témoins ?...

Ce à quoi il paraît probable qu'aient travaillé les conseillers de Philippe, c'est à décharger son esprit des scrupules qui pouvaient le retenir d'agir avec la décision, la rigueur nécessaires, à leur gré, pour le bien de l'autel et du trône. Chevalier, le roi hésitait à faire preuve d'ingratitude à l'égard d'autres chevaliers dont il se reconnaissait l'obligé. Ne leur avait-il pas emprunté, récemment, les 500 000 livres dont il avait doté sa fille Isabelle[3] pour pouvoir la marier

3. On trouve trace d'autres nombreux emprunts qu'il fit aux Templiers. Le plus important n'est pas celui de cinq mille deux cents livres tournois, en 1297, dont il ne s'était pas acquitté en 1307.

avec le futur Édouard II d'Angleterre? Certes, il se fût volontiers donné quittance de cette somme en les immolant. Mais sous quel prétexte qui ne trahît point sa rapacité?

Une crise grave menaçait la France, où il redoutait la possibilité d'un effondrement de l'édifice construit avec tant de soins, de prudence, par les plus grands de ses ancêtres. Tout avait tellement changé depuis l'établissement des assises de cet édifice admirable! Pour en poursuivre l'achèvement, Philippe avait à faire face, d'urgence, aux nécessités imposées par le monde nouveau. Duruy l'a fort bien dit, sous son règne « la royauté arrivait à une époque de transition qui la rendait nécessairement tracassière et oppressive » faute des délais qu'il lui eût fallu pour s'adapter. Harcelé d'ennemis comme il était, Philippe se voyait contraint d'improviser. Les temps de la féodalité étaient révolus, où le roi se trouvait sans agents administratifs à rémunérer, parce qu'il n'administrait pas; sans armée dont payer la solde, puisque ses vassaux étaient obligés de le servir gratuitement. Avec une Cour luxueuse nécessitée par le maintien de son prestige, Philippe avait — dans un domaine grand à peu près comme les deux tiers de la France actuelle — « des baillis, des sénéchaux, des prévôts pour maintenir l'ordre et faire exécuter les lois, des tabellions pour légaliser les actes, des juges pour la justice, des conseillers pour le gouvernement ». Et tout ce monde coûtait très cher. Qu'on ajoute le prix onéreux de la flotte (navires du Poitou, de la Normandie, galères gênoises, au nombre de seize), la solde des mercenaires, les frais d'entretien même des troupes féodales maintenues sous les armes, on comprendra les soucis du roi, ses constants besoins d'argent.

Guillaume Nogaret, cet homme habile et violent, rompu aux arguties de la loi (il avait été professeur de droit à Montpellier, puis juge-mage de Nîmes), le connaissait trop bien pour ne pas comprendre qu'il se déciderait à sévir contre les templiers le jour seulement où on lui fournirait, à leur charge, des arguments — de caractère moral — qui emporteraient les objections de son esprit timoré. Il avait sa confiance, l'ayant servi lors de sa lutte contre Boniface VIII, et n'ignorait rien, en particulier, de ses difficultés financières. Il l'avait aidé de son mieux — c'est-à-dire par des procédés draconiens — à les résoudre. Ces *chevaliers en droit,* dit Michelet en parlant de lui, de Plasian et de Marigny, « procédèrent avec une horrible froideur dans leur imitation servile du droit romain et de la fiscalité impériale. Les Pandectes étaient leur Bible, leur Évangile ». C'est Nogaret qui avait expulsé du Languedoc les Juifs, après les avoir dépouillés jusqu'au dernier sou et chargé les banquiers lombards, frustrés de leurs biens. Lorsque le roi d'Angleterre avait envoyé 10 000 livres sterling à l'empereur d'Allemagne, autant au comte de Gueldre, presque le double au duc de Bourgogne pour former une coalition contre la France, il s'était ingénié à trouver — au prix de quelles exactions[4] ! — les livres tournois qui permissent à Philippe de défaire ce que son ennemi avait fait. Mais ce n'était pas assez qu'il remplît officieusement les fonctions du chancelier et garde du Grand Sceau, Pierre Flotte récemment décédé, il aspirait au titre de conseiller[5]. Pour satisfaire son ambition, il résolut de porter le coup décisif. Tandis qu'il abondait de plus en plus dans le sens où penchait l'esprit de Philippe, le persuadant que si l'Ordre ne disparaissait pas devant le pouvoir royal, le pouvoir royal se verrait contraint

4. Le roi manquant de matières pour battre de nouvelles espèces et tirer profit de cette fabrication, il lui conseilla d'exiger de ses sujets qu'ils lui livrassent leur vaisselle.

5. En 1372, la famille Nogaret (qui devait se montrer si altière au XVIe siècle, après qu'elle eût pris le nom d'Épernon) n'avait pas encore de lettres de noblesse. Nogaret ne rêvait que de devenir chevalier. Il se fait appeler « chevalier et vénérable professeur de droit » dans la suscription du manifeste contre Boniface VIII, par quoi Philippe, après Courtrain, rallumait le combat contre le chef de l'Église.

d'abdiquer devant l'Ordre, il fabriqua de toutes pièces une infernale machination.

De la région d'Agen, où il avait des intelligences, il fit partir des accusations précises contre les Templiers, à l'époque du concile de Pérouse (1304-1305). Il avait choisi le moment le plus favorable pour qu'elles fussent recueillies par l'opinion dans un esprit prévenu, et propagées par elle. Il faut savoir qu'un nouveau pape, Bertrand de Goth, archevêque de Bordeaux — qui prit le nom de Clément V —, venait de monter sur le trône de saint Pierre. Clément V était loin de posséder le courage du vieux Boniface VIII (le pape « Maleface »), cet irréductible adversaire de Philippe. Il tremblait de subir le sort de Benoît XI qui, ayant excommunié Nogaret pour venger l'insulte infligée à son prédécesseur, était mort empoisonné, un mois à peine après la publication de sa bulle. Désigné par le roi de France pour succéder à Benoit XI, Clément s'était laissé élire, par intrigue, en protestant que ses actes répondraient à la docilité qu'on attendait de lui. Abandonnant Rome, il vint se fixer à Avignon, possession du Saint-Siège en France. Aussi sûrement que dans une geôle, il se trouvait là à l'entière disposition du roi, dont la première exigence fut que, marchant sur les traces de Nicolas IV, il reprît, mît au point, après un examen attentif, l'idée de Grégoire X de joindre les deux plus grands Ordres religieux et militaires de la chrétienté.

En écrivant au grand maître, Jacques Molay, qu'il eût à se rendre en France où l'on jugeait nécessaire l'organisation d'une nouvelle croisade, Clément V l'informait de son désir de voir fusionner Templiers et Hospitaliers, et lui demandait là-dessus les sentiments de la Milice. Savait-il que la destruction de celle-ci était d'ores et déjà envisagée sinon résolue par Philippe ? Il est probable. Il comptait faire traîner les choses en longueur, gagner du temps. Toutefois, si, comme on peut le penser, il fit connaître à Jacques Molay que des soupçons pesaient sur les Templiers, il semble bien qu'il ait voulu lui fournir le moyen de préparer leur défense, de mettre leurs affaires en ordre et de les mettre en état de réfuter les accusations que l'on porterait contre eux. Par la façon dont il cherchait à inquiéter Jacques Molay, tout en le rassurant, il est certain qu'il a travaillé à l'affermir dans sa conviction que le roi hésiterait à braver l'Ordre, l'envie lui en eût-elle pris. « Il n'oserait... » La dédaigneuse réponse du duc de Guise aux amis qui le prévenaient des intentions criminelles d'Henri III, Jacques Molay l'avait déjà sur les lèvres. Il commit la faute de ne pas s'alarmer. De tout temps, c'est l'orgueil qui a perdu l'homme, trop sûr de lui, de son prestige et de sa force ou qui sous-estimait la volonté, les moyens de son ennemi...

Chevalerie et clergie sont difficilement conciliables. Et les Templiers furent plus chevaliers que moines. Ils avaient le culte de l'honneur qui ne s'accommode pas de l'humilité. Ce que Philippe le Hardi avait hésité à faire. Molay ne crut pas que Philippe l'accomplirait. En difficulté, le Hardi avait eu recours, lui aussi, jadis, aux inépuisables ressources des Templiers. Il avait sollicité leur aide pour tirer d'embarras le Trésor. La facilité avec laquelle ils s'étaient empressés de répondre à son appel l'avait incité à se demander comment, cent cinquante ans après la fondation de leur Ordre, ces « pauvres chevaliers » étaient parvenus à une si insolente prospérité... Il fit surveiller le Temple, a-t-on dit, des espoirs se prodiguèrent. En vain. Impossible de prendre en défaut les habitants de l'hermétique forteresse sans fissure. Les maîtres riaient sous cape. Mais pour Jacques Molay il aggrava sa faute, en répondant à la demande de Clément V, touchant le projet d'union des Templiers et des Hospitaliers, par un assez long mémoire, qui concluait purement et simplement que cette union n'était pas souhaitable. Il avançait des raisons plus inspirées, il faut bien le dire, par les intérêts particuliers de l'Ordre que par les intérêts généraux de la chrétienté. Ce n'était pas tant à l'avenir de la

Terre Sainte qu'il pensait qu'à celui de la Milice. Or, aux yeux du monde, de quelle utilité pouvait bien être la Milice, abstraction faite des lieux saints ?

Mais quoique Finke ait écrit, certaines des objections soulevées par Molay étaient valables, celle, surtout, du péril où la fusion des Templiers avec les chevaliers de l'Hôpital de Saint-Jean mettrait les âmes. « Je dis cela, précisait-il, parce que c'est agir d'une manière très hostile et très dure que de forcer un homme qui, spontanément, s'est voué à l'habit et à la profession de foi d'un Ordre, à changer sa vie et ses mœurs ou à choisir un autre Ordre, s'il ne le veut pas... » Jacques Molay — non à tort, certes ! — appréhendait maints froissements et rivalités, préjudiciables à la bonne entente nécessaire à la reconquête de la Palestine, entre représentants d'Ordres qui avaient chacun leur passé de gloire. Rien d'étonnant s'ils se montraient aussi jaloux les uns que les autres d'en préserver la tradition : « Nous, nous valions mieux, et faisions plus de bien », tel est le genre de propos que le grand-maître prévoit que l'on serait amené à échanger, et qui dégénéreraient vite en querelles parmi les hommes de sang vif et armés...

Mais Philippe fut déçu. Les conclusions de Jacques Molay, en ruinant son dernier espoir de résoudre l'épineux problème des Templiers par des moyens pacifiques emportèrent ses hésitations. Les Ordres réunis sous la dénomination de « Chevaliers de Jérusalem », il en eût fait donner la grande-maîtrise à son fils, et peut-être fut-ce pour faciliter la réalisation de ce dessein qu'il demanda à Jacques Molay d'être le parrain du prince, comme Guillaume de Beaujeu avait été celui de la fille de saint Louis. Il se flattait de l'espoir que la qualité de grand-maître du nouvel Ordre devînt héréditaire et appartînt à un prince de la maison de France. Mais eût-il voulu endormir la méfiance de Molay qu'il n'eût pas agi, à coup sûr, autrement qu'il fit. Ayant décidé le pape, comme il a été dit plus haut, à mander auprès de lui les grands-maîtres du Temple et de l'Hôpital, c'est avec force démonstrations d'amitié qu'il accueille le premier. Tout, d'ailleurs, n'est pas que grimaces, dissimulation, dans son attitude et dans ses propos. Contre toute vraisemblance, il croit encore pouvoir amener Molay à se démettre de ses fonctions, pour lui complaire...

Dans sa lettre, datée de Bordeaux, le 6 juin 1306, Clément V avait ordonné aux deux grands-maîtres de venir secrètement en France, et d'amener avec eux les plus expérimentés, valeureux et fidèles de leurs chevaliers. « Désirant, écrivait-il, organiser une croisade avec les rois d'Arménie et de Chypre, nous avons résolu d'en délibérer avec vous, parce que mieux que tous les autres, vous pouvez nous donner sur ce sujet des avis utiles... »

Villaret, le grand-maître des Hospitaliers, occupé au siège de Rhodes, s'excusa de ne pouvoir en ce moment faire le voyage. Jacques Molay vint donc seul retrouver le pape à Poitiers, où il tenait sa Cour. Cela suffisait à Nogaret, dont il faut voir la main derrière tout ce qui s'accomplit alors, et qui laissait le roi dans l'ignorance de ses combinaisons pour qu'il jouât avec naturel le rôle qu'il lui avait assigné. Le pape se montra aimable envers Molay dont il parut « goûter beaucoup l'esprit » ; mais le roi se prodigua en éloges à son endroit, le combla d'honneurs et le fêta à la Cour comme un prince du sang... Au début de 1307, il assiste à la réception d'un nouveau chevalier au Temple, tandis que Nogaret poursuit sa besogne de diffamation, entreprise depuis si longtemps. Mais Jacques Molay demeure impénétrable.

Ce personnage, si important par le rang qu'il occupe, a beau ne pas être un esprit éminent, il sait de quelle responsabilité les Templiers l'ont chargé, après la mort du héros de Saint-Jean-d'Acre, en l'élisant par un vote unanime, comme il était absent de la Terre Sainte (1298)[6].

6. *Por conformidade de votos sahio eleito Jacobo de Molai.*

D'assez médiocre gentilhommerie (il était de la famille des sires de Longvic et de Raon)[7], c'est en 1265 qu'il a fait probation à Beaune, ou plutôt dans la commanderie qui se trouvait à la porte de la ville (faubourg Saint-Jacques) et dont on peut voir le portail et les débris de la chapelle dans la propriété d'un horticulteur. Imbert de Peraudo, visiteur de France et de Poitou, lui a fait l'honneur de le recevoir, et il s'est illustré sous le magistère de Guillaume de Beaujeu[8].

Mais on conçoit que l'attitude rétive de ce soldat sans subtilité, qui ne voulait pas jouer le rôle du condamné par persuasion, ait ému l'irascible Philippe, l'ait trouvé prêt à tenir pour vérités les mensonges de Nogaret...

Abolir l'Ordre, purement et simplement, quitte à appuyer cette décision légale par les moyens de puissance dont l'autorité royale disposait, Philippe ne le pouvait pas, et Nogaret ne le lui eût pas conseillé. Raynouard l'a dit : « Non seulement, alors, on ne reconnaissait point que le monarque eût le droit de détruire un Ordre, mais on pouvait douter que le pape lui-même eût ce droit ; il n'existait encore aucun exemple de suppression d'Ordre religieux. »

Ce n'était donc pas assez que Nogaret fournît au roi un prétexte pour prononcer la déchéance des Templiers, il lui fallait trouver, en outre, un motif qui légitimât la convocation à Rome d'un concile, à la suite de l'action qu'il

7. Molai était une terre du doyenné de Noblant, au diocèse de Besançon.

8. « Forcé de se retirer dans l'île d'Arade, après s'être trouvé présent à la reprise de Jérusalem, il parut encore assez redoutable aux Musulmans pour qu'ils fissent contre les Templiers un armement considérable, après avoir résisté longtemps réfugié dans l'île de Chypre, il rassemblait de nouvelles forces [...] lorsqu'en 1305 le Pape l'appela en France » (Raynouard).

entreprendrait. Un coup d'état, que justifieraient les preuves de la culpabilité de la Milice, voilà ce qu'il estimait indispensable qu'accomplît Philippe. Comme l'a encore écrit Raynouard, « s'il s'était borné à prononcer ou à faire prononcer l'abolition de l'Ordre, le clergé et le peuple n'auraient vu dans les Templiers que les victimes de la puissance royale, et les grands, qui regardaient les biens de l'Ordre comme un second patrimoine de leurs familles, auraient pris hautement le parti des chevaliers dépossédés ; une guerre civile pouvait naître de telles dissensions ». Quelle eût été, d'autre part, la réaction des chevaliers eux-mêmes ? Il était impossible de le prévoir, ou plutôt on avait à craindre qu'ils refusassent de se soumettre à un acte arbitraire d'autorité. Dans ce cas, leur résistance, à l'abri des murs de leurs commanderies, était capable d'aller très loin et d'avoir les effets les plus dangereux... Les perdre dans l'opinion populaire, en les calomniant, c'est-à-dire en les déclarant hérétiques, coupables de pratiquer des mœurs impies, Nogaret pensa qu'il n'y avait pas de meilleure politique à suivre, à condition de la couronner, en temps opportun, d'un coup de force. La nécessité s'imposait, dans son esprit, d'accuser les Templiers en même temps qu'on se saisirait de leurs personnes. Après les avoir réduits à l'impuissance, les avoir mis dans l'impossibilité absolue de s'insurger contre l'arbitraire de la volonté royale, on procéderait à l'ouverture de leur procès. On n'instruirait celui-ci, avec la complicité des juges du Souverain Pontife, qu'une fois les Templiers sous les verrous...

Mais il faut reprendre, à son origine, l'intrigue si diaboliquement nouée par Nogaret. En 1303, un Templier, natif de Béziers et portant le nom d'Esquin de Floyrano (c'est le Squin de Florian de Villani), ayant perdu sa commanderie pour crime et n'ayant pu en obtenir une autre du gouverneur provincial du Mont-Carmel, poignarda celui-ci dans sa maison de campagne, près de Milan. Son assassinat commis, il se réfugia à Paris, où Nogaret l'écouta ; et le bruit se répandit bientôt qu'il accusait l'Ordre des pires turpitudes. Nogaret avait compris tout de suite quel usage il pouvait faire de cet apostat. Après lui avoir promis la vie sauve s'il suivait à la lettre ses instructions, il le somma d'abord d'indiquer des témoins à charge, c'est-à-dire des Templiers ayant perdu la maison pour indignité et se trouvant en disposition de corroborer ses médisances ou ses calomnies. Cette espèce était assez répandue. Il existait des réprouvés qui gardaient surtout rancune à l'Ordre d'avoir tenu secrètes les délibérations de certains chapitres, et dont l'imagination avait brodé sur le peu qui en avait filtré jusqu'à leurs oreilles... Quand il eut été enfermé dans le château royal de Toulouse (c'était la seconde partie du plan élaboré par Nogaret), on donna à Esquin, pour compagnon de geôle, un bourgeois, lequel s'était rendu coupable, de son côté, d'un meurtre. Sur le point de subir la peine capitale, qu'il croyait également réservée à Esquin, le bourgeois se confessa à son compagnon, comme son compagnon se confessa à lui, faute du prêtre dont on refusait, alors, l'assistance aux condamnés à mort pour homicide. On devine ce que furent les aveux du Templier renégat. Épouvanté par l'horreur des soi-disant secrets dont il était devenu dépositaire, et en mesurant, du même coup l'importance, le bourgeois demanda à être entendu, comme Nogaret l'avait prévu dans sa malice. Encouragé sans doute à cela, le misérable s'enhardit jusqu'à solliciter une audience du roi en personne, pour lui révéler des choses telles qu'il en pourrait « tirer plus d'avantages que de l'acquisition d'un royaume ». Il obtint ce qu'il voulait, sa grâce y comprise, qui devait être le prix de sa divulgation[9].

9. Finke a publié une lettre d'Esquin au roi, datée du 21 janvier 1308, réclamant sa récompense. Noffo Dei (ou Deghi) de Florence, dont il fait mention, n'aurait eu que des relations financières avec les Templiers, à Paris. Il fut pendu pour escroquerie.

Philippe, après avoir entendu le compagnon de geôle d'Esquin, n'avait plus de raison de ménager la Milice. Ses scrupules ébranlés, il exigea, toutefois, de Nogaret, qu'il instruisît un autre roi que lui des forfaits des Templiers. Il hésitait encore, malgré qu'il en eût, à prendre l'initiative de les dénoncer au monde chrétien. En conséquence, Nogaret dépêcha Esquin à Lérida auprès du roi Jacques d'Aragon. Mais le pieux roi, qui avait des motifs pour penser du bien des Templiers, ne parut pas très convaincu par ce qu'il apprit, encore que l'on assure qu'il ait promis à son informateur une part du butin qui lui reviendrait de la liquidation de l'Ordre si, par aventure, les accusations portées contre lui se trouvaient justifiées...

Nogaret parut moins fâché que Philippe de voir le rôle lui revenir d'intenter une action contre l'Ordre. Il pensait, non sans apparence de raison, que le roi tirerait de l'affaire un bénéfice à proportion de la part de responsabilité qu'il y aurait prise. Le roi tenta encore une fois une diversion suprême. Lors du couronnement de Clément V, lequel eut lieu à Lyon, le 24 novembre 1305, il avait pressenti le nouveau pape, en lui touchant quelques mots des accusations dont il était instruit. Clément V n'avait pas semblé autrement s'en émouvoir. On le sait : depuis le début de la rivalité qui dresse Philippe contre les Templiers, il n'a cherché qu'à temporiser. Il temporise encore en demandant un supplément d'informations. Différer, c'est l'ultime ressource des faibles qui n'osent dire non, mais attendent qu'un événement se produise qui leur évite d'avoir à se lier par un engagement. Avant même d'informer officiellement le roi de sa démarche, Clément V avait prévenu Jacques Molay — avec plus ou moins de précision — du péril qui le menaçait, lui et ses frères.

Ce pontife, dénué de force morale, a pour excuse (s'il faut lui en trouver une) d'être valétudinaire. Le tragique de son destin, tout prouve qu'il résulte d'une disproportion qui existait entre son caractère trop mal trempé pour offrir de la résistance aux attaques incessantes de la maladie, et l'ampleur de son ambition. Orgueilleux et tourmenté par un corps fragile mais des sens exigeants, Clément V est un voluptueux — on dirait plus familièrement, quoique avec plus d'exactitude, un jouisseur — qui se complaît dans l'opulence, ne saurait se priver du plaisir de gorgiaser. On le voit, aussitôt après son élection, s'acheminer vers Bordeaux, en passant par Mâcon, Bourges, Limoges, suivi d'une nuée de courtisans, de « clients » et de serviteurs, qui ne laissaient d'autre trace en tous lieux, une fois partis, que le dénuement, la désolation, tant ils poussaient loin la fureur du pillage. Sa maîtresse, la belle Brunissende Talleyrand de Périgord (de qui descendit le diplomate-caméléon du Premier Empire et de la Restauration), n'était pas son luxe le moins onéreux. Elle lui coûtait plus, a-t-on dit, « que la Terre Sainte »...

Il avait été d'abord l'ennemi de Philippe ; mais parce que le roi l'avait hissé au rang qu'il occupait, il l'en haïssait davantage, sachant n'exister que par lui, ne pouvoir se soustraire à sa dépendance. On l'a vu, pour obtenir la tiare, se lier à Philippe par un pacte de servilité. Fut-ce aussi théâtralement que l'a dit Villani qui fait allusion à une entrevue secrète qu'il aurait eue avec le maître de la France, alors qu'il n'était encore qu'archevêque de Bordeaux, dans une forêt près de Saint-Jean-d'Angély ? On en doute. Mais imaginée ou non[10] par le narrateur, cette entrevue n'en

10. Tabanis, qui conteste l'authenticité de la rencontre de Saint-Jean-d'Angély et nie même qu'il y ait eu marché entre Clément V et Philippe le Bel, reconnaît pourtant la bassesse du pontife. « La vérité, écrit-il, est que par rapport à ses anciens souverains, surtout envers le roi de France, il ne sut jamais être le chef de la chrétienté, il ne put jamais s'élever à la dignité de caractère, à l'indépendance et à la hauteur de pensée que voulait sa position [...]. Sa correspondance avec Philippe l'atteste à chaque ligne. Ce sont des velléités de résistance qui n'aboutissent pas, des reproches

traduit pas moins la vérité : « Ils entendirent ensemble la messe, dit Villani, et se jurèrent le secret. Alors le roi commença à parlementer en belles paroles, pour le réconcilier avec Charles de Valois. Ensuite il lui dit : « Vois, archevêque, j'ai en mon pouvoir de te faire pape, si je veux ; c'est pour cela que je suis venu vers toi ; car si tu me promets de me faire six grâces que je te demanderai, je t'assurerai cette dignité, et voici qui te prouvera que j'en ai le pouvoir. »

« Alors, il lui montra les lettres et délégations de l'un et l'autre collège. Le Gascon, plein de convoitise, voyant ainsi tout à coup qu'il dépendait entièrement du roi de le faire pape, se jeta comme éperdu de joie aux pieds de Philippe, et dit : « Monseigneur, c'est à présent que je vois que tu m'aimes plus qu'un homme qui vive, et que tu veux me rendre le bien pour le mal. Tu dois commander, moi obéir, et toujours j'y serai disposé. » Le roi le releva, le baisa à la bouche, et lui dit : « Les six grâces spéciales que je te demande sont les suivantes : la première, que tu me réconcilies parfaitement avec l'Église, et me fasses pardonner le méfait que j'ai commis en arrêtant le pape Boniface ; la seconde, que tu me rendes la communion à moi et à tous les miens ; la troisième, que tu m'accordes les décimes du clergé dans mon royaume pour cinq ans, afin d'aider aux dépenses faites en la guerre de Flandre ; la quatrième, que tu détruises et annules la mémoire du pape Boniface ; la cinquième, que tu rendes la dignité de cardinal à messer Jacobo et messer Pierro de la Colonne, que tu les remettes

timides qui ressemblent à des plaintes ou à des supplications, puis des désaveux empressés chaque fois que le dur monarque fronce le sourcil et paraît s'irriter. Avait-il, pour son malheur, reçu des services d'argent de Philippe, au moment où son élévation le surprit dénué de tout ? — Je ne sais, mais sa faiblesse, qui trouverait une excuse dans cette déplorable circonstance, n'en fut pas moins un vrai fléau pour lui et pour l'Église » *(Clément V et Philippe le Bel).*

en leur état, et qu'avec eux tu fasses cardinaux certains miens amis. Pour la sixième grâce et promesse, je me réserve d'en parler en temps et lieu, car c'est chose grande et secrète. » L'archevêque promit tout par le serment sur le *Corpus Domini,* et de plus il donna pour otages son frère et deux de ses neveux. Le roi, de son côté, promit et jura qu'il le ferait élire pape.

Le roi aime à prendre des gages. C'est ainsi qu'en 1296, lors du conflit qui s'était élevé entre le comte de Flandre et lui, il s'assura de la fidélité de celui-ci à son serment, en retenant sa fille Philippine dont il était pourtant le parrain...

Quant à la sixième « grâce et promesse », à quoi fait allusion Villani, c'est l'Ordre du Temple qu'elle concerne. Elle épouvantera Clément V quand il en connaîtra la teneur. Cette tiare que Philippe avait posée sur sa tête, après l'avoir obtenue, de quelles menaces, de quelles intrigues — et payée de combien d'or ? — elle l'accablait. Il se fût laissé torturer, pourtant, plutôt que de la rendre, et voulait se montrer, du moins, assez maître de ses actes pour se conduire comme le plus altier des souverains d'Europe. Le rouge de la honte lui fouettait le visage à la pensée de ce que Philippe exigeait de lui, sous prétexte que les Templiers fussent des mécréants. A ses instances, il répondit évasivement, prit des biais, se refusant à croire aux odieuses accusations que l'on portait contre l'Ordre, sollicitant, réclamant — à défaut d'exiger — un supplément d'enquête, comme ses lettres au roi l'attestent. Vains efforts, où il s'épuisa. Il poussait la faiblesse jusqu'à invoquer lamentablement sa santé pour excuse aux lenteurs qu'il apportait à se prononcer : « De l'avis des médecins, nous allons, au commencement de septembre, prendre quelques drogues préparatives, et ensuite une médecine qui, selon les susdits médecins, doit, avec l'aide de Dieu, nous être fort utile... »

Ses tergiversations, en irritant Philippe, précipitèrent la décision qu'il avait pour dessein de retarder. Philippe, une fois son parti pris, devait mener rondement les choses. Il réussit, conseillé par Nogaret, à faire recevoir douze espions au Temple et à obtenir qu'on y réintégrât des chevaliers qui en avaient été exclus pour fautes graves. D'autres furent mis au secret, à Corbeil, en attendant l'arrestation générale qui, dès lors, avait été décidée, et ne devait plus tarder.

Sur avis de son nouveau confesseur, Guillaume Imbert, qui remplace Clément Paris, devenu grand inquisiteur, et à cette place lui fournira une aide considérable, de connivence avec Nogaret et Gilles Aiscelin, archevêque de Narbonne, il arrache au pape la lettre que voici, destinée à le couvrir :

« ... Connaissant ton zèle pour la conquête et la défense de la Terre Sainte, nous ordonnons à ta joie et à ta glorification, par la teneur de la présente, dans le cas où les fautes de l'Ordre des Templiers exigeraient qu'il fût dissous, brisé et supprimé, que tous ses biens et privilèges, revenus et profits en quelques choses ou en quelques droits qu'ils consistent, leur appartenant quant à présent ou pouvant leur appartenir dans l'avenir, soient employés au secours de la Terre Sainte, et ne puissent être employés à aucun autre usage. Et nous nous engageons, nous et nos successeurs, à ne jamais réclamer pour aucun autre usage ces biens de ceux qui les tiendront et en auront la garde.

« Donné à Poitiers, le 9 du mois de juillet (1307) et la troisième année de notre pontificat. »

La clause relative à l'attribution des biens du Temple que Clément V a cru devoir spécifier pour sa sauvegarde, à lui aussi, ne fait ni chaud ni froid à Philippe. Aidé du subtil Nogaret, il saura bien la tourner à son profit, l'heure venue. Le plus urgent est d'en finir avec la Milice. La lettre du pape en sûreté, et trois autres, de la même encre, que l'infortuné pontife a cru devoir encore écrire, par excès de prudence, car il ne saurait s'entourer de trop de garanties, Philippe réunit ses créatures, à la fin du mois d'août, pour arrêter avec elles les dispositions à prendre.

Tout fut fixé pour la nuit du 13 octobre, un vendredi. La veille, le 12 octobre, Philippe, afin d'endormir les soupçons dans l'âme de Molay, l'avait désigné pour tenir le poêle avec d'autres personnages insignes, à l'enterrement de sa belle-sœur. Au surplus, il avait ainsi le grand-maître à portée de la main.

III

Le procès

Croit-on aux intersignes ? A Lyon, lors du couronnement de Clément V, tout un pan de mur, chargé de badauds, s'écroula au passage du cortège pontifical qui défilait par les rues en grande pompe, et en rompit la majestueuse ordonnance. Dans la panique, le roi fut blessé, le duc de Bretagne tué, et, lui-même, renversé, le pape vit sa tiare rouler sur le pavé. Une semaine plus tard, au cours d'un festin que donnait le nouvel élu, ses gens se prirent de querelle avec deux des cardinaux. Un de ses frères fut occis...

Il est superflu d'invoquer « la superstition du Moyen Age » pour dire que le roi et le pape durent reconnaître en ces incidents de sinistres présages. La complicité qui les liait, et les conduisit à un attentat contre les Templiers, leur apparut, sans doute, dans toute sa noirceur. Ils avaient le sens du symbole, figuré par l'emblème de la France, la nation chère entre toutes à l'Église. Les trois pointes de sa fleur de lis, ils allaient faire pis que de les disjoindre : les briser à jamais. Responsabilité terrible ! Mais le roi a surmonté ses scrupules. La passion du pouvoir a enfin triomphé, chez lui, de la conscience du chrétien — le grand inquisiteur aidant. Il veut croire, il croit les miliciens coupables. Sa convoitise de leurs biens, et plus encore, peut-être, de *leur secret,* comme on est tenté de le croire, est portée à un tel degré d'excitation qu'il lui faut trouver bonnes les plus mauvaises raisons qui lui sont fournies de les frapper. Il est au point qu'il en inventerait s'il en manquait, comme le loup de la fable, impatient d'égorger l'agneau. On le voit s'exalter — se battre les flancs, sauf respect — quand on lit l'ordre d'arrestation qu'il a rédigé à l'abbaye de Sainte-Marie de Pontoise, en compagnie de ses âmes damnées[1], le 13 septembre 1307, et qu'il adressa par courriers spéciaux aux baillis, sénéchaux, prélats, barons, chevaliers et agents des provinces : « Une chose amère, une chose déplorable, une chose horrible à penser, terrible à entendre, une chose détestable, un forfait exécrable de scélératesse, un acte abominable, une infamie affreuse, une chose tout à fait inhumaine, pis : étrangère à toute humanité, a retenti à nos oreilles selon le rapport de plusieurs personnes dignes de foi, non sans nous frapper d'une stupeur profonde et nous faire frémir d'une violente horreur (...). Un esprit raisonnable souffre, assurément, de voir dépasser les bornes de la nature ; il est tourmenté par cela, surtout, que cette engeance, oublieuse de son principe, et méconnaissant sa dignité, prodigue de soi, livrée à des sentiments réprouvés, n'a pas compris pourquoi elle était honorée. Elle est comparable aux bêtes privées de raison ; que dis-je ? dépassant la brutalité des bêtes elles-mêmes, elle commet les crimes les plus abominables qu'exècre et que fuit la sensualité de ces bêtes déraisonnables. Elle a abandonné son créateur, elle s'est séparée de Dieu, son

1. La veille, 12 septembre, Nogaret avait été élevé à la dignité de Garde du Grand Sceau.

salut, elle a délaissé Dieu qui lui a donné le jour, oublié le Seigneur, sacrifié aux démons et non à Dieu, cette engeance sans conseil et sans prudence, et plût à Dieu qu'elle le sentît, comprît et prévît ce qui vient d'arriver !... »

Quelle véhémence ! mais qui souligne la gravité du coup d'état auquel Philippe se résolvait en frappant l'Ordre. Des instructions cachetées accompagnaient cette lettre, dont le sceau ne devait être brisé dans toute la France qu'à une date déterminée. La surprise fut complète. Partout, les Templiers, sans méfiance, se virent appréhender à la pointe du jour. Sans méfiance ? Non. Des pressentiments les tourmentaient, qui avaient pour cause les avertissements que des amis, bien placés pour pouvoir recueillir les moindres bruits alarmants, leur avaient donnés et réitérés. Mais ce n'était pas assez de ces bruits pour ébranler leur confiance. Il eût fallu davantage : la divulgation même des mesures prises par le roi. Le secret en ayant été soigneusement gardé leur demeura inconnu. C'est à peine s'ils prirent l'élémentaire précaution de détruire ou de cacher (d'enfouir ?) quelques documents, textes ou images compromettants, et pour des intelligences averties, révélateurs... Encore devait-on retrouver, à Paris, une de ces figures dont on les accusait de faire des idoles.

Au centre de l'Ordre, c'est-à-dire dans la Ville-Neuve-du-Temple, ce fut Nogaret lui-même qui opéra avec son habituelle décision. La porte de l'enclos franchie au nom du roi, le Garde du Grand Sceau, accompagné d'un fort contingent d'hommes à pied — une forêt de piques qui brillaient à travers la fumée des torches —, se glissa jusque dans les bâtiments où logeaient les chevaliers. On se saisit d'eux encore dans leur lit, sans qu'ils eussent eu le temps de mettre la main sur la garde de leur épée. Et privés de leurs chevaux, non armés, comment se fussent-ils défendus contre les soldats de Philippe ? Cent quarante Templiers se trouvèrent ainsi arrêtés dans la capitale, ramassés d'un seul coup de filet ; soixante à Beaucaire, de nombreux groupes dans les diverses parties de la France, à la même heure. On n'épargna même pas les Templiers de la maison de Payns — qui était celle du fondateur de l'Ordre — près de Troyes. Quarante hommes accompagnaient là Jean de Villarcel qui fut chargé de l'exécution de « la besogne » *(besoingne)* comme disait le roi. On avait invoqué pour prétexte la nécessité d'une enquête « à l'occasion du décime ». Les personnes arrêtées, les biens saisis, Philippe — qui est le premier roi qu'on ait vu, en France, admettre le Tiers-état dans les assemblées de la nation — crut devoir s'assurer l'approbation du peuple en même temps qu'il recueillait celle de l'Université dont il voulait engager tout entière la responsabilité. A Paris, le jour de l'arrestation, les bourgeois furent convoqués à sons de trompe par paroisses et par confréries, réunis au jardin du roi dans la cité où des moines prêchèrent. Le lendemain, Nogaret lisait, de son côté, l'acte d'accusation devant la première assemblée de l'Université. Au Temple même, enfin, maîtres et écoliers de chaque faculté furent réunis pour y entendre interroger Jacques Molay et quelques autres chevaliers.

La France était alors placée sous la juridiction de l'Inquisition, ou plutôt se trouvait soumise à son arbitraire. C'était assez pour se justifier que Philippe prétendît avoir procédé en complet accord avec cette force redoutable qui pouvait agir sans avoir à en référer au pape. Mais il voulait qu'on n'eût aucune critique à élever contre sa justice, aucune apparence de raison pour l'accuser d'employer d'illégales méthodes. Il exige du pape, de *son* pape, pleine approbation. Il trouva Clément V furieux. Le ci-devant archevêque de Bordeaux ne se croyait pas lié indéfiniment par le pacte oral qu'il avait conclu avec le roi. Il estimait s'être acquitté de sa dette en abandonnant à Philippe les décimes du clergé, en révoquant la bulle de Boniface et en admettant le principe de l'ouverture d'un procès contre les

Templiers. La violente initiative prise par le roi le révolta. Son premier mouvement fut de la désavouer. Ce qui mettait le comble à son indignation, c'est que Philippe avait adressé, sans le consulter, des lettres au roi Jacques d'Aragon, à Édouard II d'Angleterre, à Albert d'Allemagne, et à d'autres princes de moindre importance, pour les inviter à suivre son exemple. C'était par trop cyniquement le déposséder de ses droits ! Eh quoi ! n'était-il pas libre de jouir des prérogatives de son titre, et fallait-il qu'il n'eût pour toujours de volonté que celle du maître qu'il s'était un moment donné ? D'exigence en exigence, laisserait-il Philippe réduire la papauté en esclavage « jusqu'à la damnation » ? « La colère, dit Michelet, lui fit oublier sa servilité ordinaire, sa position précaire et dépendante au milieu des États du roi. » Il ne se borna pas à se plaindre, il osa suspendre les pouvoirs des juges ordinaires (évêques et archevêques) ; ceux même du tribunal de l'Inquisition (27 octobre).

Mais il avait compté sans la réaction de Philippe. Elle fut prompte et terrible. La pensée que la résistance du pape pût lui faire perdre le bénéfice de sa manœuvre, ou qu'elle en compromît seulement les effets, le jeta hors de lui. Et il sied, impartialement, d'admirer la nouveauté — qui lui prête un caractère on dirait moderne — de cette manœuvre. A une époque de lentes et difficiles communications, son ubiquité l'avait douée, il est vrai, d'une puissance irrésistible. A l'efficacité des opérations financières des Templiers, résultant de leur mobilité, il avait opposé une action d'une originalité égale, foudroyante, qui les avait pris au dépourvu et le rendait maître de leur destin. Il répondit au pape « que Dieu déteste les tièdes » et que tout délai dans la répression des crimes est « une sorte de connivence » avec eux. Au surplus, les prélats ne supporteraient pas, assurait-il, qu'on les outrageât en leur ôtant le ministère qu'ils tenaient de Dieu. Lui-même ne pourrait tolérer qu'on leur fît cette injure, sans violer son serment. A quoi il se refusait. La menace était à peine déguisée. Cependant, il manda à Clément V — laissant, de la sorte, à la conscience de l'infortuné, une échappatoire — qu'il allait lui déléguer les prisonniers, se chargeant seulement de garder les biens des coupables pour les mettre au service de la Terre Sainte. Il en envoya seulement soixante-douze à Poitiers, au-devant des cardinaux Bérenger Frédol et Étienne de Suisy ; les autres — les dignitaires de l'Ordre — il ne les fit point dépasser Chinon.

Le pape parut se contenter de ce fretin dont il recueillit tous les aveux souhaités par Philippe : il leva la suspension des juges ordinaires, se réservant de juger en temps voulu les chefs de la Milice, et par la bulle *Pastoralis praeeminentiae* ordonna à tous les princes d'arrêter les Templiers et de placer leurs biens sous séquestre, en son nom.

Les aveux arrachés à Molay par l'Inquisition, la lettre qu'on réussit à lui faire envoyer aux Templiers prisonniers, leur recommandant de confesser leurs crimes comme il s'était confessé lui-même, avaient ébranlé la méfiance de Clément V et produit le grand scandale qu'en attendait Philippe. S'il avait gardé à sa disposition les principaux de l'Ordre, c'était bien pour les contraindre de parler, et en escomptant l'effet de leurs révélations sur le public. Les interrogatoires d'octobre-novembre eurent des conséquences dont on ne peut exagérer la gravité. L'Ordre en devait demeurer suspect, en dépit des efforts que tentèrent par la suite, comme on le verra, certains de ses membres, les plus courageux, pour le réhabiliter. Toutefois, quand, à la fin de 1307, le pape, qui s'imaginait tenir l'affaire, apprit par des cardinaux qu'il avait délégués à Paris, la manière atroce dont les agents du roi s'étaient comportés, il ne put réprimer un mouvement d'horreur.

Jacques Molay et Hugues de Pairaud, visiteur de France, révoquèrent les aveux qu'on leur avait arrachés. Le grand-maître dit la pression que l'on avait exercée sur les dignitaires de l'Ordre, les intolérables souffrances qui leur avaient été infligées[2] et se justifia d'avoir cédé à l'intimidation, à la détresse. Il se plaignit d'être resté privé, malgré ses supplications, des « choses nécessaires », alors qu'il se trouvait dans le « dénûment le plus complet ». On lui avait interdit d'entendre la messe et de faire réciter les offices ainsi qu'il l'avait demandé. Ses frères et lui s'étaient vu traiter comme des excommuniés. Il pleurait encore son impuissance à obtenir les derniers sacrements pour ceux des chevaliers qui étaient morts dans leur cachot des suites des souffrances qui les avaient brisés. Leurs cadavres avaient été enterrés en dehors de l'enceinte consacrée...

Mais avant même de passer par les mains des Inquisiteurs, les Templiers captifs avaient été soumis — privés de tout conseil — aux séductions puis aux tortures des officiers royaux. On leur avait promis la vie sauve, la liberté, la fortune, s'ils reconnaissaient spontanément la réalité des abominations imputées aux membres de l'Ordre, et pour lever leurs scrupules on leur avait présenté la lettre extorquée à Molay par ruse ou obtenue de lui par contrainte... Quelques-uns, les plus vieux dont les fatigues des campagnes, les blessures des combats, le climat débilitant d'Asie ou d'Afrique, avaient ruiné le corps et amolli la volonté, consentirent à tout ce qu'on exigeait d'eux. On leur dictait leurs réponses aux questions qu'on leur posait. Le latin qu'on mêlait à tout cela achevait de les jeter dans la confusion, mal instruits comme ils étaient de cette langue,

2. Les Inquisiteurs raffinèrent sur les tortures ordinairement pratiquées par leurs bourreaux : cordes, brodequins, calcination des pieds, etc. Entre chacun des doigts de certains patients, de petites baguettes taillées en sifflets furent insérées que l'on pressa avec force jusqu'à éclatement des os. On arracha les dents des uns, suspendit les autres par les parties génitales (« *Fuit quaestionatus appensis in genitalibus et in aliis membris usque ad exanimationem* » [*Processus contra Templariis*]).

pour la plupart. Des chevaliers de meilleure trempe résistèrent, mais suppliciés une première fois, ne purent tenir quand ils furent livrés aux tourmenteurs expérimentés de Guillaume de Paris. Trente-six moururent, sans desserrer les dents, en héros. Faisaient-ils partie de la phalange des vrais initiés ? Il est probable. Seuls, ceux qui n'avouèrent rien, eussent eu quelque chose à avouer. On ne recueillit des autres que ce qui avait pu, on ne sait comment, filtrer jusqu'à eux de la doctrine secrète du Temple, de sa religion ou de sa philosophie, de ses buts politiques. Cent vingt-trois Templiers, cédant à l'excès de la douleur, se chargèrent des crimes dont on les avait convaincus de s'être rendus coupables ; ils reconnurent, notamment, qu'ils avaient été sommés de cracher sur le crucifix lors de leur réception...

Informé de ces faits, le pape ne douta plus de la fausseté des prétendues preuves qu'on lui avait communiquées. Déjà, le roi d'Aragon avait exprimé par lettre à Philippe sa surprise des accusations portées contre l'Ordre ; il n'avait voulu promettre d'ouvrir un procès contre les Templiers que s'il en était requis « par l'Église »... Même scepticisme au Portugal, où l'on se refusa à prendre en considération les charges relevées par le roi de France contre les chevaliers du Christ. Le 5 décembre, Édouard d'Angleterre écrivait aux rois d'Aragon, de Castille, de Portugal et de Sicile pour les prier de ne pas croire le moindre mot des rapports qu'on leur avait faits touchant la conduite des Templiers...

Ainsi appuyé par l'opinion, Clément V se crut assez fort pour tenir tête à Philippe. De nouveau, il cassa les pouvoirs des inquisiteurs et évoqua à lui toute l'affaire. « Cette décision était grosse de conséquences », a écrit G. Lizerand, « car elle pouvait sauver l'Ordre que les agents du roi croyaient déjà perdu ». Mais Philippe était tenace — et expéditif. Le 13 janvier 1308, il fit arrêter par son cousin, le roi de Naples, tous les Templiers de Provence, l'invitant à procéder de la façon qu'il avait lui-même employée : ordres cachetés, irruption à la pointe du jour ou de préférence en pleine nuit, dans les commanderies.

Là-dessus, après avoir obtenu de la Faculté de Théologie, le 25 mars 1308, qu'elle approuvât les mesures qu'il avait prises, toujours soucieux de donner à ses poursuites « l'appareil et même l'ostentation de la justice » (Raynouard), il assembla les États à Tours, pour Pâques, en se faisant adresser une remontrance violente contre le clergé et une supplique, toutes deux rédigées par Pierre Dubois.

Voici un passage de la supplique :

« Le peuple du royaume de France supplie instamment et avec dévotion Sa Majesté royale de considérer que n'importe quelle des sectes et hérésies, au sujet desquelles on allègue des droits pour le seigneur pape relativement au différend qui s'est élevé entre vous et lui, touchant la munition des Templiers, faisait profession de conserver la foi catholique et la conservait, sauf que, sur un point ou plusieurs, elle différait et se séparait de l'observance complète de l'Église romaine (...). Qu'il se rappelle (le roi) que le chef des enfants d'Israël, Moïse, lui, l'ami de Dieu, qui lui parlait face à face, s'écria dans une semblable circonstance contre les apostats qui avaient adoré le veau d'or : « Que chacun s'arme du glaive et frappe son plus proche parent. » Et il ne demanda point pour cette vengeance le consentement d'Aaron, qui était le grand-prêtre établi par l'ordre de Dieu (...). Pourquoi le roi très chrétien ne procéderait-il pas de la sorte, même contre tout le clergé, si, ce qu'à Dieu ne plaise, le clergé tombait dans l'erreur ou soutenait et favorisait ceux qui y sont tombés ? *(... Quare sic non procedet rex et princeps christianissimus etiam contra totum clerum, si sic erraret vel errantes sustineret et faveret ?)* »

L'accusation de népotisme pointait dans ces discours, à l'appui desquels vingt-six princes se constituèrent accusateurs des Templiers et donnèrent procuration pour agir contre eux[3]. D'autre part, quelques évêques, ayant refusé ou négligé d'obéir à la convocation, furent contraints de défrayer les prélats qui y avaient répondu...

Le pape trembla. Craignait-il de voir se reproduire à son dam les violences dont Boniface avait été victime, en apprenant que Philippe marchait vers Poitiers, accompagné d'une multitude de gens, et de ces procureurs sans lesquels il ne prenait jamais de décision en présence d'une difficulté à résoudre ?... Mais après avoir fait une entrée solennelle dans la capitale du Poitou, le 26 mai, l'astucieux monarque s'agenouilla comme le plus humble des fidèles devant le Souverain Pontife et baisa respectueusement sa mule. C'était agir pour la galerie. Clément V, s'il crut à la sincérité de cette démonstration, ne tarda pas à se rendre compte que la volonté de Philippe fléchissait moins facilement que ses genoux. Il perdit l'espoir d'obtenir de lui des concessions valables.

Les adoucissements qu'il avait attendus, pour le moins, au sort des malheureux Templiers, Philippe refusa de les consentir. Il se fit menaçant, parla de réclamations plus graves qu'il pourrait élever, de la canonisation de Célestin V, et de la convocation d'un concile général touchant l'établissement du pape à Avignon, de la condamnation de Boniface VIII[4], de l'absolution de Nogaret... Clément songea à chercher dans la fuite le salut de la papauté

3. La procuration portait, entre autres, les signatures des ducs de Bourgogne et de Bretagne, des comtes de Flandre, d'Auvergne et de Talleyrand de Périgord, du vicomte de Narbonne. On relève le paraphe de Nogaret, à côté de ceux de Coucy et de Lusignan (Dupuy).

4. On avait imaginé de lui imputer « des horreurs en tout genre, qui font frémir » (Velly). On l'accusait, dit d'autre part Plane *(Apologie des Templiers)*, « de nier l'immortalité de l'âme et la vie éternelle, de soutenir que les plaisirs des sens n'étaient pas péchés ; de douter de la présence du corps de Dieu dans l'Eucharistie ».

déshonorée en sa personne. Pour se soustraire au maître inflexible qu'il s'était donné, il voulut sortir de Poitiers, de la France même, échapper à « la captivité de Babylone », comme on disait à Rome... Seulement, pour mener à bien l'exécution d'un tel projet, il fallait l'entourer de mystère ; et le pape, qui était étroitement surveillé, n'aurait pu se résigner à partir en laissant derrière lui son or dont il avait si grand besoin. Il en chargea des mulets, entassa dans des chariots tout ce qu'il possédait d'objets précieux. Quand il se présenta à la porte de la ville basse, les agents du roi, qui n'avaient pas relâché leur vigilance, l'arrêtèrent, lui et son volumineux bagage, le prièrent poliment de rebrousser chemin. A plusieurs reprises, il renouvela sa tentative ; mais à chaque fois échoua d'aussi piteuse façon : il était prisonnier de Philippe comme les Templiers. De ceux-ci, le roi fit comparaître quelques-uns, soigneusement choisis, qui renouvelèrent les aveux qu'on leur avait arrachés. En même temps, il avança des propositions plus acceptables que celles qu'il avait faites d'abord (le 29 mai). Qu'avait d'autre à faire Clément que de se résigner ? Il se résigna, après avoir entendu soixante-douze Templiers triés avec soin parmi les prisonniers, et un compromis intervint. L'accord fut conclu en juillet. Le 1er août, le Pontife adressa une bulle aux archevêques et aux évêques. Contraire aux usages du Saint-Siège, la concision de cette bulle prouve bien qu'une pensée étrangère a guidé la plume tenue par Clément. Une confusion, bien significative, de l'esprit du droit romain et du droit canonique se découvre, il est vrai, en la réponse que contient le décret du pape, à la question posée par les chefs des diocèses, inquiets de savoir comment ils devraient traiter ceux des accusés qui s'obstineraient à nier, et ceux qui rétracteraient leurs aveux :

« Ces choses ne sont pas laissées indécises par le droit écrit dont nous savons que plusieurs d'entre vous ont pris connaissance, déclare Clément. Nous n'entendons pas pour le présent faire en cette affaire un droit nouveau, et nous voulons que vous procédiez selon que le Droit l'exige. »

Il y avait là une dangereuse équivoque. «*Jura scripta* s'entendait-il du droit romain ou droit canonique, ou des règlements de l'Inquisition ? » (Michelet.)

En levant la suspension qu'il avait prononcée contre les inquisiteurs, Clément V décida que les procès seraient continués dans chaque diocèse par l'évêque assisté de deux chanoines, deux Franciscains et deux Dominicains, auxquels lesdits inquisiteurs pourraient être adjoints.

Défense expresse était faite à toute personne — sous peine d'excommunication — d'accorder aide, secours, retraite ou conseil aux accusés ; et cette prescription visait, sans aucun doute, autant que les parents des présumés coupables, les affiliés du Tiers-Ordre du Temple...

Quant aux biens de la Milice, destinés en principe à la cause de la Terre Sainte, l'administration en fut confiée à des curateurs, nommés moitié par le roi, moitié par les évêques. En réalité, cette administration tomba aux mains des hommes de confiance de Philippe. Pour la France, les commissaires devaient instruire le procès à Paris, dans la province de Sens, l'antique *Agedincum,* c'est-à-dire dans le fief dépendant de l'archevêché de cette ville. D'autres commissaires étaient nommés pour les différentes parties de l'Europe : à Cantorbéry, pour l'Angleterre ; à Mayence, Cologne et Trèves, pour l'Allemagne. Il fut décidé que le jugement serait prononcé deux ans plus tard, dans un concile œcuménique — hors de France — à Vienne, en Dauphiné, terre d'Empire.

La commission provinciale de France était composée des évêques de Bayeux, de Mende, de Limoges, des trois archidiacres de Rouen, de Trente et de Maguelonne, et du prévôt de l'église d'Aix. L'archevêque de Narbonne, Gilles d'Aiscelin, la présidait. C'était un homme de grande culture, bénin, mais sans âme, et si dissimulé, par faiblesse, qu'il laissait le roi et le pape convaincus chacun de l'avoir à leur dévotion. Clément V, en particulier, était tellement sûr de cet ecclésiastique que, pour calmer le mécontentement témoigné, peut-être avec affectation, par Philippe, et lui offrir, en quelque sorte, une compensation, il adjoignit l'inquisiteur qui le confessait aux membres de la commission...

Mais quels étaient les crimes imputés aux Templiers et dont les commissaires allaient avoir à connaître ? Ceux mêmes à quoi l'usage voulait, au Moyen Age, que tous se ramenassent : simonie, hérésie, idolâtrie, magie, sodomie. Philippe y avait fait allusion dans l'ordre d'arrestation par lui adressé de l'abbaye de Sainte-Marie de Pontoise. L'acte d'accusation, qui les énumère, et qui est rédigé en latin, ne compte pas moins de cent vingt-sept articles. Voici résumés *les cas et forfais pour quoy les Templiers furent pris et condamnés à mourir* dans la traduction qui fut faite du document officiel, à l'usage du peuple :

« Le premier article du forfait est tel : Car en Dieu ne créoient pas fermement, et quand ils faisoient un nouvel Templier, si n'estoit-il de nully sceu coment ils le sacroient, mais bien estoit veu que ils lui donnoient les draps.

« Le second article : Car quand icelui nouvel Templier avoit vestu les draps de l'Ordre, tantost estoit mené en une chambre oscure ; adecertes le nouvel Templier renioit Dieu par sa male aventure, et aloit et passoit par-dessus la Croix, et en sa douce figure crachoit.

« Le tiers article est tel : Après ce, ils aloient tanstost adorer une fausse ydole. Adecertes icelle ydole estoit un vieil pel d'omme embasmée et de toile polie et certes illec le Templier nouveau mettoit sa très vile foy et créance, et en lui très fermement croioit ; et en icelle avoit ès fosses des ieux escharboucles reluisans ainsi come la clareté du ciel, et pour voir, toute leur foy estoit en icelle, et estoit leur dieu souverain, et chacun en icelle saffioit et meisment de bon cuer. Et en celle pel avoit moitié barbe au visage et l'autre moitié au cul, dont c'estoit contraire chose ; et pour certain illec convenoit le nouvel Templier faire hommage ainsi come à Dieu, et tout ce estoit pour despit de Nostre-Seigneur Jhésucrist, nostre Sauveur.

« Le quart : Car ils cognurent eusement la traïson que Saint-Loys ol ès parties d'Oultre-mer, quant il fut pris et mis en prison. Acre, une cité d'Oultre-mer traïssent-ils ainsi par leur grant mesprison.

« Le quint article est tel : Que se le peuple crestien en ce temps fust prochainement alé ès parties d'Oultre-mer ; ils avoient fait telles convenances et telle ordenance au Soudan de Babiloine qu'ils lui avoient par leur mauvaistié appertement les crestiens vendus.

« Le sixième est tel : Qu'ils cognurent eux du trésor du Roy à aucun donné qui au Roy avoit fait contraire, laquelle chose estoit domageuse au royaume de France.

« Le septième est tel : Que si come l'en dit, ils cognurent le péchié de hérésie ; et par leur ipocrisie, habitoient l'un à l'autre charnellement ; pourquoi c'estoit merveilles que Dieu souffroit tels crimes et félonnies détestables estre fais !

« Mais Dieu, par sa pitié, souffre moult de félonnies estre faites !

« Le huitième est tel : Se nul Templier, en leur ydolâtrie bien affermé, mouroit en son malice, aucune fois ils le faisoient ardoir, et de la poudre de luy en donnoient à mangier aux nouveaux Templiers, et ainsi plus fermement leur créance et leur ydolâtrie tenoient : et du tout en tout desprisoient le vray corps de Nostre-Seigneur Jhésucrist.

« Le neuvième est tel : Se nul Templier eust entour luy cainte ou liée en courroie, laquelle estoit en leur mahommerie, après ce jamais leur loy par luy pour morir ne fust recognue ; tant avoit illec sa foy affermée et affichiée.

« Le disiesme est tel : Car encore faisoient-ils pis, car un enfant nouvel engendré d'un Templier en une pucelle, estoit cuit et rosti au feu, et toute la gresse ostée : et de celle estoit sacrée et ointe leur ydole.

« Le onzième est tel : Que leur Ordre ne doit aucun enfant baptisier ne lever de saincts-fons, tant come il s'en puisse abstenir, ne sur femme gisant d'enfant seurvenir ne doibvent, se du tout ne s'en veulent issir à reculons ; la quelle chose est détestable à raconter. »

On aura à revenir en détail sur ces charges d'une absurdité telle qu'on la décèle à première vue. Le pape l'eût, d'ailleurs, dénoncée, de l'avis de ses conseillers, s'il s'était senti en sûreté. Dès mars 1309, il avait réussi à sortir de Poitiers, et était allé s'enfermer derrière les murailles d'Avignon, terre d'Empire, où le roi de France n'avait qu'un pied (une seigneurie) comme comte de Toulouse. Mais pour signifier sa volonté inébranlable, il dépêchait par le chemin des Alpes, pour le procès de Boniface, toujours en instance, des *témoins* en si grand nombre qu'ils composaient presque une armée avec leur escorte. A leur tête marchait le capitaine Raynaldo de Supino, qui avait secondé Nogaret lors de l'affaire d'Anagni, où avait été arrêté Boniface VIII ; un homme dont le nom seul était une menace. Ce rappel du sort infligé, naguère, au feu pape, poussa Clément V à un acte de désespoir : à trois lieues d'Avignon, il laissa les partisans de Boniface tendre une embuscade aux envoyés de Philippe... Échappé à grand'peine, Raynaldo fit dresser acte du guet-apens, par les gens du roi, et Clément, pris de panique, s'empressa d'écrire à Charles de Valois pour le supplier de calmer son frère. En même temps (23 août 1309), il adressait au roi une lettre dans laquelle il lui mandait que si les témoins avaient subi un retard, la faute ne lui incombait point, mais à l'escorte chargée de pourvoir à leur sûreté...

Philippe s'était plaint qu'on ajournât l'audition des témoins, la plupart vieux et malades, pour laisser la mort faire son œuvre en clairsemant leurs rangs. En outre, les partisans de Boniface avaient torturé ou tué nombre d'entre eux. Clément ripostait par une allusion aux Templiers. Si les témoins contre Boniface étaient malmenés à Avignon, les témoins à décharge en faveur des Templiers étaient suppliciés à Paris... Et le marchandage allait son train. Philippe n'avait pas plus envie de voir blanchir les miliciens que Clément V de voir noircir la mémoire de Boniface. Mais le pape ayant ouvert par une bulle, le 13 septembre 1309, l'instruction de Boniface, le roi permit que le grand-maître, le grand-visiteur de France, les grands-précepteurs de Chypre, de Normandie et d'Aquitaine fussent appelés devant lui. Molay ne parut, cependant, que devant la commission pontificale de Paris, le mercredi 26 novembre 1309. Il déclara qu'il se regarderait comme « vil et méprisable », s'il ne défendait l'Ordre, privilégié du Saint-Siège, auquel il devait tout. Mais il craignait de n'avoir pas la sagesse requise par une pareille tâche, l'argent non plus (« pas même quatre deniers »)...

« Mon intention, dit-il, est que la vérité soit éclaircie, non seulement par les chevaliers, mais dans toutes les parties du monde, par les rois, princes, prélats, ducs, comtes et barons ; je suis prêt à m'en tenir aux dépositions et aux témoignages des rois, princes, prélats, ducs, comtes et barons et autres hommes probes. »

L'attitude de ce soldat vénérable émut les commissaires. Elle les effraya, en même temps. Si le grand-maître assumait la défense de l'ordre, il pouvait gagner sa cause... On l'engagea à délibérer longuement avant de prendre une décision. On lui donna à lire, en présence des cardinaux, la déposition que — pour quel motif ? — il avait chargé un frère servant de faire en son nom. Quand il fut devant la commission, il se troubla, ne put dissimuler sa surprise à l'audition des paroles qu'on lui attribuait, et fit, à plusieurs reprises, un grand signe de croix. Il dit que si les seigneurs commissaires du pape eussent été d'autres personnes, il aurait eu quelque chose à leur dire.

« Nous ne sommes pas gens à relever un gant de bataille », lui répondirent de haut les commissaires.

« Ce n'est pas là ce que j'entends, rectifia-t-il ; mais plût à Dieu qu'en tel cas on observât contre les pervers la coutume des Sarrasins et des Tartares ; ils leur tranchent la tête en les coupant par le milieu. »

Cette réponse, de caractère par trop martial en sa candeur, ne fut pas du goût des commissaires : elle porta leur irritation à un point tel qu'elle les fit se départir de leur coutumière aménité. Et, durement :

« Ceux que l'Église trouve hérétiques, déclarèrent-ils, elle les juge hérétiques, et abandonne les obstinés au tribunal séculier. »

Molay se le tint pour dit. Guillaume de Plaisians, la créature de Philippe le Bel (il avait été chargé, à Poitiers, des négociations avec le pape), se trouvait là pour suivre l'interrogatoire. En ce chevalier royal, le grand-maître vit quelqu'un à qui il pourrait demander conseil. Il sollicita — chose qui lui fut tout de suite accordée — l'autorisation de conférer avec cet homme d'épée dont l'attitude lui inspirait confiance. Plaisians affecta de le traiter en ami (il disait l'aimer) ; et lui dépeignant le péril dans lequel il se mettrait en tenant tête aux commissaires, il l'engagea à demander un délai jusqu'au vendredi suivant. On ne le lui refusa pas, comme juste. On se doutait bien que Plaisians saurait l'amener à composition, emploierait à anéantir ses velléités de résistance la journée dont il croyait avoir besoin pour rassembler ses idées. Le vendredi, en effet, le grand-maître parut tout changé devant les évêques. Comme ils lui demandaient s'il persistait à vouloir prendre la défense de l'Ordre, il répondit humblement que non ; qu'il n'était qu'un pauvre soldat illettré à qui, pour le moment, suffisait la bulle apostolique qu'il avait entendu lire, et selon laquelle Sa Sainteté se réservait le jugement des chefs de l'ordre. Il ne souhaitait rien d'autre que d'être appelé le plus tôt possible devant le pape... « Je suis mortel, les autres aussi, concluait-il. Nous n'avons à nous que le moment présent. »

Piteuse conduite ! Mais en la difficulté où il était, le vieillard perdit la tête. Il voulait sauver de la Milice ce qui pouvait encore en être sauvé, et ne sut. La responsabilité dont il était chargé se trouva trop lourde pour ses débiles épaules. C'est à peine si, pour se racheter à ses propres yeux, il prononça quelques mots timides en faveur de ses frères persécutés. Il dit qu'il n'y avait d'église où le service divin se fît plus honorablement que dans celle des Templiers ; de religion où se distribuassent autant d'aumônes qu'en la religion du Temple ; de gens, enfin, qui eussent versé plus de sang pour la foi chrétienne que les soldats du Christ...

« Sans la foi, tout cela ne sert de rien au salut », prononça une voix tranchante.

Accablé il baissa la tête, et Nogaret, qui se trouvait là, à côté de Plaisians, prit la parole :

« J'ai ouï dire, déclara-t-il, qu'en les chroniques qui sont à Saint-Denis, il était écrit qu'au temps de Saladin, soudan de Babylone, le maître d'alors, et les autres grands de l'Ordre avaient fait hommage audit Saladin, et que le même Saladin, apprenant un grave échec de ceux du Temple, avait dit publiquement que ce châtiment leur avait été infligé parce qu'ils étaient travaillés par le vice de sodomie, et parce qu'ils avaient manqué à leur foi et à leur loi. »

Si les Templiers avaient négocié avec les musulmans, Molay n'en était pas instruit. Il répondit qu'il n'avait jamais ouï dire chose pareille à l'accusation du Garde du Grand Sceau. Ce qu'il savait seulement, c'est que le grand-maître d'alors, Guillaume de Beaujeu, avait maintenu les trêves, parce que, autrement, il n'aurait pu garder tel ou tel château... Enfin, il demanda d'un ton pénétré de dévotion qu'on lui permît d'entendre la messe et d'avoir sa chapelle et ses chapelains. Satisfaction lui fut donnée.

Le pape qui, selon Finke, aurait fini par acquérir la conviction de la culpabilité des Templiers, ou par se résoudre à paraître l'avoir acquise, persistait, toutefois, à les traiter avec ménagement. Peut-être même espérait-il les sauver de la destruction dont ils étaient menacés. Mais la machine qu'il avait dû mettre en branle, par contrainte, n'en fonctionnait pas moins. En même temps que celui de Boniface VIII — qui n'est pas du sujet de ce livre — le procès de la Milice se poursuivait. Dès la fin de 1309, les interrogatoires ont commencé dans tous les diocèses. Partout, les instructions données par l'archevêque de Paris, Guillaume de Baufet, pour fournir aux commissions un modèle de procès-verbal d'interrogatoire, sont suivies avec exactitude, et l'on mène grand bruit autour de l'affaire afin d'impressionner le plus fortement possible l'opinion. Rien qui soit négligé pour enfler « la rumeur publique »... Mais la constitution de tribunaux dirigés par des évêques, dans tous les diocèses, avait inspiré confiance aux Templiers. Ils se leurraient, hélas ! en croyant qu'ils seraient équitablement jugés. On le voit assez aux instructions dont il vient d'être parlé, et où tous les moyens de coercition en usage alors sont recommandés pour obtenir, coûte que coûte, les aveux désirés (« ... qu'on les mette au régime étroit, c'est-à-dire au pain et à l'eau... qu'on les menace de la torture », etc.).

Néanmoins, lorsque, le 28 mars 1310, les commissaires se firent amener ceux des chevaliers qui avaient déclaré vouloir défendre l'Ordre, leur nombre effraya. Ils n'étaient pas moins de cinq cent quarante-six, animés d'une résolution farouche, et la salle réservée aux séances se trouva trop exiguë pour les contenir tous. Il fallut les rassembler dans le jardin de l'évêché.

On leur lut, en latin, les actes de l'accusation. Comme on

voulait reprendre en français cette lecture pour ceux qui pouvaient ne connaître que la langue vulgaire, ils répondirent avec fierté méprisante que c'était assez d'avoir une fois subi l'audition de telles turpitudes. Tous voulaient parler en même temps, dans leur hâte de décharger leur cœur trop plein d'amertume. Par crainte du tumulte, les commissaires leur dirent de déléguer des procureurs, de s'en remettre à quelques-uns qu'ils désigneraient, du soin de parler pour les autres.

« Nous aurions bien dû, s'écrièrent-ils, n'être torturés que par procureurs ! »

Un vent de révolte semblait près de souffler. Malheureusement, ces hommes simples dont le courage au combat était indomptable, se sentaient intimidés par l'appareil de la justice. Ils choisirent d'eux d'entre eux, un chevalier, Raynaud de Pruin, et un prêtre, Pierre de Boulogne, procureur de l'Ordre près de la Cour pontificale pour plaider leur cause. Une douzaine d'autres furent adjoints.

Par toutes les maisons de Paris, qui servaient aux Templiers de prisons, les commissaires firent alors recueillir les dépositions de ceux des chevaliers qui voulaient défendre l'Ordre. Les uns étaient gardés au Temple même, les autres à Saint-Martin-des-Champs, à l'hôtel du comte de Savoie, dans diverses demeures, et, comme l'a dit Michelet, « un jour affreux pénétra dans les prisons de Philippe le Bel. Il en sortit d'étranges voix, les unes fières et rudes, d'autres exaltées, plusieurs naïvement douloureuses. Un des chevaliers dit seulement : « Je ne puis plaider moi seul contre le pape et le « roi de France. » Quelques-uns remettent pour toute déposition une prière à la Sainte Vierge : « Marie, Étoile des mers, conduis-nous au port de salut. » Mais la pièce la plus curieuse est une protestation en langue vulgaire où, après avoir soutenu l'innocence de l'Ordre, les chevaliers nous font connaître leur humiliante misère, le triste calcul de leurs dépenses. Étranges détails et qui font un cruel contraste avec la fierté et la richesse tant célébrée de cet Ordre... Les malheureux, sur leur pauvre paye de douze deniers par jour, étaient obligés de payer le passage de l'eau pour aller subir leurs interrogatoires dans la Cité, et de donner de l'argent à l'homme qui ouvrait ou rivait leurs chaînes.

On n'imagine rien de plus navrant que la cohue faite par l'avidité, l'implacable politique royale, de ce troupeau de brebis chères au Seigneur. Que ces moines-soldats, qu'on accuse des pires abominations, soient exempts d'infamie, cela saute aux yeux. Une pensée occulte préside-t-elle à leur rassemblement sous le signe de la croix ? Ils l'ignorent, à coup sûr. Ils n'ont que les vertus proposées pour idéal à leur Ordre chevaleresque : d'autre orgueil que celui de la puissance chrétienne qu'ils représentent. On sait du reste, aujourd'hui, comment les sociétés secrètes créent, entretiennent, parmi leurs membres subalternes, une mystique fondée sur les meilleures qualités de l'homme, sa candeur et son enthousiasme.

La plupart des Templiers qui défilent devant les évêques sont d'une piété touchante, et l'apologie qu'ils rédigent en langue romane altérée, mêlée de français du nord, révèle la pureté de leur âme, tout entière vouée à la gloire de Dieu. Leur courage, c'est dans la dignité de leur vie qu'ils le puisent. Qu'ont-ils fait d'autre que de s'imposer des privations et de répandre leur sang pour le Sauveur ? Ils ne comprennent rien à la mauvaise querelle qu'on leur cherche, aux accusations monstrueuses que l'on porte contre eux. Pourquoi cette persécution ? Toutes leurs notions du bien, du vrai, en sont bouleversées. Les plus âgés, en jetant un regard sur le passé afin de voir s'il ne s'y trouve pas quelque chose qui justifie leur situation présente, pleurent la vanité de leur sacrifice. Pas une joie matérielle qui en rompe la monotonie.

L'aveu des crimes qu'on leur impute, combien, dès les

premiers interrogatoires, n'ont pu le faire — par peur de la torture — sans la sensation d'être étranglés par le plus odieux des mensonges ? Vingt-neuf chevaliers, se méfiant d'eux-mêmes, avaient pris la précaution de dire, devant l'évêque de Clermont, que s'il leur arrivait, par défaillance, de faire des aveux, les juges ne devraient pas considérer ces aveux comme valables.

« Si moi-même ou d'autres chevaliers, déclara Ponsard de Gisi, avons avoué, soit devant l'évêque de Paris, soit ailleurs, nous avons cédé à la crainte, au péril, à la violence. Nous étions torturés par Flexian de Béziers, prieur de Montfaucon, et par le moine Guillaume Robert, nos ennemis. Plusieurs prisonniers, je le sais, étaient convenus entre eux de faire des aveux pour éviter la mort... »

Devant l'évêque d'Elne, ceux de la maison de Mas-Dieu, détenus dans le château de Trumars, avaient attesté l'innocence de l'Ordre, déclaré faux que les Templiers eussent pu avouer les crimes énumérés par l'acte d'accusation. Si quelque chevalier, s'étaient-ils écriés avec une vigueur toute martiale, a fait des aveux, fût-ce le grand-maître, « il en a menti par sa gorge » ! Un autre avait ajouté : « Ceux qui ont fait de tels aveux ne sont pas des Templiers, mais le diable incarné dans la peau des hommes. »

Ces fermes protestations sont renouvelées presque unanimement à Paris. Sans doute, des particuliers qui s'étaient rendus sans méfiance à l'invitation de comparaître devant les commissaires pour défendre l'Ordre, avaient-ils été arrêtés, jetés en prison et torturés par le prévôt du Châtelet. On les avait dénoncés comme des Templiers fugitifs qui, ayant troqué l'habit contre des vêtements civils, étaient venus dans la capitale avec de l'argent, de divers points de la France, pour procurer aux accusés des avocats et des défenseurs... Il n'en semble pas moins qu'après la surprise de l'agression royale, qui les avait déconcertés, les chefs responsables du Temple se soient ressaisis, et, la tête froide, aient voulu préparer une riposte à cette félonie, rassembler et raffermir leurs troupes dispersées, défaillantes.

Aux cinq cent quarante-six défenseurs de l'Ordre, de nouveaux chevaliers sont venus se joindre. On en compte bientôt neuf cents, tous animés d'une égale ardeur, bien résolus à ne s'abandonner à aucune lâcheté. Tant de leurs frères ont déjà donné l'exemple des plus hautes vertus ! Ponsard de Gisi, ci-dessus nommé, qui, les mains liées derrière le dos, « si fort que le sang coulait par ses ongles », s'est porté le premier défenseur de l'Ordre, J. de Chames, Raynaud de Perche, Denys Neveu, Robert de Sorney, Jean de Poitini, Jean de Valgellé, maints autres, ont suivi son exemple en faisant serment de refuser jusqu'à la mort *(usque ad mortem)* l'aveu des crimes dont on les chargeait.

On avait envoyé des notaires dans les cachots pour recueillir les déclarations des chevaliers. Les captifs de Saint-Martin-des-Champs refusèrent de nommer des mandataires. « Prisonniers enchaînés, dirent-ils avec une mâle fierté, nous ne pouvons ni ne devons constituer des mandataires ; nous avons un chef, nous sommes sous son obéissance ; qu'on nous réunisse avec nos supérieurs, nous délibérerons. Nous croyons que le grand-maître est bon, juste, honnête, loyal et pur des erreurs dont la calomnie accuse l'Ordre. »

« C'est ici une affaire criminelle, où chacun doit se justifier soi-même, répondent les détenus de l'abbaye de Saint-Magloire. Nous défendons l'Ordre, nous voulons le défendre jusqu'à la mort. »

Et ceux de la maison de l'Outre (vers la Croix du Titol) : « Nous a-t-on demandé si nous voulions constituer des mandataires quand on nous livrait aux tortures ?... »

Une communauté dont les membres s'expriment ainsi n'a pas dégénéré. Aussi bien, les commissions d'enquête sont-elles dans le désarroi ; elles ne savent comment faire face à la résistance qui s'organise. Un moment, on put croire que les Templiers allaient confondre leurs accusateurs, renverser même la situation à leur avantage. Ranimées, on ne sait sous l'influence de quelle volonté lucide, les victimes se raidissent, relèvent le front. Le 7 avril 1310, neuf prisonniers[1] remettent à la commission un mémoire qui, selon Michelet, est « une protestation singulièrement forte », et que Georges Lizerand déclare « à la fois le plus pressant réquisitoire contre les procédés des agents du roi et une défense qui vaut celle des érudits modernes ».

Ils déclarent n'être pas qualifiés pour entamer un procès, et se refusent à constituer des procureurs sans « la présence, le conseil et l'assentiment de leur maître et du chapitre, parce qu'en droit ils ne le peuvent ni ne le doivent ».

Ce qu'ils veulent, c'est assister au concile général. Leur rôle, pour le moment, ils le bornent à présenter aux Révérends Pères l'exposé des droits, allégations et arguments favorables à l'honneur du Temple. Ils protestent que si des frères prisonniers ont dit, disent ou disaient quoi que ce soit à la charge de l'Ordre, cela ne saurait lui porter préjudice, parce qu'ils n'ont parlé, ne parlent ou ne parleront que « contraints et poussés ou corrompus par les prières, l'argent ou la crainte ».

Qu'on interroge les prévenus hors de la présence d'aucun laïc, et sans exercer sur eux de pression : on entendra la vérité. Qu'il y ait eu des Templiers menteurs, quoi d'étonnant ? On devrait plutôt admirer qu'il s'en soit trouvé pour parler franc, malgré les menaces et la torture. L'Ordre est sans tache. Sa religion, chrétienne. Quiconque entre au

5. L'histoire a conservé leurs noms. Ce sont les frères Renaud de Provins et P. de Boulogne, prêtres ; les frères Guillaume de Chambonnet, Bertrand de Sartiges et Guillaume de Foix, chevaliers ; les frères Jean de Montréal, Mathieu de Cresson-Essart, précepteur de la maison de Belleyvial, au diocèse d'Amiens, Jean de Saint-Léonard et Guillaume de Givry.

Temple promet quatre choses essentielles, savoir : « Obéir, rester chaste, rester pauvre et consacrer toutes ses forces au service de la Terre Sainte. » Les accusations portées contre l'Ordre n'ont pu l'être que par des apostats, chassés de la congrégation des frères « comme des bêtes malades de la bergerie ». Que ces hommes indignes soient placés sous bonne garde, jusqu'à ce qu'il apparaisse s'ils ont porté un vrai témoignage.

Il ne se passe de jour — les délégués le déclarent hautement — qu'on n'avertisse ceux de leurs frères qui ont cédé à l'intimidation, aux souffrances, de ne pas rétracter les fausses déclarations qui leur ont été extorquées, sous peine d'être brûlés...

D'apologétique, la protestation s'est faite accusatrice. Les violences exercées contre les captifs ont été dénoncées, flétries avec une vigueur d'expression qui a eu son écho au-dehors. Les juges eux-mêmes, humiliés, courbaient la tête pour ne pas avoir à se regarder en face en entendant dire qu'afin de pousser au mensonge les prisonniers on leur montrait astucieusement des lettres où pendait le sceau du roi et qui leur garantissaient non seulement la vie sauve, mais la liberté s'ils faisaient un faux témoignage...

Les neuf Templiers qui ont remis à la commission le mémoire du 7 avril, demandaient avec instance, exigeaient presque d'assister au concile général et d'être présents partout où l'on traiterait du statut de l'Ordre. Une lettre du pape au roi dira qu'il n'y a pas moins, alors, de quinze cents à deux mille chevaliers aux environs de Lyon dont l'attitude paraît, de jour en jour, plus menaçante... L'opinion, qui a soudain changé, manifeste de plus en plus en faveur des Templiers. L'effet déplorable produit, naguère, par les aveux de Molay semble bien s'être complètement dissipé. Il faudrait peu de chose, un incident quelconque — provoqué ou non — pour déchaîner le peuple contre les tortionnaires des chevaliers du Christ, faire éclater une émeute comme celle qui alluma l'incendie de la porte Barbette... De voir les captifs déprimés, humiliés, presque en haillons, passer chaque jour le fleuve en barque pour se rendre au palais épiscopal, excitait la compassion ; et cette compassion, les parents des membres de l'Ordre, les affiliés — tailleurs de pierre, maçons de la confrérie d'Hiram Abi, ces hommes qui, de génération en génération, s'étaient transmis les secrets de leurs métiers — la changeaient en colère par les propos qu'ils répandaient. En détaillant les sévices exercés sur les prisonniers, ils mettaient à vif la sensibilité des petites gens, si prompte à l'exaltation. On avait murmuré, d'abord ; on cria, bientôt. La voix du peuple confondait dans la même réprobation accusateurs et miliciens apostats. Quatre de ces derniers, s'étant un jour présentés devant la commission, sont hués. Ils n'ont pas fait couper leur barbe, mais se sont dépouillés de leurs manteaux qu'ils portent au pli du coude. Théâtralement, ils les jettent comme une défroque aux pieds des évêques, et déclarent qu'ils renoncent à l'habit du Temple. Sans pouvoir réprimer un mouvement de répulsion, les juges les banissent de leur présence : qu'ils aillent au-dehors étaler leur turpitude ! Un tel affront accroît l'inquiétude de Philippe, lui fait craindre le pire. Que l'intention qui l'a déterminé à ouvrir le procès du Temple soit divulguée, qu'arrivera-t-il ? Un accusé s'est plaint qu'on l'a géhenné pour qu'il révèle à combien s'élevait le trésor rapporté de la Terre Sainte par ses frères... Encore une fois, il faut prendre l'initiative, frapper pour prévenir le coup qui menace. Le roi traite avec le pape. En février, il lui abandonne la mémoire de Boniface VIII, s'en remet à lui pour juger le Pontife qu'il hait encore par-delà le tombeau. En retour, il exige l'élection du jeune Philippe de Marigny, évêque de Cambrai, frère d'Enguerrand, le célèbre surintendant des finances, son homme lige, au siège devenu vacant de l'archevêché de Sens. « Que la jeunesse du prélat, écrivait-il à Clément, ne vous fasse pas croire qu'il manque de capacité ; il est dans l'âge convenable ; et, avec l'aide de Dieu, ses actes prouveront combien il est au-dessus de son âge. » Mais on devine avec quel zèle le nouvel archevêque épouse la cause royale, en gratitude de cette promotion inespérée. A peine coiffé de la mitre, il agit. Le 10 mai — un dimanche ! — les quatre défenseurs de l'Ordre apprennent que le concile provincial de Sens est convoqué à Paris pour juger les chevaliers. Ils protestent contre la création d'une seconde juridiction dont l'autorité se substitue indûment à la commission papale et demandent que celle-ci tienne séance d'urgence.

« Vous êtes commis par le pape pour informer contre l'Ordre des Templiers, dit Pierre de Boulogne. Une citation que vous avez fait publier, au nom du pape, a invité les chevaliers qui voulaient défendre l'Ordre à comparaître devant vous ; on en a traduit un très grand nombre, et ils se sont offerts et dévoués à la défense de l'Ordre.

« Cependant, d'après de sûrs renseignements, nous avons lieu de craindre que l'archevêque de Sens et ses suffragants, dans un concile qui est convoqué pour demain, ne fassent le procès à la plupart des chevaliers qui se sont engagés à défendre l'Ordre. Cette mesure est prise, dit-on, contre eux pour les faire désister de leur courageuse résolution. Nous avons donc rédigé un acte d'appel ; permettez-nous-en la lecture. »

La commission tenta de se dérober : ce n'était pas son affaire de s'occuper de cet appel, qui ne concernait pas ses propres opérations. Elle ne pouvait faire plus que de recevoir la défense de l'Ordre qu'on lui remettrait... Boulogne, dont il faut admirer la décision, l'énergie, rédigea incontinent et déposa sur le bureau la cédule suivante :

« Nous savons que l'archevêque de Sens et ses suffragants vont procéder contre nous ; en droit, ils ne le peuvent pas tant que dure l'information que vous êtes chargés de prendre contre l'Ordre, à raison de laquelle nous avons été admis à sa défense.

« Et comme le secours de l'appel a été établi en faveur des opprimés, nous venons pour arrêter les poursuites du concile contre nous et nos personnes, poursuites irrégulières et injustes, qui vous empêcheraient vous-même de remplir votre commission.

« Nous venons déclarer notre appel au pape et au Saint-Siège, de vive voix et par écrit, plaçant nos personnes et celles de tous ceux qui ont entrepris la défense de l'Ordre, nos droits et tous ceux de l'Ordre, sous la protection du Saint-Siège.

« Nous demandons instamment d'obtenir un conseil pour régulariser notre appel, s'il en est besoin ; nous demandons qu'on nous accorde quelques secours pécuniaires, et qu'on nous conduise sans danger devant le Pontife, dans le temps convenable, à l'effet de poursuivre notre appel. Daignez avertir l'archevêque de Sens et les autres prélats de ne pas nous mettre en jugement pendant la durée de votre commission. Faites-nous comparaître devant l'archevêque de Sens, et nous lui notifierons le présent appel. Désignez un ou deux de vos notaires pour en rédiger l'acte. Nous ne trouvons pas de notaire qui veuille nous prêter son ministère. »

Boulogne avait été informé — au cours de l'interrogatoire d'un frère nommé Jean Bertaud — que cinquante-quatre Templiers devaient être condamnés à être brûlés pour avoir rétracté devant les évêques leurs premières déclarations. Ces victimes des bourreaux de Philippe, on les assimilait à des parjures — des relaps —, c'est-à-dire aux derniers des criminels selon la hiérarchie morale du Moyen Age (voyez *L'Enfer* de Dante). Mais si le concile et l'archevêque de Sens admettaient la validité de l'appel porté par Boulogne et les trois frères qui l'assistaient : Raymond de Pruin, Guillaume de Chambonnet et Bertrand de Sartiges, ils reconnaissaient aussi la supériorité du tribunal pontifical, et compromettaient, du même coup, les libertés de l'Église gallicane... Enfin, l'évêque de Narbonne devait se conformer aux instructions précises qu'il tenait du roi. Pour ne pas recevoir les envoyés de la commission, il prétexta qu'il avait à entendre ou à servir la messe, et il se retira de la séance qu'il présidait.

En vain, les défenseurs présentèrent-ils à la commission une nouvelle cédule, adressée à l'archevêque de Sens, et contenant leur appel au pape et au Saint-Siège, les commissaires, après délibération, répondirent que l'affaire dont l'archevêque de Sens et ses suffragants avaient à s'occuper dans le concile n'était pas de leur ressort...

Les Templiers, amenés le dimanche devant le concile, furent jugés le lundi. Certains témoins se montrèrent sublimes. Malgré les bruits sinistres qui circulaient, Humbert de Puy, par exemple, eut le courage de dire que, sur son refus de reconnaître pour vrais les crimes attribués à l'Ordre, il avait été torturé à trois reprises, jeté et détenu, trente-six semaines durant, dans un cul de basse-fosse infect, réduit au pain et à l'eau par un certain Jean de Joinville qui était commis à la garde des prisonniers. Le mardi 13 mai, les cinquante-quatre Templiers désignés pour le feu n'en marchèrent pas moins au supplice. Marigny les a livrés comme hérétiques relaps à la justice séculière, malgré leur invocation désespérée aux « saints apôtres ». Ils meurent en héros, en martyrs. Sur ce point, les témoignages des historiens, amis ou ennemis, concordent. Parvenus au lieu du supplice, à la porte de Paris, « vers le moulin Saint-Antoine », la vue des bûchers préparés ne les fait pas fléchir. Au dernier moment, comme les bourreaux approchent leurs torches enflammées des rondins, un envoyé du roi proclame que grâce sera accordée, liberté rendue à ceux qui ne s'obstineront pas dans leur attitude. Ils résistent à cette ultime tentative de corruption, aux prières, aux larmes aussi des parents que l'on a dépêchés auprès d'eux, en même temps que l'émissaire de Philippe ; et invoquant Dieu, la Vierge et les saints *(invocabant Deum ac beatam Virginem et alios Sanctos),* ils entonnent à pleine voix l'hymne de la mort devant une foule muette de stupeur. Chose qui confond : la commission pontificale a l'inhumanité ou le cynisme de siéger le jour même de l'exécution des Templiers, dans l'odeur qui traîne sur Paris, de leur chair brûlée...

« Le mardi 13 mai, par-devant les commissaires fut amené le frère Aymeric de Villars-le-Duc, barbe rase, sans manteau ni habit du Temple, âgé, comme il disait, de cinquante ans, ayant été environ huit années dans l'Ordre comme frère servant et vingt comme chevalier. Les seigneurs commissaires lui expliquèrent les articles sur lesquels il devait être interrogé. Mais ledit témoin, pâle et épouvanté, déposant sous serment et au péril de son âme, demandant, s'il mentait, à mourir subitement et à être, d'âme et de corps, en présence même de la commission, englouti soudain en Enfer, dit en se frappant la poitrine des poings, en fléchissant les genoux et en élevant les mains vers l'autel, que toutes les erreurs imputées à l'Ordre étaient des faussetés, quoiqu'il en eût confessé quelques-unes au milieu des tortures auxquelles l'avaient soumis Guillaume de Marcillac et Hugues de Celles, chevaliers du roi. Il ajoutait pourtant qu'ayant vu conduire sur des chariots, pour être livrés aux flammes, cinquante-quatre frères de l'Ordre qui n'avaient pas voulu confesser lesdites erreurs, et ayant appris qu'ils avaient été brûlés, lui qui craignait, s'il subissait leur sort, de n'avoir pas comme eux la force et la constance de braver le bûcher, il était prêt, si on l'en menaçait, à confesser et à jurer devant les commissaires ou autres la réalité de ces erreurs et à dire même, si on l'exigeait, qu'il avait tué Notre-Seigneur[6]... »

6. *Processus contra Templariis.*

Cette déclaration pathétique fut le châtiment des commissaires qui, pris de remords, tentèrent de sauver les trois principaux défenseurs de l'Ordre, s'il en était temps encore. « Le lundi 19 mai, les commissaires pontificaux chargèrent le prévôt de l'église de Poitiers et l'archidiacre d'Orléans d'aller trouver de leur part le vénérable père en Dieu, le seigneur archevêque de Sens et ses suffragants, pour réclamer les défenseurs Pierre de Boulogne, Guillaume de Chambonnet et Bertrand de Sartiges, de sorte qu'ils pussent être amenés sous bonne garde toutes les fois qu'ils le demanderaient pour la défense de l'Ordre. »

Ils faisaient observer que, depuis l'autodafé de la porte Saint-Antoine, les Templiers qui s'étaient présentés devant eux avaient paru tellement épouvantés qu'il leur avait été impossible de les juger... Sans doute prenaient-ils bien soin d'ajouter « qu'ils ne voulaient faire aucun empêchement à l'évêque de Sens et à son concile, mais seulement décharger leur conscience »... Tâche difficile ! Le soir de ce même lundi, s'étant rassemblés à Sainte-Geneviève, dans la chapelle de Saint-Éloi, ils reçurent des chanoines qui venaient de la part de Marigny. « L'archevêque répondit qu'il y avait deux ans que le procès avait été commencé contre les chevaliers ci-dessus nommés, comme membres particuliers de l'Ordre, et qu'il voulait le terminer selon la forme du mandat apostolique. Que, du reste, il n'entendait en aucune façon troubler les commissaires dans leur office. »

« Les envoyés de l'archevêque de Sens s'étant retirés, on amena devant les commissaires Raynaud de Pruin, Chambonnet et Sartiges, lesquels annoncèrent qu'on avait séparé d'eux Pierre de Boulogne sans qu'ils sussent pourquoi, ajoutant qu'ils étaient des gens simples, dénués d'expérience, d'ailleurs stupéfaits et troublés, en sorte qu'ils ne pouvaient rien ordonner ni dicter pour la défense de l'Ordre sans le conseil dudit Pierre. » Mais ils eurent beau supplier qu'on leur rendît ce frère dont les capacités avaient été reconnues en haut lieu, il ne comparut point. Pierre de Boulogne évincé, les accusés restèrent réduits à leur impuissance : un corps sans tête. Découragés, une foule de miliciens vinrent déclarer qu'ils renonçaient à la défense...

La commission s'ajourna au 3 novembre. Elle était réduite à trois membres. L'archevêque de Narbonne avait quitté Paris pour le service du roi. L'évêque de Bayeux se trouvait près du pape, de la part de Philippe. L'évêque de Limoges s'était mis en route pour venir, mais Philippe lui avait fait dire qu'il fallait surseoir jusqu'au prochain parlement. L'archevêque de Maguelonne, enfin, était malade (du fait du roi ?). Le roi, toujours le roi. Son ombre redoutable dominait tout, réglait, ordonnait tout.

Quand, le 27 décembre, les commissaires reprirent les interrogatoires et demandèrent les deux principaux défenseurs de l'Ordre, Pierre de Boulogne fit défaut. Il avait mystérieusement disparu, absorbé par l'ombre couronnée, sans doute. Nul ne put dire, en tout cas, ce qu'il était devenu, et son collègue, Raynaud de Pruin, se trouvait dans l'impossibilité de répondre, ayant été dégradé par l'archevêque de Sens. Vingt-six Templiers, qui avaient déjà prêté serment comme devant déposer, furent retenus par les gens du roi, et ne purent se présenter...

La terreur s'était étendue à Senlis, Amiens, Rouen, Chartres, Reims, Le Mans, Orléans, Nevers, Poitiers, etc. partout où les conciles poursuivaient les interrogatoires des Templiers. Le dernier mot devait rester à la commission qui prononça la clôture de ses travaux le 5 juin 1311, à l'abbaye de Maubuisson, où résidait Philippe.

Le concile œcuménique de Vienne, dont les travaux devaient aboutir à la suppression de l'Ordre des Templiers, s'assembla en octobre 1311. Deux commissions étaient à l'œuvre : la première, restreinte, présidée par le patriarche d'Aquilée, avait pour tâche de préparer les avis et motions et de les soumettre à la seconde, plus étendue, composée d'une cinquantaine de prélats.

Tout de suite une discussion s'éleva pour savoir si les Templiers devaient être entendus comme défenseurs de leur propre cause, la majorité des évêques se refusant à dissoudre l'Ordre, sans avoir pris connaissance des arguments des présumés coupables. Une minorité, seule, exigeait la condamnation immédiate. Entre les deux partis, le pape, sans fermeté, comme à l'ordinaire, balançait, vacillait. Au début de décembre, il réunit secrètement la commission principale et fit mettre aux voix cette question de la défense des Templiers, qui commandait toutes les autres. Fallait-il, non seulement permettre aux Templiers de se défendre eux-mêmes, mais leur accorder des défenseurs ? Cinq prélats, en tout et pour tout, des Français dévoués à Philippe le Bel, achetés ou circonvenus par lui, optèrent pour la négative. Les autres réclamaient l'audition des inculpés. Afin de n'avoir pas à se prononcer, Clément prit une échappatoire : il décida de suspendre les débats jusqu'à la venue de Philippe, qu'il attendait. « Nous craignons la colère du roi, écrivait un procureur anglais à la Cour pontificale, et nous tremblons à l'annonce de son arrivée. »

Le pape était payé pour savoir à quel point il lui en cuisait chaque fois que Philippe se donnait la peine de se déranger pour paraître devant lui ou dans ses assemblées. De voir son masque froid, d'une beauté cruelle, le rendait encore plus malade qu'il n'était. Il ajourna toute discussion, et, jusqu'à la mi-février 1312, il ne fut débattu à Vienne que des problèmes de la Croisade et de la réforme du clergé.

Le 17 seulement, aussitôt après l'entrée dans la ville des ambassadeurs royaux, au nombre de six : Louis de Navarre (frère de Philippe), Nogaret, les comtes de Saint-Pol et de Boulogne, Enguerrand de Marigny, Plaisians, qui devaient conférer avec lui, le pape remit l'affaire des Templiers à l'ordre du jour. Une députation de neuf Templiers, délégués par leurs frères errants dans les montagnes de Lyon, et qui s'étaient courageusement présentés comme les propres défenseurs de l'Ordre, furent arrêtés, jetés dans les fers, sans avoir été entendus, tandis que délibéraient ou se concertaient les créatures de Philippe avec le pape, en présence de cinq cardinaux.

On ignore tout de ces conférences à huis clos, qui durèrent douze jours, et dont rien ne transpira ; mais le 2 mars, le surlendemain du départ de ses délégués, Philippe adressait à Clément, de Mâcon, jusqu'où il était descendu, une lettre brève par laquelle, sans faire allusion aux négociations antérieures, il invitait le Saint-Siège à supprimer les Templiers et à donner leurs biens soit à un nouvel Ordre militaire, soit à l'un des Ordres existants.

Le 8 mars, le pape répondait au roi par une lettre plus brève encore (on n'en était plus aux circonlocutions), où il déclarait sans commentaires que — *au cas* de la suppression de l'Ordre des Templiers — leurs biens seraient affectés à la défense de la Terre Sainte. Les choses allaient mal. Philippe se remit en route, atteignit Lyon, où il rassembla les États Généraux et envoya, de nouveau, Marigny en mission secrète à la Cour pontificale. S'étant ainsi rapproché, il n'avait plus que deux ou trois étapes à franchir pour entrer à Vienne. Il les fit, la réponse qu'il attendait tardant à venir, et parut enfin devant le pape, accompagné de son frère Charles et de ses trois fils, et suivi d'une masse imposante de gens d'armes, le 20 mars.

Une couple de jours après son arrivée, Clément réunissait la grande commission en consistoire privé, et lui posait une seconde fois la question : « Fallait-il dissoudre l'Ordre des Templiers sans avoir entendu sa défense ? »

Subjuguée, gagnée par la terreur du Pontife, la majorité se prononça pour l'affirmative. Seule, la province de Tarragone demeura ferme sur ses positions, et refusa de changer d'avis. Mais peu importait. Philippe avait cause gagnée. Au cours d'une session solennelle, qui se tint le 3 avril 1312, et à laquelle il assista, siégeant à la dextre du pape, le vote du 22 mars fut ratifié. Sans que le moindre signe d'émotion parut sur son visage glabre, d'une majestueuse dignité, le roi écouta Clément prononcer la dissolution de l'Ordre deux fois centenaire, « en vertu de l'autorité apostolique qu'il détenait, par voie de provision, non en conséquence d'un jugement et d'une condamnation... » *(Non per modum definitivae sententiae, cum eam super noc his habitos non possemus fere de jura, sed per viam provisionis et ordinationis apostolicae,* ainsi que s'exprimait la bulle *Considerantes Dudum.)*

L'Ordre était donc aboli, sans avoir été reconnu coupable. Restait à trancher la question de savoir à qui seraient attribuées sa fortune et ses propriétés. Maints Pères s'opposaient à la volonté du pape, qui entendait que les Hospitaliers bénéficiassent de la succession du Temple. Ils estimaient ces chevaliers trop riches et trop puissants, déjà, et proposaient la création d'un nouvel Ordre, que l'on eût doté des biens vacants de la Milice. Mais Clément finit par l'emporter, ainsi qu'en témoigne la bulle *Ad providam,* du 2 mai 1312. A l'exception de ceux des commanderies de Castille, d'Aragon, de Portugal et de Majorque, les chevaliers de Saint-Jean-de-Jérusalem se virent, de la sorte, bénéficiaires des biens qui restaient du Temple. Peu de chose, en vérité, comme l'a démontré Finke, qui a consacré tout un chapitre de son livre à la question.

Les propriétés de l'Ordre et celles de ses membres furent divisées, pour la majeure partie, entre les souverains d'Europe, malgré leur attribution aux Hospitaliers. A lui seul, Philippe — qui avait touché les revenus du Temple pendant toute la durée du procès — exigea une somme fantastique pour l'époque (200 000 livres, selon Dupuy), les deux tiers du mobilier, des ornements religieux de ses victimes, afin de couvrir les frais de l'appareil de la justice et des exécuteurs des hautes œuvres[7]. Mais il avait feint de se désintéresser de l'affaire, une fois ses ennemis anéantis. Dans le courant d'avril, il était reparti pour Lyon, et n'assista pas à la troisième et dernière session, qui eut lieu le 6 mai, et où furent réglées les dispositions concernant le Temple et l'Hôpital, puis élaborée la bulle *Considerantes* dans laquelle Clément désignait les membres de l'Ordre dont il se réservait le jugement. Acte dérisoire, qui n'empêcha pas Philippe le Bel de déléguer à l'autorité séculière, pour les faire envoyer au bûcher, Jacques Molay et Geoffroi de Charnay, précepteur de Normandie...

Ces personnages éminents étaient du nombre des Templiers que le roi gardait prisonniers à Paris, à portée de sa main de fer, et que le pape se proposait de faire venir à Vienne pour les interroger. Philippe, toujours soucieux de l'opinion populaire, voulait obtenir d'eux une rétractation publique qui le blanchît, et il comptait l'arracher à leur faiblesse par ses méthodes ordinaires d'intimidation.

« Le grand-maître du ci-devant Ordre du Temple, dit le continuateur de Nangis, et trois autres Templiers, le visiteur de France, les maîtres de Normandie et d'Aquitaine, sur lesquels le pape s'était réservé de prononcer définitivement,

7. Il avait commencé par se libérer, en l'annulant, de sa dette envers eux. En outre, « il avait saisi tout le numéraire accumulé dans les banques du Temple », a écrit Ch.-V. Langlois dans *La Revue des Deux Mondes* (tome CIII, 1891). « Le trésor du Temple de Paris avait été transformé en caisse royale sans qu'il eût été procédé à la liquidation des opérations engagées sous l'administration des derniers comptables du Temple. »

« Les biens meubles, compris les ornements des églises, tout l'or renfermé dans les coffres, tout cela disparut, et il (le roi) se donna quittance des cinq cent mille francs dont il était débiteur. Il retint sur leurs terres cinq millions pour les frais du procès (frais de geôle et frais de torture), et son fils Louis réclama plus tard, pour le même motif, un million cinq cent mille francs » (Élisée de Montagnac, *Histoire des Chevaliers Templiers*).

comparurent par-devant l'archevêque de Sens, et une assemblée d'autres prélats et docteurs en droit divin et en droit canon, convoqués spécialement dans ce dessein, à Paris, sur l'ordre du pape, par l'évêque d'Albano et de deux autres cardinaux légats. Comme les quatre susdits avouaient les crimes dont ils étaient chargés, et qu'ils persévéraient dans cet aveu et paraissaient vouloir y persévérer jusqu'à la fin, après mûre délibération du conseil, sur la place du parvis de Notre-Dame, le lundi après la Saint-Grégoire, ils furent condamnés à être emprisonnés pour toujours et murés. Mais comme les cardinaux croyaient avoir mis fin à l'affaire, voilà que tout à coup, sans qu'on pût s'y attendre, deux des condamnés, le maître d'Outre-mer (Molay) et le maître de Normandie se défendent opiniâtrement contre le cardinal qui venait de parler et contre l'archevêque de Sens, en reviennent à renier leur confession et tous leurs aveux précédents, sans garder de mesure, au grand étonnement de tous. Les cardinaux les remirent au prévôt de Paris, qui se trouvait présent, pour les garder jusqu'à ce qu'ils eussent plus pleinement délibéré le lendemain. »

Rétractation préméditée, à coup sûr, et qui déjoua les calculs du roi. Quand le bruit de cet acte de courage parvint à ses oreilles, Philippe, qui était dans son palais, fut pris d'une de ces colères muettes dont la violence épouvantait son entourage. Sans avoir communiqué avec aucun des membres du conseil, sans appeler les clercs, vers le soir du même jour, il donna l'ordre de faire dresser en hâte un bûcher dans un îlot de la Seine[8] entre le Jardin Royal et l'église des frères ermites de Saint-Augustin.

Livrés au bourreau, Molay et Charnay « y parurent soutenir les flammes avec tant de fermeté et de résolution,

8. L'îlot, dit aux Juifs, devenu plus tard l'îlot des Passeurs de Vaches. Le square du terre-plein du Pont-Neuf est constitué de sa réunion à une autre petite île qui lui était contiguë.

dit encore le chroniqueur, que la constance de leur mort et leurs dénégations finales frappèrent la multitude d'admiration et de stupeur». «Assassinat», constate Michelet, qui explique l'attitude de Molay par un sursaut d'orgueil militaire. Il est possible que, dans un sentiment de fidélité chevaleresque, le grand-maître se soit fait un devoir de se montrer digne de son titre, en présence du peuple assemblé autour de l'échafaud monumental, qui avait été dressé devant l'église-mère, face, singulièrement, à la statue équestre de Philippe le Bel, en tenue de combat, et qui demeura à cette place jusqu'à la Révolution. Mais d'orgueil, comment en voir trace dans l'acte de courage par quoi il s'est réhabilité, le courage étant la première des vertus morales, ainsi que l'a dit Platon ? C'est l'obéissance à une parole donnée, à un ordre impérieux, venu du dehors, impérieux et *indiscutable,* que traduit cet acte. Molay doit à ses frères d'en appeler à l'histoire impartiale de l'opprobre dont on les a marqués. En cette circonstance qui s'entoure de solennité, le vieux héros de Saint-Jean-d'Acre fait abstraction de lui-même, humblement. Si forte est l'impression qu'il produit que le souvenir en demeurera vivace dans la mémoire du peuple jusqu'à l'heure où l'infortunée Marie-Antoinette sera emprisonnée dans la tour du Temple. Dans une sorte de frénésie, la foule, bousculant le barrage des gardes, se rue vers le bûcher, à peine le supplice fini, et arrache aux cendres encore brûlantes les os des victimes du roi, pour s'en faire des reliques.

«Il est bien juste, s'était écrié Molay, que dans un si terrible jour, et dans les derniers moments de ma vie, je découvre toute l'iniquité du mensonge, et que je fasse triompher la vérité : je déclare donc, à la face du ciel et de la terre, et j'avoue, quoique à ma honte éternelle, que j'ai commis le plus grand de tous les crimes ; mais ce n'a été qu'en convenant que ceux qu'on impute avec tant de noirceur à un Ordre que la vérité m'oblige de proclamer innocent. Je n'ai même consenti à la déclaration qu'on exigeait de moi que pour suspendre les douleurs excessives de la torture et pour fléchir ceux qui me faisaient souffir. Je sais les supplices qu'on a fait subir à tous ceux qui ont eu le courage de révoquer une pareille confession ; mais l'affreux spectacle qu'on me présente n'est pas capable de me faire confirmer un premier mensonge par un second ; à une condition si infâme, je renonce de bon cœur à la vie qui ne m'est déjà que trop odieuse. »

Sur le bûcher, comme inspiré soudain, alors que les flammes font grésiller ses pieds, se tordent autour de ses jambes, le visage tourné vers le roi qui, d'une fenêtre de son palais, assistait à l'exécution de ses victimes, il prophétise. D'où, de qui tient-il le pouvoir de pénétrer ainsi l'avenir ? Il ajourne Clément V à comparaître dans les quarante jours et Philippe le Bel dans le courant de l'année, devant le tribunal céleste ! Or, le pape devait mourir de la dysenterie dans le terme assigné, le 12 des calendes de mai (le 20 avril 1314), et le roi, huit mois après le martyre de Molay, le 29 novembre, jeté symboliquement, comme un chevalier indigne, à bas de son cheval, à Fontainebleau, sans avoir eu le temps de se réconcilier avec Dieu... En outre, Nogaret finit sa destinée de façon misérable la même année, et Philippe de Marigny — qui avait tant fait pour consommer la perte des Templiers — assista, impuissant, à la condamnation et au supplice de son frère Enguerrand, pendu au gibet de Montfaucon, sous le règne de Louis X, le 30 avril 1315[9].

L'Ordre supprimé comme dangereux, dans la chrétienté, les Templiers ne subirent cependant pas partout le même sort qu'en France. Si les rois s'emparèrent de leurs biens, ils épargnèrent leurs personnes. Deux cent trente miliciens, de

9. L'authenticité des dernières paroles de Molay a été contestée bien entendu. Des historiens n'ont vu, d'autre part, dans la réalisation des menaces qu'elles contenaient, que l'accomplissement d'une vengeance par des Templiers errants ou des affiliés.

très noble extraction pour la plupart, vivaient fastueusement en Angleterre. Édouard les confina dans leurs propres commanderies, en leur allouant une modique pension pour subsister. Ailleurs, on les claustra dans des monastères ; ce fut le pire traitement qui leur fut infligé. Cette mansuétude équivalait pour Philippe à un véritable soufflet moral.

Condamnés en Lombardie — pays de banquiers rivaux — les Templiers furent, d'ailleurs, reconnus non coupables à Bologne et à Ravenne. On les vit, en Allemagne, se justifier à la manière des francs-juges westphaliens. C'est en armes — avec l'épée, la lance et l'écu, le visage encadré de fer — qu'ils comparurent devant les évêques de Mayence et de Trèves, intimidés. Après avoir véhémentement protesté de leur innocence, ils tournèrent avec dédain le dos à leurs juges et s'en furent comme ils étaient venus, sans être inquiétés...

Les Templiers d'Araton s'enfermèrent dans leurs places fortes, et à Monçon, notamment, opposèrent une vigoureuse résistance aux armées royales. On finit par les réduire à merci, mais ne les maltraita point.

En France, beaucoup qui erraient ou se terraient, désœuvrés et languissants d'être privés de discipline, sollicitèrent leur admission dans l'Ordre des Hospitaliers. Les plus haut placés dans la hiérarchie du Temple prirent rang de chevaliers, d'écuyers au service des princes, des comtes et des barons de la chrétienté. Les servants se réfugièrent dans les corporations d'artisans et même d'ouvriers. Nombreux furent, enfin, ceux qui attendirent pour reprendre l'épée, la croisade toujours annoncée, toujours différée par un Saint-Siège à peu près dépourvu de crédit. Ils vieillirent, moururent sans avoir pu obéir au signal de départ qui les eût fait reprendre goût à la vie, et ne devait jamais être donné.

Une légende courut. Chaque année, disait-on, dans la fatale nuit de l'abolition de l'Ordre, un fantôme armé de pied en cap, et portant la croix rouge sur le manteau blanc, apparaissait dans le caveau des Templiers, et demandait :

« — Qui veut délivrer le Saint-Sépulcre ?

— Personne ! répondait l'écho de la voûte. Le Temple est détruit. »

La fumée des bûchers allumés par Philippe le Bel au cœur de la France, « fille aînée de l'Église », tend, pour de longues années, un voile épais entre l'Orient et l'Occident.

Troisième partie

I

L'influence de l'Islam

Une des accusations, la plus grave peut-être que l'on ait portée contre les Templiers, fut celle (par la voix de Nogaret) de leur collusion avec les mahométans. Que ces chevaliers dont la mission devait être de combattre les infidèles et de les bouter hors des Saints Lieux, eussent pactisé avec les ennemis de la chrétienté, paraissait, d'ailleurs, à tous, chose si monstrueuse qu'on se refusait à la tenir pour fondée. De préférence à la réalité d'une telle imputation, le peuple eût ajouté foi, dans la candeur de son bon sens, aux fables les plus immondes.

Il est bien vrai, cependant, que la politique du Temple, en Palestine et en Syrie, rend l'histoire perplexe. On dirait qu'un pouvoir occulte agit au sein de la Milice, dont l'action se révèle plus ou moins prépondérante selon les moments. Ce pouvoir, pour des raisons qu'il est facile de déceler, était sujet à des éclipses ; mais il devait son efficacité passagère à ceci que les Templiers avaient beaucoup appris des musulmans dans leur constant commerce avec eux. Sur cette terre et dans le voisinage de cette terre, qui fut le berceau du monde chrétien, on pratique de longue date — à preuve les Esséniens — un esprit de synthèse des religions, des philosophies, chez les élites, contraire au fanatisme aveugle des autres peuples, et la science du gouvernement des califes rompt les intelligences attentives aux subtilités de la politique à laquelle Machiavel attachera son nom.

Comme ils sont instruits de la manière de combattre des Sarrasins, les Templiers savent à peu près tout de leurs secrets sentiments, de leur caractère, et la façon dont ils se comportent avec les zélateurs de Mahomet déconcerte, si elle ne déroute, les Francs. Elle paraît même suspecte à leur simplicité rude. Ces gens tout d'une pièce la jugent répréhensible parce que obscure, tortueuse, contradictoire. Mais qui d'autre qu'un Templier (Geoffroy Fulcher) eût été capable de brosser le tableau de la splendeur des chefs politiques et religieux d'Égypte ?

Du fait, probablement, de l'initiative prise par certains d'entre eux, à qui il arrive de rompre les traditions de l'Ordre, on voit des Templiers jouer un rôle singulier — parfois d'arbitres — entre le califat fatimide du Caire et les royaumes turcs de la Syrie supérieure. Ils s'élèvent contre le traité conclu par l'empereur Frédéric II avec le sultan Meledin ; et dès le début de leur existence en 1118, leur grand-maître incite Beaudoin II, souverain de Jérusalem, à s'entendre avec l'Ismaëlien Aboul-Fewa. Aux termes de cet accord, Beaudoin échange Tyr contre Damas...

Les Templiers s'opposent à l'expédition d'Alméric contre l'Égypte, en 1168, et la sagesse de leur avis se révèle quand se rallume la dispute qui aboutit à la conquête du delta du Nil par Asad-el-Din. Pendant quatre-vingts ans, ils entretiennent d'étroites relations avec les chefs de la secte des Ismaëlites. N'empêche qu'en 1174, d'accord avec le parti Lusignan, ils proposent comme régent du jeune Beaudoin IV, âgé de treize ans, Philippe de Flandre, pour faire échec au comte de Tripoli, Raymond III, à qui ce titre est décerné, mais que l'on soupçonnait d'être de connivence avec les infidèles...

La construction que, d'autre part, ils font d'une citadelle au gué de Jacob, sur le Jourdain supérieur, provoque une nouvelle invasion des Sarrasins, laquelle aboutit à la défaite de Panéas (1179). Le jeune roi échappe de justesse au désastre, mais le grand-maître, Odon de Saint-Amand, est emmené en captivité et ne reparaît jamais parmi les Francs... Et voici qui fait lever bien des soupçons dans l'esprit de ces derniers : sous la maîtrise de ce même Saint-Amand, le petit-fils d'Hassan Ben-Sabath-Homaïri — « le Vieil de la Montagne » —, ayant proposé à Alméric de se convertir à la foi chrétienne, à la condition d'être libéré de la dette de 2000 ducats qu'il payait tous les ans, depuis un quart de siècle, aux Templiers, ceux-ci ont égorgé les émissaires du chef des Assacis. Toutefois, c'est en vue de combattre le pouvoir, sans cesse plus redoutable de Saladin, que le grand-maître, Arnold de Torroge, part pour l'Europe solliciter le secours des princes. Il meurt en cours de route à Vérone.

Lors de la troisième Croisade, l'état de choses qui résultait de l'encerclement de l'armée de Philippe-Auguste, assiégeant Saint-Jean-d'Acre, par celle de Saladin, favorisa l'établissement de courtoises relations entre chrétiens et musulmans. Saladin (Sala Heddin), un Kurde, humain et généreux, pitoyable aux pauvres, protecteur des orphelins, tout comme un vrai chevalier d'Occident, apprit aux Croisés qu'un mécréant pouvait être aussi noble que les plus preux d'entre les leurs. On a vu, d'autre part, les Templiers réserver au Turc Ounour la mosquée el-Aqsâ pour qu'il y fît ses dévotions... Mais point de négociations d'ennemis à ennemis qui ne s'accompagnassent, alors, des recherches les plus raffinées de politesse. Saladin offrait à Philippe de pulpeux fruits de Damas, et Philippe gratifiait de joyaux rares le chef des Sarrasins, à qui un chevalier, Hugues de Tabari, avait donné l'investiture.

Parmi les faucons du roi de France, a écrit un auteur arabe, il s'en trouvait un, de couleur blanche, immaculée, que le souverain aimait beaucoup. L'oiseau s'étant un jour, envolé, alla se pencher sur les remparts de Damas. Attrapé par les musulmans et porté à Saladin, il fut racheté par Philippe, qui envoya au sultan un ambassadeur et lui fit offrir une somme d'or égale à la rançon de plusieurs chevaliers de haut lignage...

D'un ost à l'autre « on échangeait des conversations aussitôt qu'on cessait de combattre, rapporte le même chroniqueur, et, par suite de cette longue fréquentation, on finissait par chanter et danser de compagnie ». Nos troubadours mêlaient leurs cançons aux gazzels des lauréats du Caire. Il arriva à Renaud, prince de Sidon, d'établir à la table de Saladin, un parallèle entre la religion chrétienne et l'islamisme. Et de louer de part et d'autre, avec une compréhension, une largeur d'esprit qui étonnent, le Croissant et la Croix. « Ces deux moitiés de l'humanité, l'Europe et l'Asie », semblaient vouloir se rapprocher, s'entendre, fraterniser même. On était loin de l'esprit de la première Croisade ! D'une confession, il arrivait, assez souvent, qu'on passât à l'autre ; des musulmans se faisaient chrétiens, des chrétiens, musulmans, sans se trouver dépaysés...

Pour recréer l'intransigeance, l'ardeur premières, il faut la venue de Louis IX dont la politique, bien digne d'un roi soucieux seulement d'assurer le triomphe des intérêts de la chrétienté, tient la balance égale entre les Mameluks — maîtres de l'Égypte — et les héritiers de Saladin — maîtres de la Syrie. Mais les Templiers qui ont conclu des traités particuliers (d'alliance ou seulement de neutralité ?) avec le sultan de Syrie, lui paraissent entraver ses desseins. Publiquement, il les désavoue, croit devoir les humilier. Il ne lui viendrait pas à la pensée, cependant, qu'ils eussent fait hommage à un *soudan,* comme on les en accusera grossièrement plus tard. Sa fierté, qu'il appuie sur sa puissance, interdit à l'Ordre tout vasselage. C'est en maîtres, à tout le moins de pairs à égaux, que les Templiers parlent aux chefs de l'Islam ; et loin de les mépriser, les musulmans les tiennent en si haute estime qu'ils leur demandent de servir de garants pour l'exécution des accords qu'ils signent avec les princes chrétiens, ce Richard Cœur de Lion, entre autres, dont la mauvaise foi était proverbiale.

Ici et là, on se traite aussi durement que bien, selon les circonstances. Jamais rien de définitif, l'opportunisme règne. C'est la règle du jeu, en ces temps de fer, où tout est sans cesse remis en question par la violence et la multiplicité des intérêts, la compétition des convoitises...

Probst-Biraben et Maitrot de la Motte-Capron en ont fait judicieusement la remarque : « En dehors des dogmes fondamentaux intangibles, il y avait, à cette époque, plus de tolérance pour les importations étrangères. Jusqu'aux XIIIe et XIVe siècles, bien des originalités n'étaient pas tenues pour des hérésies, témoin le bienheureux Franciscain Raymond Lulle, scolastique excentrique, mais vénéré, dont les orientalismes de forme sont nombreux. Ce dernier polygraphe fréquentait les musulmans, reçut l'influence salutaire des Soufis et voulut, en dehors des dogmes naturellement, rapprocher les deux peuples musulman et chrétien. Les Templiers firent sans doute de même[1]. »

Y a-t-il si loin, au surplus, à y regarder d'un peu près, du mahométisme au christianisme ? De bons esprits ne le croient pas, et Joseph de Maistre est du nombre qui cite *(Soirées de Saint-Pétersbourg)* à l'appui de son opinion le chevalier Jones, lequel a écrit que « les mahométans sont une secte chrétienne » quoiqu'ils donnent dans l'hérésie d'Arius.

1. *Les gardiens du Temple,* in *Le Mercure de France,* 1er décembre 1939.

Même façon de voir chez le ministre Jurieu et chez Leibniz, qui constate que les Sociniens approchent fort des musulmans. Michelet, dans les pages si suggestives (*Histoire de France,* tome II) qu'il a consacrées à l'islamisme, ce suprême effort de l'Orient pour se soustraire au matérialisme qui l'accable, signale quelques-uns des points par où cette religion touche à la nôtre — dont elle se veut l'irréductible ennemie. « Ils ont enfermé la femme au sérail, écrit-il, mais elle les y enferme avec elle ; ils n'ont pas voulu de la Vierge, et ils se battent depuis deux mille ans pour Fatima. Ils ont rejeté le Dieu-Homme et repoussé l'Incarnation en haine du Christ ; ils proclament celle d'Ali. Ils ont condamné le magisme, le règne de la lumière ; et ils enseignent que Mahomet est la lumière incarnée... »

Quoi qu'il en soit, on oublie trop qu'en son plein épanouissement le christianisme bouillonnait d'idées, de sentiments, parfois téméraires, certes, mais invigorants. A son apogée, il vivait *dangereusement,* pour emprunter une expression familière à son pire ennemi, Nietzsche, alors qu'il semble s'être tant soi peu sclérosé en se stabilisant, et se sente à l'étroit dans l'observation par trop rigoureuse de la lettre des dogmes...

On peut le dire sans tomber dans le paradoxe, une religion ne présente jamais signe plus évident de sa vitalité que par le foisonnement d'hérésies qu'elle suscite.

Mais les Templiers sont, comme on dirait aujourd'hui, des « coloniaux ». Les éléments français, qui dominent parmi eux, ont déjà ce génie d'adaptation, d'assimilation qui, de tout temps, nous caractérisa et nous rendit aptes à comprendre les indigènes des pays où nous nous établîmes, à n'en point heurter ni froisser les sentiments et les croyances. On ne peut se trouver mieux placé que ne le sont les soldats du Christ pour connaître le Proche-Orient. A la pénétration intime des peuples, une fréquentation continue est nécessaire. Les voies qui y donnent accès ne sont pas secrètes mais étroites ; elles ressemblent aux mille sentiers de la forêt, à ceux qui sont des raccourcis, comme à ceux que de mystérieuses ou d'inexplicables démarches ont tracés. Tout est vulgaire, trivial, souvent fastidieux, dans cette lente conquête de l'étranger, et rien ne la facilite comme la pratique de ses mœurs. Méfiant dès qu'il se sent observé, le mahométan, en particulier, ne relâche peu à peu sa surveillance de lui-même qu'avec les gens qui partagent quotidiennement ses travaux, pratiquant sa façon de vivre.

Or, les Templiers, qui possédaient quinze places fortes tant en Asie Mineure qu'à Chypre, c'est-à-dire des domaines aussi vastes, pour le moins, que l'enclos où ils bâtirent près de Paris, abritaient une nombreuse population musulmane derrière leurs remparts. Ils avaient étendu de plus en plus leurs domaines pour les rendre pareils aux repaires — véritables nids de vautours — où « le Vieil de la Montagne » défiait ses ennemis les plus puissants. On y accumulait vivres et provisions de toute sorte en si grande quantité, si l'on n'y subsistait grâce à ses propres ressources, qu'il était possible d'y soutenir les plus longs sièges. Des salariés ou des esclaves de conditions diverses, recrutés parmi les indigènes, se consacraient aux travaux agricoles de l'Ordre, réparaient, fourbissaient les armes de ses membres, entretenaient en bon état leurs habits. On se souvient que le grand-maître et certains hauts dignitaires disposaient d'interprètes et même de secrétaires, recrutés parmi les Turcs, sans parler de leur cavalerie légère, armée à la « turquesse » — des Turcoples, de race arménienne, en partie du moins.

Il faut se garder de prendre au sérieux, avec Hammer *(Histoire des Assassins),* les analogies que ce savant a cru révélateur de marquer entre le vêtement des Ismaëliens et celui des Templiers. L'habit blanc, orné d'une croix rouge de ceux-ci, aurait été un rappel de l'habit, également blanc, mais garni de bandelettes pourpres de ceux-là. Tout au plus s'agit-il, ici, d'une coïncidence : le rouge symbolisant l'idée de martyre chez les chrétiens, la pourpre signifiant le courage, le feu, chez les mahométans. On a insinué, en outre, que les chaperons en capuces des miliciens ressemblaient de façon troublante aux burnous arabes. Mais il sied de ne voir dans ce signe qu'une commune affirmation d'innocence. Quant à la cordelière, qui se retrouve dans les Ordres chrétiens et mahométans, elle fut prescrite aux Templiers par saint Bernard comme emblème de la chasteté.

Plus que ces détails, sans grande importance, en vérité, ce qui retient l'attention, c'est la hiérarchie, l'obéissance absolue au grand-maître et aux commandeurs, sur lesquelles l'Ordre a établi fermement sa discipline, et qu'on peut croire empruntées à certaines organisations religieuses musulmanes. Cette obligation, à laquelle sont astreints les nouveaux chevaliers, même de très noble origine, de s'adonner aux basses besognes manuelles (on la verra remettre en vigueur par les Jésuites), l'Ordre a pu en apprécier les salutaires effets chez les Ismaëliens. L'ismaëlisme semble bien avoir été, pratiquement, le modèle qu'il s'est proposé, presque aussitôt après sa constitution.

Qu'est-ce que l'ismaëlisme ? La croyance que les descendants d'Ali et de Fatima — la fille du Prophète —, les Imans (chefs spirituels) sont les rayons incarnés de la divine Lumière que Mohammed représenta sur la terre. Si Ismaël, le dernier en date des Imans, celui à qui l'ange Gabriel lui-même substitua un mouton pour qu'on l'égorgeât à sa place, comme on allait le sacrifier, a disparu, sa race subsiste, et le devoir des vrais fidèles est d'entreprendre sa recherche. On voit le mouvement ismaëlien prendre toute son ampleur aux VIIIe et IXe siècles, quand les Karmathiens (qui s'appelaient eux-mêmes ismaëlites) s'ébranlèrent pour découvrir leur Iman. Les Abassides en firent grand massacre, mais l'un d'eux, réfugié en Égypte, fonda la dynastie fatimide et l'opulente loge ou « Maison des Sciences » que visitèrent les Templiers.

Faut-il assimiler cette grande loge, dite « Darol-Hikmet », au palais du Caire dont Guillaume de Tyr nous a laissé une description éblouissante ? Non ; mais d'avoir vu l'une et l'autre fut pour Geoffroi, de la Milice du Temple, plus que pour Hugues de Césarée qui l'accompagnait, une révélation. Le luxe inouï du *Casher,* avec ses galeries aux colonnes de marbre, lambrissées d'or, son carrelage en mosaïque, ses rideaux de perles précieuses, ses longs jets d'eau chantant dans des bassins, ses volières gazouillantes d'oiseaux bariolés, ses ménageries, lui ouvrit d'infinies perspectives sur un monde inconnu. Il reçut, cependant, une commotion plus forte encore en pénétrant la pensée profonde que le fatimisme lui découvrit sous le voile de la religion.

L'élément sémitique (juif et arabe) rassemblait dans la « Maison des Sciences », dont les professeurs étaient célèbres, toutes les connaissances humaines, de l'algèbre à l'astronomie, en passant par la médecine, de quoi ébranler la foi simple des Croisés. Mais peu de chevaliers cédaient à la tentation d'y pénétrer, quoiqu'elle fût ouverte à tout le monde et que ses trésors se trouvassent mis à la disposition du premier venu — on allait jusqu'à lui fournir encre, parchemin et plume !... Encore moins, pour s'initier à la doctrine secrète qu'elle enseignait, en gravissait-on les neuf degrés. C'était assez pour rebuter les plus téméraires, de savoir que, avant d'atteindre le premier de ces degrés, « le néophyte devait avoir l'esprit complètement brouillé par les serments de foi aveugle et d'obéissance que l'on exigeait de lui ; qu'on lui faisait entrevoir les contradictions de la religion et de la raison, les extravagances du Coran, et un sens mystérieux aux paroles les plus claires » (Bouthoul). Au septième degré « il en était déjà à Platon, Aristote et Pythagore, ayant rejeté les lois religieuses révélées »...

Retenons ceci. Quant au Temple, c'est par les enfants de Nuhaeddin, qui se rapprochèrent de ces esprits forts, de ces *phalassefé* (philosophes), qu'il entra en contact avec les

Alides et les Assassins ou Haschichins, ou plus justement Assacis, d'*Assas,* qui signifie gardien.

L'Ordre musulman mystique des Assacis s'était donné pour mission de préserver la Terre Sainte contre toute intrusion, contre toute ingérance étrangère. Quelle fut, au juste, l'intime ambition de son chef, Hassan, le « Vieil de la Montagne », comme on l'appelait avec une vénération superstitieuse, empreinte de terreur ? On l'ignore, car elle demeura celée durant les trente-cinq ans qu'il régna. Longtemps, il refusa de se consacrer grand-maître, et ne prit aucun autre titre de puissance territoriale ou militaire, parce qu'il ne dirigeait pas, déclarait-il, une principauté ni une province, mais un Ordre, « une Confrérie au-dessus des États »...

En apparence, l'action d'Hassan est celle d'un homme uniquement mû par un désir anarchique d'affirmation de sa personne. L'organisation ismaëlienne, qui existait avant lui, il ne semble pas l'avoir maintenue pour des fins positives. Sa poursuite est celle de l'autorité pour l'autorité. Enfermé dans sa forteresse d'Alamoût, la « Ville du Bonheur » ou la « Maison de la Fortune », ne sortant même pas de sa chambre, immobile comme une monstrueuse araignée au centre de quelque toile invisible mais douée d'une extrême sensibilité, il sait tout, peut tout, ose tout. Il sommait les princes, ses ennemis, de lui livrer leurs forteresses, et s'ils refusaient, les faisait frapper, où et si bien gardés qu'ils fussent, par ses fidèles. Les plus actifs se trouvaient souvent au service des personnages qu'il avait désignés à leurs coups. Un sultan, par exemple, qui tyrannisait les Ismaëliens, voit à son réveil un poignard dont la lame vibre encore planté dans le sol, à deux doigts de sa tête. Saisi d'épouvante, non seulement il cesse de persécuter les zélateurs d'Hassan, mais les exempte d'impôts. Hassan étend sa protection sur sa secte en inspirant la terreur. Éprouver sa force, son talent, ses charmes — au sens magique du mot — tel est son plaisir. L'obéissance aveugle qu'il exige de ses «dévoués», et que l'on dit qu'il obtient d'eux en leur faisant absorber du haschich (ils vont jusqu'à s'ouvrir la gorge, ou à se jeter du haut d'une tour, sur un signe de lui), il ne la fait servir à rien de constructif, encore une fois. Cet individu indomptable, nourri des sophistes grecs, est un incroyant, un sceptique, au fond. Singulier paradoxe quand on songe que sa toute-puissance s'exerce sur des fanatiques ! Il n'a point affirmé que le califat revenait de droit aux descendants du prophète, par inspiration religieuse, mais parce qu'il considérait comme une nécessité d'ordre politique d'être, pour ainsi parler, légitimiste. S'il s'appuie sur les Ismaëliens, c'est parce que l'on peut tout attendre, tout exiger de ces extrémistes, férus de mystère, et dont les missionnaires vont prêchant une interprétation symbolique du Coran. Rien de sa part qui ne soit calculé en vue de l'ascendant qu'il a réussi à prendre et qu'il veut maintenir. On a vu que l'initiation de l'ismaëlisme comprenait neuf degrés : il la ramène à sept, chiffre qui lui avait été primitivement fixé, pour se conformer à la tradition mystique...

La secte «qui conduit dans le droit chemin» enseignait que Dieu, inaccessible à la pensée, ne se manifeste que sous la forme de la Raison universelle, qui, à l'origine, se confondait avec lui, et dont l'attribut principal est la Science. Le mal disparaîtra le jour où la Raison universelle réintégrera le sein de Dieu dont elle est sortie. Ce qu'il y a, ici, qui s'apparente à la théorie gnostique de l'émanation, est aisément discernable, et ne dut pas être perdu pour les Templiers. Mais ce qui leur paraît, avant tout, digne d'intérêt dans l'ismaëlisme, c'est cette sorte de «Confrérie au-dessus des États», de société occulte, qu'en a fait Hassan, et qui a tous les caractères d'un compagnonnage militant, avec ses degrés mêmes d'initiation. Ils ne sont pas séduits, et bien au contraire, par ce qu'on découvre de révolutionnaire, socialement parlant, chez le « Vieil de la Montagne ». Les tendances égalitaires de son organisation leur répugnent (malgré leur système électif), et ils se réserveront de juger quels avantages celle-ci peut comporter, une fois disciplinée. En revanche, ils admirent sans réserve la hiérarchie spirituelle, qui n'est pas fondée sur des qualités militaires ou sociales, que les degrés initiatiques instituent. Fidèlement, ils reproduiront ces degrés dans leur Ordre. Outre que chevaliers, écuyers, frères du Temple correspondent aux *refik, fedavi* et *lassik* des Assacis, comme Victor-Émile Michelet l'a constaté, les hiérarchies intérieures de la secte et de la confrérie ont de singulières ressemblances : avec le grand-maître, les grands prieurs et prieurs vont de pair le « Vieil de la Montagne », les *daïs* et les *daïlkebirs.* Mais encore sied-il de considérer que, derrière les distinctions publiques, afférentes aux grades, il y avait chez les Templiers, on peut, dès à présent, le dire, celles — secrètes — conférées par l'avancement dans la connaissance.

L'Ordre ne séduit pas ses adeptes en leur donnant l'illusion de savourer, dès ici-bas, des délices comparables à celles dont ils jouiront au paradis, à la façon du « Vieil de la Montagne ». La sensualité orientale est absente des plaisirs qu'il leur fait éprouver. Nulle imagination de tendance érotique chez les Francs. Le merveilleux ne les ravit qu'il n'ait un caractère spirituel ou sentimental. Il faut qu'il soit une sublimation morale pour qu'ils le reconnaissent d'essence divine.

L'idée de la constitution d'un empire comprenant l'humanité civilisée tout entière, est une rêverie très ancienne, et qu'il a fallu, dans la pratique, ramener à des proportions plus modestes. Les Templiers, instruits probablement par les

Fatimites du Caire, conçurent la possibilité d'un universalisme pacifiste, renouvelé de celui du pharaon Aménophis IV. La pensée chrétienne les y incitait, qui a donné au monde occidental une seule langue pour l'adoration d'un Dieu unique. La paix romaine, établie, assurée par le glaive, se croyait certaine de durer un millénaire au moins. L'injustice de son hégémonie fut emportée au bout de quatre cent trente-cinq ans, dans un désordre matériel égal à celui des âmes que la Croix, seule, devait rallier. C'est afin d'affermir le règne de cette même Croix que Charlemagne, rassemblant les débris du cadre romain, ramasse la couronne tombée du front de Constantin et s'en fait ceindre le chef par Léon III, en l'an 800. Mais quoiqu'elle revête le caractère d'une croisade contre l'impiété, d'une évangélisation des barbares, son œuvre apparaît comme une nouvelle tentative d'asservissement du faible au fort. La même contrainte qui avait fait plier les peuples sous le despotisme césarien, bientôt décadent, les courbe sous le sceptre de « l'Empereur à la barbe fleurie ».

Le Moyen Age, héritier de son dessein grandiose, ne voit pas se réaliser l'espoir de la Jérusalem Nouvelle qu'il caressait, conformément à la prophétie de l'Apocalypse. En vain le Saint-Siège affirme-t-il que tous les diadèmes temporels dépendent de lui, qui a reçu de Dieu le pouvoir de les consacrer, il échoue à bannir la discorde entre les peuples. C'est seulement en les entraînant vers le Saint-Sépulcre (la croisade est son œuvre, le fruit de sa pensée profonde d'unification) qu'il réussit à les grouper, au moins provisoirement sous l'étendard blasonné du divin signe. Les papes ne détiennent pas la puissance matérielle qu'il leur faudrait mettre au service de leur volonté d'harmonie pour arbitrer les conflits d'États à États. Les Templiers s'en rendent compte, et qu'un pacifisme dépourvu des moyens d'imposer le respect ne peut prendre que la forme, honteuse ou misérable, du renoncement ou de la trahison. Ils savent, par expérience, qu'une force est nécessaire au service du droit. Ce n'est pas prêter gratuitement, au moins à leurs élites, des intentions qu'elles ne pouvaient avoir, et commettre un anachronisme, que de prétendre qu'elles eussent été capables de parler, avant Léon Daudet *(Le stupide XIXe siècle),* d'« humanitarisme homicide ».

Les esprits, au Moyen Age, sont plus portés vers les spéculations politiques et sociales que les historiens ne s'avisent, en général, d'en faire la remarque. On échafaude, alors, et nommément Pierre Dubois et Jean de Paris en France, des théories, on bâtit des systèmes pour définir l'idée du droit et la développer. Ce à quoi songent les Templiers, c'est à créer une sorte de Société des Nations — pour emprunter une comparaison à l'idéologie de notre époque —, mais une Société des Nations armée dont ils se fussent institués les défenseurs. De là, cette fière réponse, plus haut rapportée, d'un de leurs grands-maîtres, au roi Henri III d'Angleterre : « Vous serez roi tant que vous serez juste. » Les soldats du Christ n'aspirent pas, par orgueil, à la domination suprême. Ils veulent seulement gouverner le monde pour y faire régner l'ordre dans la justice. De là l'effort qu'ils poursuivent pour drainer dans leurs coffres les richesses du monde. Ces richesses sont une puissance dont ils se proposent de se servir le temps venu. Ils n'en jouissent pas, vivent pauvrement, il est vrai. Ils savent que l'or, cette matière inerte, qui ne vibre que si elle tombe ou qu'on la frappe, est à l'or vivant de Dieu ce qu'est l'arithmétique des marchands à l'harmonie des nombres purs.

L'Europe dans laquelle ils vivent est féodale, ne l'oublions pas, divisée, donc, en seigneuries indépendantes, plus ou moins considérables, jalouses de leurs privilèges, plutôt que constituée de vastes États autonomes, et où il est possible de concevoir, raisonnablement, l'existence d'une autorité morale, soucieuse de placer l'intérêt général au-dessus des intérêts particuliers. Exercer de manière effective, mais point nécessairement apparente, cette autorité sur l'Occident, en abandonnant le Proche-Orient à une organisation analogue à la leur, voilà leur objet.

Est-ce à dire qu'ils ne conçoivent pas la possibilité de l'unification du pouvoir temporel sous la domination d'un maître comparable aux anciens empereurs ? Quand on lit l'ouvrage *De monarchia,* où Dante, initié à l'occultisme des Templiers, a exposé ses idées politiques, on inclinerait à penser le contraire[2]. Ils souhaiteraient — c'est peut-être un effet, sur eux, de l'influence asiatique — qu'un monarque régnât, qui fût le souverain des autres monarques, le « seigneur de la Terre ». Mais ils le voudraient électif, comme les empereurs d'Allemagne et comme leurs grands-maîtres, choisi par un collège analogue à leurs chapitres. Dante, témoin attristé des dissensions qui déchiraient l'Italie des petits États, avait désiré pour elle, afin qu'elle jouît d'une liberté sociale d'où l'affranchissement de ses sujets eût découlé, l'instauration d'un pouvoir impérial qui garantît la sécurité de tous les peuples rassemblés sous son égide.

La monarchie, indispensable à la sécurité et l'équilibre du monde, professe Dante, ne saurait être que l'empire unificateur, parce que le bien du peuple exige la paix, et que l'obstacle à la paix ce sont les multiples intérêts concurrents des cités et des rois. Deux principats sont indispensables : celui qui commande l'ordre spirituel, représenté par le pape, et celui qui commande l'ordre temporel, représenté par l'empereur. Une question, cependant, préoccupe l'auteur de

2. Il dénonce l'iniquité de la condamnation de l'Ordre dans son *Purgatoire* (XX, 31) :

Veggio il nuovo Pilato si crudele
Che ciô nol sazia, ma, senza de creto,
Porta nel tempio le cupide vele.

(Je vois le nouveau Pilate, si cruel que, non assouvi encore, il porte sans rescrit ses voiles avides dans le temple.)

De monarchia : celle de savoir si l'autorité de ce principat politique dont l'existence s'impose doit être considérée comme relevant directement de Dieu, ou comme dépendant de son vicaire. Mais il la résout en faveur de l'indépendance de l'empereur, à la condition qu'il n'usurpe point son autorité et qu'il n'en abuse point. Dante se méfiait des papes dont il avait constaté les erreurs et les faiblesses en dehors de l'exercice de leurs fonctions apostoliques, de leur rôle de préservateurs du dogme, et il ne croyait pas convenable de les laisser empiéter sur les prérogatives du gouvernement civil. Tout au plus leur reconnaissait-il une supériorité morale commandant le respect.

« L'empereur, écrivait-il, est en quelque point inférieur au Pontife, puisque la félicité mortelle de l'homme demeure subordonnée à son bonheur éternel. César doit la vénération à Pierre, comme un fils à son père. Ainsi éclairé par la lumière de cette grâce paternelle, il pourra efficacement briller sur le monde auquel il est proposé par le grand Soleil, lequel gouverne ensemble les choses spirituelles et les temporelles. »

En cela, il était d'accord avec les Templiers. Comme le poète gibelin, ceux-ci tenaient assurément pour salutaire la séparation des pouvoirs civil et religieux. Ils croyaient à la nécessité de l'établissement d'une monarchie, non héréditaire mais élective, et se réservaient le soin de veiller à la régularité de son fonctionnement. Régner, ils ne le voulaient pas, mais gouverner seulement. La main est plus maîtresse de ses actes, qui opère cachée. Et l'on retrouve leur pensée dans les institutions, tant cléricales que laïques, qui se sont réclamées ou inspirées d'eux : francs-maçons, d'une part, jésuites, de l'autre. Façonner l'opinion, créer les hommes appelés à gouverner, et avoir toujours sur eux un moyen de contrôle efficace, ces méthodes des disciples de Loyola et des Frères∴renouvellent celles des Templiers. Une interprétation symbolique, au surplus, des trois pétales de la fleur de lys héraldique, emblème de la France, ce pays où la Milice avait le plus grand nombre de commanderies et auquel allaient ses préférences, *foi,* à droite ; *sapience,* à gauche ; *chevalerie,* au sommet, indique assez comment ils entendaient que fût établi, pour demeurer viable, le système qu'ils avaient conçu. Le pape eût incarné la foi, comme de juste ; l'empereur, la sapience ; eux, la chevalerie, fléau de la balance, pouvoir intermédiaire, arbitral ou régulateur entre les deux souverains... Soutenir l'Église en lui rappelant de rester fidèle à elle-même, régenter le gouvernement, les maintenir tous deux sous la dépendance même de la *gendarmerie* désintéressée, mise à leur service, quel rôle magnifique !

Qu'on n'oublie pas que cette gendarmerie est internationale. Les Croisés, sous le signe qui les rallie et fait d'eux les fils d'un Dieu unique, sont encore davantage Allemands, Anglais, Espagnols, Italiens, Français que chrétiens. Ils combattent, groupés par pays, et leurs intérêts nationaux ou seulement locaux priment celui de la cause sacrée dont ils se glorifient d'être les champions. Rien de tel chez les Templiers. De quelle terre ils viennent, ils l'ont oublié. En entrant dans l'Ordre, ils ont dépouillé le vieil homme et sont nés à une nouvelle vie. Esprit de corps ? Mieux : dévotion à une religion épurée, à un christianisme plus large, plus haut que le christianisme commun qui s'accommode encore de tant de passions misérables, de colère, de convoitise, de luxure. Même chez les non-initiés, ce sentiment existe — plus ou moins vague ou confus — qu'ils ne conçoivent pas le Créateur comme le vulgaire, et l'honorent d'une façon plus profonde et plus intime. Leur force est celle de l'abnégation : *« Non nobis, Domine, non nobis... »* Ils servent, et la constance de leur sacrifice au salut des faibles, au bien de l'humanité fait vraiment d'eux des frères, et, même vaincus, les rend invincibles. Silencieux, habituellement, c'est assez du latin qu'ils savent pour se communiquer le peu qu'ils ont à se dire. Qu'auraient-ils à faire, ici, de leur langue maternelle ? Ils communient par la pensée comme les Pythagoriciens et sont de cœur dans la prière. Dans les sanctuaires du Temple, un mystère plane, perceptible aux moins avertis, celui dont on entourait jadis, au temps des persécutions, la pratique du culte, et qui entretient dans les imaginations cette ferveur sans laquelle rien de sublime ne s'épanouit. On verra plus loin quelle équivoque l'Ordre, par les épreuves auxquelles il soumettait les récipiendaires, suscitait dans les esprits mêmes de ceux qu'il ne jugeait pas dignes de cultiver, c'est-à-dire d'engager dans la voie de la perfection. Pour le moment, c'est assez de signaler que le Temple déposait et bientôt ancrait chez les miliciens la conviction de son caractère exceptionnel qui le mettait, en quelque sorte, en dehors ou plutôt au-dessus des institutions à la fois civiles et religieuses. Il préparait ainsi la phalange incorruptible dont il avait besoin pour réaliser son vœu et prendre la direction des affaires des hommes. Point n'était besoin que *tous* les Templiers sussent à quelle tâche ils étaient destinés pour se trouver dans la condition de la remplir.

L'objet politique des miliciens, Philippe IV l'a pressenti, à défaut de le deviner, quand il tournait autour de leur sévère maison du Temple. De là ses avances, tant de fois réitérées, pour se faire nommer ou faire nommer son fils grand-maître. Mais un tel objet, il l'eût dénaturé en le pliant à son intérêt dynastique. Celui-ci — la réalisation d'un État français fort, autonome — allait à l'encontre des tendances universalistes de l'Ordre. Grand roi, certes, si en avance sur son temps, et que l'on peut qualifier de génial, à cause même, peut-être, de la volonté inflexible qui le force à tout sacrifier, et jusqu'à ses scrupules, à la poursuite de son ambition, Philippe, le premier « roi de France et de Navarre », n'eût jamais consenti à se soumettre à la discipline européenne qu'entendaient prescrire les Templiers. Il s'insurgeait à l'idée qu'une puissance quelconque, fût-elle seulement morale, prétendît le brider. Il l'a prouvé lors de son conflit avec Boniface VIII, qu'il appelait « Sa Trop Grande Fatuité », et pour qui avaient pris fait et cause les Templiers.

Aussi bien, dans le drame qui opposa son réalisme à l'esprit spéculatif de l'Ordre, fut-ce lui qui l'emporta. Les Templiers se sont trompés en se croyant, parce qu'ils voyaient loin, hors d'atteinte de ses coups. L'existence d'une Europe théocratique, où le protecteur même de la foi se trouverait dans une certaine mesure dépendant, c'est-à-dire assujetti aux obligations matérielles de l'exacte justice, sera-t-il jamais possible ? Elle ne saurait l'être, en tout cas, que toutes les nations n'aient pris conscience de leur personnalité propre, du caractère particulier de leurs aspirations et ne se soient soumises, de leur plein gré, à une vérité qui les dépasse.

Cette perspective séduisit les Templiers. On peut penser — c'est une observation très juste qu'a faite Prutz — que la foi absolue des Croisés en la supériorité du christianisme dut être ébranlée par l'échec des diverses campagnes qu'ils entreprirent pour la délivrance des Lieux Saints. Bientôt on ne considéra plus les choses avec la même simplicité qu'au temps où Pierre l'Ermite prêchait la première Croisade. On l'a vu par les relations qui s'établirent entre nos chevaliers et les guerriers de Saladin, maints esprits, non aveuglés par le fanatisme, se rendirent compte que le bien ne se trouvait pas ici, le mal, là. On s'aperçut que les Sarrasins n'étaient ni des démons ni des barbares. « Les Templiers, a écrit Gérard de Nerval *(Les Illuminés),* furent, entre les Croisés, ceux qui essayèrent de réaliser l'alliance la plus large entre les idées orientales et celles du christianisme romain. » Admirablement placés comme ils l'étaient pour cela, ils s'avisèrent, les premiers, que l'Orient a ses vertus comme l'Occident les siennes, et qu'une synthèse des unes et des autres pouvait produire les meilleurs effets. Une entente, à tout le moins, avec les mahométans, qui eût fixé des limites à leur influence, dut leur paraître préférable à l'entretien d'une rivalité meurtrière et ruineuse. L'exemple de l'islamisme conquérant, où le pouvoir spirituel était l'esclave du temporel, ses divisions, l'anarchie même de ses maîtres, leur fut un enseignement dont ils dégagèrent la morale. Mais la profondeur de sa science les frappa, et la subtilité de l'éclectisme de ses élites. La Palestine, pôle mystique, charnière idéale entre deux mondes, était bien le lieu où l'entente pouvait se faire. Ne parlons pas de contamination, mais de prédestination. Ce nom des miliciens du Christ et du Temple de Salomon *(Milites Christi Templique Salomonici)* que prirent, aussitôt la création de leur Ordre, les Templiers, n'était pas seulement évocateur pour les chrétiens. S'il leur rappelait le Saint-Sépulcre, il rappelait aussi aux juifs et aux musulmans le Temple de Salomon (« la sagesse ») reproduit, d'ailleurs, sur le sceau du grand-maître ; il parlait, à la fois, aux fils de Sem, de Cham et de Japhet. Sanctuaire sacré pour les uns comme pour les autres.

« L'idée du Temple, plus haute et plus générale que celle même de l'Église, planait en quelque sorte par-dessus toute religion. L'Église datait, et le Temple ne datait pas. Contemporain de tous les âges, c'était comme un symbole de la perpétuité religieuse (...). L'Église est la maison du Christ, le Temple celle du Saint-Esprit », a écrit Michelet. Et c'est fort bien dit.

La conciliation ou la réconciliation du passé avec le présent et avec l'avenir, dans la grande pensée de l'Unité divine, c'est à cette tâche que les Templiers se sont attachés. Tâche éminemment paraclétique. A la faveur de la plus rayonnante lumière qui fut jamais, le christianisme, ils virent s'éclairer bien des points obscurs qu'on ne rejetait aux ténèbres définitives de l'erreur que par ignorance.

II

Hérésie ?

On connaît, par le résumé fait, à l'usage du peuple, de l'acte d'accusation dressé contre les Templiers, la nature des crimes qui leur étaient imputés. Qu'en faut-il raisonnablement penser ? Et d'abord, qu'y avait-il de vrai dans le chef de l'accusation : le reniement de notre Sauveur par les récipiendaires ? Lors de leur réception, qui avait lieu la nuit, toutes portes closes, dans les églises ou chapelles des commanderies, et à laquelle les membres inférieurs n'assistaient jamais, les chevaliers auraient été sommés de renier le Fils de Dieu et Dieu lui-même...

Sur ce point, les dépositions des inculpés devant les commissions d'enquête sont plus souvent contradictoires que concordantes. Tel Templier qui avait déclaré s'être entendu intimer l'ordre de renier Jésus-Christ et de marcher ou de cracher sur la croix, lors d'un premier interrogatoire, se dément, au cours d'un second. Il ne faut pas oublier que la plupart des aveux ne furent pas faits spontanément. Dans sa déposition, le 27 novembre 1309, Ponsard de Gizy, par exemple, affirme que les accusations articulées contre le Temple, à savoir qu'il reniait Notre-Seigneur et crachait sur la croix, étaient fausses, et que tout ce que lui et les autres frères avaient confessé là-dessus devant l'évêque de Paris, ils ne l'avaient confessé que contraints par le danger et la terreur, parce qu'ils avaient été torturés par Ployran de Béziers, prieur de Montfaucon, et Guillaume Robert...

Guillaume d'Arteblay dépose que Jean de Tournon, qui le reçut, le contraignit de renier le Christ et de cracher sur Son visage, attendu que les statuts de l'Ordre l'exigeaient. Or aucune des recherches faites n'a permis de trouver rien de tel dans lesdits statuts. Devant les commissaires, cependant, le même d'Arteblay affirme que Jean de Tournon, la réception licite accomplie, se retira et lui enjoignit de faire ce qu'exigeraient de lui Pierre de Cormeilles et Robert Picard, et que ceux-ci l'obligèrent à renier le Christ et à cracher sur la Sainte Face, en l'absence de Jean de Tournon. Les versions diffèrent.

Résistait-il aux exhortations, ou plutôt aux injonctions des Templiers qui l'accueillaient, le récipiendaire s'entendait menacer par eux des pires châtiments, jusqu'au supplice : prison, faim, privations de toute sorte, torture. On s'étonne qu'un aussi évident sacrilège ait été imposé à des néophytes auxquels on venait de faire prêter serment sur un missel ouvert aux pages où se trouvaient le canon de la messe et l'image de l'Homme-Dieu. Mignard se montre lui-même frappé par l'énormité de l'invraisemblance. Eh quoi ! ce sont ces mêmes chrétiens dont on a vu quatre-vingts de leurs frères se laisser occire par le soudan, à la prise de Saphad, plutôt que de consentir à abjurer leur foi, qui se révéleraient si prompts à se perdre par pusillanimité ? Pas un qui se soit révolté ou seulement repris ? Rien ne l'en eût empêché. Les postulants étaient libres, en effet, de se retirer jusqu'au dernier moment. Le cas de Thomas de Tocci de Toroldeby le prouve, qui déclare avoir craché non sur le Christ mais à côté, en pratiquant la restriction mentale, et s'être refusé à renier la Sainte Vierge. Il assure qu'il aurait quitté l'Ordre, sans la crainte de s'attirer la colère de ses parents... Faute d'avoir eu le courage de s'en aller, comme il en avait eu l'intention, Jean de Pont-l'Évêque prétend, de son côté, qu'il s'est empressé de confesser son crime à un Franciscain. Il ajoute, il est vrai, que pour toute pénitence le saint homme lui aurait infligé de jeûner le vendredi (en quoi il n'eût fait que se conformer à la règle commune) et à ne point porter de chemise pendant un an...

Jean Anglici atteste avoir renié Jésus trois fois, et trois fois craché, de bouche seulement, non de cœur *(ore, non corde).* Hugues de Bures de même. Néanmoins, s'il cracha sur la croix, il se refusa à la fouler aux pieds. Elle était figurée à terre, tantôt par deux morceaux de bois superposés, tantôt par la croix du manteau étendu sur le sol. On a promis à Bures de l'instruire, plus tard, de quelque chose. Il en est demeuré toujours ignorant. Pour Taylafer, de Gênes, il déclara n'avoir renié Dieu qu'à son corps défendant, et du bout des lèvres. Il a craché à côté de l'image du Christ, non dessus *(juxta, non supra).* Enfin, s'il a entendu dire que les frères marchaient sur la croix, il ne l'a jamais vu faire...

Mis dans l'obligation de renier, les uns eussent préféré être à cent pieds sous terre ou avoir le poing tranché. On ne faisait donc pas violence aux rebelles ? Les autres, une fois le sacrilège commis, ont eu hâte de s'en décharger la conscience en se confessant et ont même entrepris le voyage à Rome pour obtenir leur pardon. Voyez-vous ces soldats qui s'octroient de leur chef un congé de trois ou six mois ! Tel, après le reniement, est tombé en syncope, on l'a emporté hors du chapitre, près de rendre l'âme. Jean de Fullejo, quand il a prononcé les mots exécrables : « Je reney Dieu », les adressait en pensée au grand-maître : *Nego te.* « Ne t'affecte pas ; ce n'est qu'une moquerie » *(Non cures, quia hoc non est nisi quaedam trufa),* a-t-on répondu à

Raymond de Brignolles pour le rassurer comme il s'obstinait dans son refus de blasphémer, par peur de la damnation.

Mais la déposition de Gérard de Pasagio semble de plus grande portée. Ce frère déclare que « celui qui l'a reçu dans l'Ordre lui montra une croix de bois, et lui demanda s'il croyait que ceci fût Dieu. Il répondit que c'était l'image du Crucifié. Le frère Beaudoin lui dit : « Ne le crois pas, c'est un morceau de bois ; Notre-Seigneur est dans les cieux... » Cependant, le témoin ajoute : « Tous les vendredis on adorait la croix, les pieds déchaux, avec le plus grand respect, dans toutes les maisons du Temple. »

N'importe. Ce crachement sur la croix *(spuitio super crucem),* ce reniement du Rédempteur, on hésite à contester formellement qu'ils aient été, sinon exigés, du moins sollicités, au cours de certaines admissions. Non de toutes. Simulacre de signification occulte, et qui parut plus qu'équivoque, entaché d'infamie aux croyants simples, lesquels avaient perdu le sens des symboles du premier christianisme, celui des catacombes, il y a lieu de croire, tout bien examiné, qu'il a dû être pratiqué comme tel. Des témoins l'ont déclaré, on leur disait quand ils rechignaient à accomplir le geste attendu d'eux : « C'est une épreuve pour voir si vous céderiez aux musulmans, au cas où, tombé dans leurs mains, vous auriez à choisir entre l'abjuration et la mort. » Ou bien : « C'est un rite, destiné à rappeler le reniement de saint Pierre. » Cela paraît fort vraisemblable. Comme cet Apôtre, qui fut cependant le premier des papes, le récipiendaire, en se présentant ainsi qu'un pécheur repenti, devait marquer son indignité par un acte de renégat. (A preuve le reniement imposé *trois fois* à Jean Anglici.) Dans la suite, il était d'autant plus haut élevé par l'Ordre qu'il s'était plus humblement abaissé, en pleine conscience de son acte. On opérait de la sorte une première sélection parmi les profès. La qualité de leur ferveur, le pouvoir et l'étendue de leur intelligence ou le degré de leur compréhension, on les mesurait à la réaction qu'ils accusaient devant la croix. « Si j'avais refusé de renier Dieu, dit avec naïveté celui-ci, on ne m'eût pas envoyé en Terre Sainte. J'aurais eu honte de retourner chez moi, quand j'avais pris congé de mes amis... » Mais combien de frères auxquels on a répondu, comme à Raymond de Brignolles, qui, candidement, s'indignait d'avoir à cracher sur la croix où à piétiner : « C'est une plaisanterie, un jeu » *(jocus)* ?

Retenons qu'Aimery de Villers-le-Duc, du diocèse de Langres, interrogé le 13 mai 1310, déclare aux commissaires qu'âgé de cinquante ans et frère depuis quatre lustres, il n'est devenu Templier qu'après avoir servi dans l'Ordre pendant huit ans... Qu'est-ce à dire, sinon qu'il arrivait, non seulement que des postulants fussent mis en observation, si l'on peut ainsi s'exprimer, avant d'être reçus chevaliers, mais que des chevaliers restassent toute leur vie étrangers à l'enseignement donné à certains d'entre eux par les membres qui formaient l'organisation intérieure du Temple ?... Souvenons-nous de la promesse faite à Hugues de Bures d'une révélation qu'il attendit en vain, sans doute parce qu'on ne le jugea pas digne de la recevoir...

Rien, toutefois, dans cet enseignement secret qui fût — il ne faut pas dire hostile, ce serait une absurdité —, mais contraire à celui de la religion chrétienne, et, d'abord, incompatible avec l'exercice de son culte. On est allé jusqu'à prétendre, sur la foi de certaines dépositions, que les prêtres du Temple feignaient de consacrer les hosties. Un chapelain de Beaucaire confesse qu'ayant reçu ordre de ne point prononcer les paroles sacramentelles sur le pain de la communion, il les a dites mentalement. A quoi bon, si les Templiers étaient impies, et que leur importait, dans ce cas, que l'on consacrât ou ne consacrât pas les hosties ? Mais pareilles assertions ne supportent pas l'examen. Partout où il a été possible aux témoignages impartiaux de s'exprimer librement, hommage a été rendu à la piété des soldats du

Christ. Des moines et des prêtres, étrangers à l'Ordre, ayant assisté aux offices des Templiers, affirment que leurs chapelains servaient la messe comme partout ailleurs. Ils n'ont rien trouvé à reprendre à leur attitude. Le gardien des mineurs de Dublin, qui a beaucoup fréquenté la Milice, n'en a vu qu'un des membres, nommé Guillaume de Warecome, se tenir la tête baissée au moment de l'élévation, au lieu de fixer les yeux sur le pain de la communion. Même remarque de la part d'un autre religieux, de Dublin également. Selon son dire, certains chevaliers paraissaient distraits, à ce qu'il assure. Péché véniel. Partout ailleurs leur onction frappe quiconque les approche.

Des mœurs uraniennes, attribuées aux miliciens et flétries par Saladin à en croire Nogaret, il serait vain de faire cas sans entreprendre de les rattacher à des rites orgiatiques, du genre de ceux jadis en usage dans les temples assyriens de Baal et d'Astarté. Or, personne n'a jamais prétendu que les Templiers aient adoré Belphégor-Priape ou telle autre divinité païenne du même genre. Les aveux honteux, arrachés à de rares chevaliers mis à la géhenne par les brodequins, suspendus par une corde, un poids aux pieds, les membres disloqués, ne sauraient rien prouver de nature à incriminer l'Ordre en général, s'ils répondirent à des réalités individuelles. Ils ne révèlent pas l'existence de cérémonies organisées. Les cas de souillure — à supposer qu'il s'en produisît — demeurèrent isolés. Il faut les porter au compte des faiblesses inhérentes à l'infirmité de l'humaine nature. On en retrouve d'analogues dans la plupart des communautés, et Michelet s'abandonne à son penchant à dramatiser quand il voit la conséquence d'une trop vive exaltation première dans les turpitudes commises, peut-être, par quelques chevaliers égarés. « La chute est grave, après les grands efforts, a-t-il écrit. L'âme montée si haut dans l'héroïsme et la sainteté tombe bien lourde en terre... Malade et aigrie, elle se plonge dans le mal avec une faim sauvage, comme pour se venger d'avoir cru. » Ceci est pur romantisme. Comment croire qu'en pleine prospérité, partout craints et révérés, les Templiers, qui n'étaient d'ailleurs pas confinés dans leurs commanderies, se déplaçaient sans cesse, au contraire et guerroyaient, aient été victimes de l'ennui du cloître, l'*acedia,* et se soient efforcés de s'en distraire par la sodomie ? Non seulement le Temple n'a pas recommandé l'homosexualité, mais il l'abhorrait. La répulsion qu'il éprouvait à son égard était telle que, de toutes les accusations portées contre eux, celle dont les miliciens se refusèrent avec le plus d'énergie à reconnaître le bien-fondé, fut précisément la pratique du « vice oriental », comme ils disaient, à cause de l'efféminement qu'il implique.

Dans l'information prise par l'évêque d'Elne, le précepteur de Mas-Deu, Raymond de la Garde, atteste que, d'après les statuts de l'Ordre, quiconque se fût rendu coupable d'un tel vice eût perdu l'habit et eût été condamné à la prison perpétuelle pour y finir ses jours « nourri du pain et abreuvé de l'eau de la tribulation ».

Invité par les commissaires à dire la vérité pour sauver son âme, Jean de Pollencourt déclare qu'il n'a jamais commis les « indécences » dont on accuse ses frères, s'il a fait des aveux frappant d'infamie leur conduite, devant les inquisiteurs, par crainte de la mort. Ponsard de Gizy, déjà nommé, proclame de même que la charge relevée contre l'Ordre de « donner licence aux frères de s'unir charnellement » *(inter se vivere carnaliter)* est fausse. Il ne l'a reconnue vraie, comme les autres, en présence de l'évêque de Paris, que contraint et forcé... Enfin, ainsi que l'a écrit Raynouard, « puisque les apostats déclarent qu'ils ont eu horreur de l'autorisation relative au dérèglement des mœurs (...), comment se fait-il que des amis appelassent des amis dans cet Ordre, que des parents y appelassent leurs parents, des oncles leurs neveux, des frères leurs frères, des pères leurs fils, et des fils leurs pères ? »

Mais cette histoire de rapports contre nature ne trouvait pas créance dans l'entourage de Philippe le Bel. Les agents du roi n'exigeaient point avec insistance des Templiers qu'ils salissent leurs mœurs quand ils avaient obtenu d'eux l'aveu du reniement de Jésus-Christ.

Ce qui semble avoir prêté une apparence de réalité à ce grief d'accusation, ajouté à d'autres pour donner plus de poids, d'étoffe au réquisitoire, le rendre plus impressionnant aux yeux du peuple, qui voyait l'influence du Diable dans la fornication d'homme à homme, c'est le cérémonial qui présidait à l'élection de certains chevaliers. Quelques détails de ce cérémonial ont dû filtrer jusqu'aux Templiers ordinaires, et le sens en être altéré, à cause d'une erreur d'interprétation. (La plupart des Templiers dont les déclarations font foi, en la matière, sont des servants —*servientes* — qui n'avaient pour bagage que des informations tronquées.)

Il est question, à plusieurs reprises, dans les dépositions des témoins de baisers obscènes que le récipiendiaire était exhorté à souffrir du chevalier qui l'accueillait ou qu'il devait obligatoirement recevoir de lui en marque de soumission — de *fraternité,* écrira Edgar Boutaric (*La France sous Philippe le Bel).* Ainsi, Déodat Japhet parle de « baisers déshonnêtes », et Gautier Johannis fait allusion aux « indécences » qu'on exigea de lui. On relève, d'autre part, le passage suivant dans l'ordre d'arrestation des Templiers, du 13 septembre 1307, signé par Philippe le Bel : « Ceux qui sont reçus demandent d'abord le pain et l'eau de l'Ordre, puis le commandeur ou le maître qui le reçoit le conduit secrètement derrière l'autel ou à la sacristie, ou ailleurs, et lui montre la croix et la figure de Notre-Seigneur Jésus-Christ et lui fait renier trois fois le prophète (...), puis il le fait dépouiller de sa robe, et celui qui le reçoit le baise à l'extrémité de l'échine, sous la ceinture, puis au nombril, puis sur la bouche... »

En lisant ces lignes, on est aussitôt frappé par les points choisis sur le corps du profès pour le placement des baisers dont il semble qu'il ne soit fait qu'une énumération incomplète. A l'exception de celui sur la bouche, en usage jadis, aussi souvent qu'on voulait donner garantie de féalité, ils correspondent, en effet, chacun, à un plexus : plexus sacré, à l'extrémité de l'échine ; lombaire, sous la ceinture ; mésentérique, au nombril. Nous avons sept plexus, ainsi que chacun sait : le solaire, le cervical, le brachial et le sous-diaphragmatique, outre les trois ci-dessus nommés. Ceux-ci baisés, le chevalier qui accueillait le récipiendaire ne devait pas s'arrêter en si bon chemin. Il honorait, sans doute, les quatre autres, comme il avait fait les premiers. Pourquoi ? Par révérence pour le chiffre sacré 7 (qui est le chiffre des possibilités de l'homme) et parce que, à chacun des plexus, correspond une de ces planètes que Dante assigne pour séjour, *post mortem,* aux bienheureux, c'est-à-dire aux saints que l'âme voyageuse rencontre sur la voie de l'Empyrée...

On se rappelle peut-être la hiérarchie des sphères, établie par *le poète du Paradis,* qui n'était pas suspect d'hétérodoxie. Qu'il en ait emprunté le symbolisme à une tradition dont la religion chrétienne s'accommoda à ses débuts, et qui tenait pour assuré que ce qui est en bas reproduit ce qui est en haut, le microcosme, le macrocosme, cela semble à peu près certain. Le plexus solaire se rapportait au soleil, comme juste, selon cette hiérarchie ; le plexus cervical, à Mercure ; le sacré, à Saturne ; le lombaire, à Vénus ; le brachial, à Mars ; le sous-diaphragmatique, à Jupiter ; et le mésentérique, à la Lune. La raison en paraît simple : les qualités étant connues que l'ésotérisme attribue aux différentes signatures planétaires, lesquelles trouvent leurs correspondances dans les fonctions physiologiques, réelles ou présumées des plexus.

« Le cœur est sous Apollon » (le soleil) énonce *la Science,* qui sait, comme Platon en a fait la remarque, que les dieux furent appelés *theoï* parce que les astres, ces coureurs éternels, les personnifient. A Mercure (l'Hermès trismégiste des Égyptiens), qui incarne la curiosité intellectuelle, devait légitimement être attribué le plexus cervical. A Saturne, le méditatif, le sacrum, base de la colonne sur laquelle s'est édifié le squelette ; Mars, qui met son bras au service de sa vaillance, ne pouvait être personnifié par un autre plexus que le brachial ; l'ardente Vénus par un autre que le lombaire. A la Lune, imaginative, versatile, rêveuse en ses lentes digestions gourmandes, devait être dédié le mésentérique : et à Jupiter, bouillonnant d'orgueil, vindicatif et sujet à de violentes colères, le sous-diaphragmatique.

Ces personnifications, la Grèce, qui les résuma en les six principales divinités de l'Olympe, Apollon, Saturne, Mercure, Mars, Vénus et Jupiter, et fit de sa mythologie une « philosophie en action » (Jules Andrieu), les reçut en héritage de la cosmogonie et de l'astrologie chaldéenne. Elle ignora seulement le type Lune (Diane n'étant que la sœur nocturne d'Apollon), transmis du Proche-Orient au Moyen Age par la Kabbale et la Gnose.

Dante, en *La divine Comédie,* attribue aux saints qui ont manqué à leurs vœux de tempérance et de chasteté le gouvernement de la sphère de la lune ; celui de Mercure aux bienheureux qui se sont laissés dominer par l'amour de la gloire terrestre. Les grands théologiens règnent sur le soleil ; les héros de la foi, sur Mars ; les justes, sur Jupiter ; les contemplatifs, sur Saturne. Vénus est réservée aux choristes célestes qui, durant leur passage, sur notre planète, se sont abandonnés à l'amour sensible...

De toutes les charges relevées contre les Templiers, la plus frappante pour l'imagination, la plus excitante pour la curiosité, à cause du mystère qui l'entourait, était celle du culte que censément ils rendaient à une idole dont on définissait mal l'aspect et dont on comprenait encore moins la signification.

L'acte d'accusation, publié par la Cour de Rome, porte :

ARTICLE 46 : « Que dans toutes les provinces ils (les Templiers) avaient des idoles, c'est-à-dire des têtes dont quelques-unes avaient trois faces et d'autres une seule, et qu'il s'en trouvait qui avaient un crâne d'homme. »

ARTICLE 47 et suivants : « Que dans les assemblées, et surtout les grands chapitres, ils adoraient l'idole comme un Dieu, comme leur Sauveur, disant que cette tête pouvait les sauver, qu'elle accordait à l'Ordre toutes les richesses et qu'elle faisait fleurir les arbres et germer les plantes de la terre. »

Dans ses instructions envoyées aux provinces, l'inquisiteur Guillaume de Paris ordonnait à ses agents d'interroger les miliciens sur « une ydole qui est en forme d'une teste d'homme à une grande barbe ». Mais les dépositions ne concordaient pas ; elles variaient, au contraire, sensiblement, de témoins à témoins, et se contredisaient même parfois. A en croire certains, c'était d'une tête barbue qu'il s'agissait ; d'une tête glabre selon d'autres. Ceux-ci parlaient d'une figure sculptée ou taillée ; et ceux-là d'un crâne d'homme. Quelques-uns certifaient avoir vu la bête du sabbat.

Regnier Larchant déclare, dans sa première déposition, s'être trouvé douze fois en présence de la tête de l'idole. Dans la seconde, il n'y fait même plus allusion... Mais qu'on suive les témoignages des accusés. Pour Jean Taillefer, du diocèse de Langres, c'est une « figure humaine » que l'on a placée devant lui sur l'autel de la chapelle lors de sa réception. Elle était peinte à la fresque sur le mur, selon Raymond Rubey. Raoul de Gizy s'exprime ainsi, à son propos : « J'ai vu la tête dans sept chapitres différents ; elle ressemble au visage d'un certain démon, d'un *Mauffe*[1] ; et toutes les fois que je jetais les yeux sur elle, un tel effroi s'emparait de moi que c'était à peine si je pouvais la regarder ; cette tête était adorée dans les chapitres. » Il déclare, dans une autre déposition, qu'on la tira d'un sac où elle se trouvait enfermée. Il ne se souvient plus, en revanche, si elle était de métal ou de bois, ou si elle était un crâne humain... La tête n'a pas été extraite d'un sac pour Jean Cassanhas, de Toulouse, elle était recouverte d'une « espèce de dalmatique ». On lui a dit, en la lui présentant : « Voilà un ami de Dieu qui converse avec Dieu quand il veut. Rendez-lui grâce de ce qu'il vous a conduit dans cet Ordre comme vous le désiriez. » Et voilà propos un peu puérils... Cassanhas croit qu'on appelait la tête *démon,* et qu'elle était de cuivre jaune. D'argent, avec une barbe d'argent, telle l'a vue de son côté Pierre d'Arbley. Gauzerand de Montpezat parle d'une idole dorée, ayant « la forme barbue » d'un homme. On l'assura qu'elle était faite « en figure de Baffomet » *(in figuram baffometi),* et qu'il pouvait être sauvé par elle et pas autrement. Raymond Rubéi déclare que l'image qu'on lui présenta était en bois et peinte, et qu'il vit le supérieur l'adorer en disant : « Y, Allah ! mot des Sarrasins » *(verbum Sarracenorum).* De bois, aussi, ont reconnu l'idole Arnaud de Sabatier, Guillaume de Herblay et Guillaume Bos, mais s'il sembla à ce dernier qu'elle était de couleur blanche et noire, Guillaume de Herblay la dit d'argent doré...

C'était une tête dans une niche pour Jean de Tournon, et, d'après Hugues de Perando, elle était montée sur quatre pieds, dont deux du côté de la face et deux par derrière. Elle

1. *Maufé,* orthographie Lavocat *(Procès des Frères de l'Ordre du Temple).* C'était le mot dont on se servait pour désigner, généralement, quelque chose de hideux, d'horrible à voir.

a trois visages[2] pour André Armani ; deux pour Guillaume d'Arteblay, aumônier du roi, qui assista à son adoration à Paris, par les chevaliers dont l'imprudence étonne. On a affirmé à cet ecclésiastique que c'était la tête d'une des onze mille vierges existant dans la chrétienté... Il n'en a rien cru pour la raison qu'elle portait une longue barbe d'argent sur une de ses deux faces, et qu'elle avait un aspect terrible. Tous ceux qui ont regardé l'idole ont été saisis d'effroi, c'est un fait. Sans doute ne la montrait-on que de nuit, à la lueur vacillante d'un unique cierge. Bernard de Selgues assure qu'à Montpellier où, selon la rumeur, la tête était gardée, le Diable, qui ne devait faire qu'un avec elle, lui est apparu sous la forme d'un chat, parlant aux frères. Bertrand de Sylva l'a aperçu, à la fois sous l'aspect d'un chat et sous celui d'une femme. D'un porc, rectifie Eudes Baudry, qui parle d'une figure d'airain. D'un veau hasarde-t-on encore. Le chat — que Jean de Nériton vit d'un pelage « gris pommelé » — promettait des moissons abondantes aux Templiers, de l'argent de l'or, la santé, tous les biens temporels. Leur capuce ôté, les frères, après avoir baisé l'idole « comme on baise les reliques », et lui avoir dit : *« Deus adjura me »,* s'étendaient à terre pour l'adorer. Un frère commande aux autres dans un chapitre : « Adorez cette tête, c'est votre Dieu, c'est votre Mahomet » *(Istud caput vester Deus est, et vester Mahumet).* Il fallait que ses yeux fussent étincelants. Une vieille momie, « aux yeux brillants comme la claireté du ciel », précise un témoin : des pierres précieuses « qui illuminaient le chapitre », selon Lovecote.

Ici on note que le monstre a des cheveux noirs et crépus ; là, le chef pelé. Il est non seulement tantôt glabre et tantôt barbu, mais les deux ensemble. (Une face imberbe, à l'européenne, l'autre ornée d'un collier de barbe à la mahométane ?) Il ne s'agit que d'une suggestion, mais qui

2. Certains frères lui en attribuent même quatre.

renforce l'hypothèse du rêve fait par le Temple d'une entente entre l'Orient et l'Occident. Car on ne saurait délibérément nier, malgré qu'on en ait, que des figures symboliques se soient trouvées dans certaines maisons de l'Ordre, et qui furent entrevues seulement par les non-initiés, révélées par hasard à leur curiosité indiscrète. D'où les dépositions contradictoires. Il se peut, d'ailleurs, qu'il y ait eu divers types de Baphomets, de caractères et de significations différentes... Qu'on n'en ait découvert qu'un, en tout et pour tout, au chapitre de Paris, durant les perquisitions qui furent faites dans les commanderies, milite en faveur de leur réalité au lieu d'en infirmer l'existence. Il aurait été si facile aux agents du roi d'en répandre des spécimens où ils l'eussent voulu, et qui se fussent trouvés conformes à la description qu'on en eût faite à l'usage des témoins. Mais justement, Nogaret et ses complices demeuraient perplexes quand à l'aspect à donner à cette image pour la rendre éloquente, c'est-à-dire accusatrice. Celle que Guillaume Pidoye, administrateur et gardien des biens du Temple, mit à Paris sous les regards des commissaires chargés de l'instruction du procès, n'était guère caractéristique. Il s'agissait d'une grande idole dorée, représentant un buste de femme, contenant (car elle était creuse) un crâne enveloppé de « syndron rouge » et portant une étiquette usée où on lisait : *Caput* LVIII m. (tête 58). Quel genre de femme était-ce, et de quels attributs dotée ? Nous n'en savons rien. Fut-ce une réduction de cette énigmatique figure qu'avait glissée sous son vêtement le chevalier qui reçut Pierre Girald de Marsac ? Le récipiendaire affirme que ledit chevalier tira de dessous son habit « une petite image de femme » et lui dit que « tout lui tournerait bien » s'il plaçait en elle sa confiance. Il la remit ensuite contre sa poitrine, là où elle était auparavant. De description de ce fétiche, aucune, en tout cas.

Le pouvoir talismanique que les Templiers auraient attribué au Baphomet semblerait confirmé par le fait qu'il est question dans leurs témoignages, de cordelettes de fil blanc dont on avait entouré la tête de cette idole, et que leurs initiateurs leur remettaient afin qu'ils s'en ceignissent les reins. Il faut distinguer tout de suite, entre cette cordelette et la cordelière de l'Ordre, emblématique de la chasteté, que saint Bernard avait autorisé les miliciens à porter. Reconnaître, en outre, que les Templiers conservaient dans leurs commanderies des images auxquelles ils attribuaient une valeur idéologique et peut-être même positive, n'implique point qu'ils étaient sortis du christianisme. Les cotereaux, les Beghars, les Vaudois, les Cathares furent des hérétiques. On connaît leurs doctrines qu'ils professaient d'ailleurs *ex cathedra* pour se recruter des adeptes, les uns faisant la guerre au culte extérieur, les autres prêchant l'inspiration individuelle et la poursuite de l'extase... Rien de tel chez les Templiers. Qu'enseignaient-ils ? Leurs ennemis l'ont ignoré. Leur enseignement était-il destiné à demeurer toujours occulte ? L'eussent-ils rendu public le jour où leur triomphe se fût trouvé assuré ? Il est possible. Qu'on songe que, durant plusieurs siècles (jusqu'au temps de Constatin) l'essentiel de la doctrine chrétienne est demeuré chose celée.

« C'est un fait, a écrit Burnouf dans *La Science des Religions,* que dans les premiers temps du christianisme il existait une doctrine secrète, transmise par la voie de la parole et en partie peut-être (en très infime partie)[3] par l'écriture ; cet enseignement mystérieux excluait d'abord ceux qu'on appelait *catéchumènes,* c'est-à-dire les païens convertis, mais non encore instruits dans les choses de la foi et n'ayant pas reçu le baptême. Une fois chrétiens, ils

3. Un des Pères de la primitive Église, saint Basile, dit : « Nous recevons les dogmes qui nous ont été transmis par écrit et ceux qui nous sont venus des Apôtres sous le voile et le mystère d'une tradition orale. Ce qu'il est défendu aux non-initiés de contempler, conviendrait-il d'en écrire et de le répandre dans le public ? »

n'étaient pas pour cela initiés aux plus profondes doctrines, car celles-ci se transmettaient en quelque sorte de la main à la main entre les hommes dont la foi était la plus ardente ; à ce titre, ils pouvaient devenir docteurs à leur tour, instruire et diriger la masse des fidèles. Sur quels points de doctrine portait le mystère ? C'est une question qu'il est impossible de résoudre *a priori* et que l'étude des textes peut seulement éclaircir : on est néanmoins en droit de penser que le voile du secret couvrait, comme les mystères d'Éleusis, les parties plus profondes de la science sacrée et celles qu'il eût été le plus dangereux de découvrir à tous, au milieu du monde païen, dans une société chrétienne composée de personnes pour la plupart ignorantes... »

Pour les Templiers, faute de pouvoir les convaincre de répandre une hérésie, leurs adversaires se sont trouvés dans l'obligation de faire d'eux des idolâtres et des apostats. Ils n'auraient abjuré la religion de leurs pères que pour devenir mahométans. Mais de deux choses l'une : s'ils adorent une idole comme on leur en fait grief, il leur est impossible d'appartenir au mahométisme qui répudie de la façon la plus formelle le culte des images. « O croyants !... les statues sont une abomination inventée par Satan », peut-on lire dans le Coran, lequel déclare que, de tous les péchés, l'idolâtrie est le seul qui ne trouve pas grâce devant Dieu.

Admettre que les Templiers aient montré de la compréhension, de la sympathie même à l'égart des musulmans, tenir compte de ce qu'ils ont pu s'assimiler leurs pensées, de leurs mœurs, n'engage en aucune manière à supposer qu'ils aient abandonné la Croix pour le Croissant.

Vers le temps (1813) où Raynouard livrait au public son apologie des Templiers — cinq ans plus tard exactement —, un archéologue autrichien, Hammer-Purgstall, publiait un ouvrage intitulé *Les mines de l'Orient, Le mystère des Templiers révélé (Fundgruben des Orients, Mysterium Bapho-*

meti revelatum), où il s'ingéniait à prouver que la Milice avait adopté la doctrine et pratiqué les rites des gnostiques ophites. A l'appui de son argumentation, il invoquait quatre statues, naguère conservées au musée impérial de Vienne, et que l'on assurait avoir été trouvées dans les maisons des Templiers de cette ville ou de ses environs.

Quoi de vrai dans une telle affirmation ? Comment admettre qu'on ait attendu cinq siècles après la destruction de l'Ordre pour s'aviser de l'existence de ces images ? Non que leur authenticité soit douteuse. Il s'agit bien là d'idoles gnostiques, de caractère valentinien dégénéré et Wilke (*Geschichte des Tempelherrenordeus*), qui réfuta la thèse de Hammer-Prugstall, s'est trompé en concluant en faveur de l'enseignement d'une doctrine secrète, au sein de l'Ordre, fondée sur l'unitarisme de l'Islam, puisque, encore une fois, les musulmans sont iconoclastes, et qu'on ne voit ni statues ni peintures dans leurs mosquées.

Que représentent, cependant, ces images ? La plus importante est un personnage en pied, revêtu d'un costume ayant des analogies avec celui des pharaons. Il porte la barbe, et il est coiffé de cornes recourbées comme un Hermès. Une ample ceinture l'enveloppe, du haut des cuisses au diaphragme ; mais entre elle et l'ouverture de son manteau, dont les bords sont écartés, apparaissent deux mamelles flasques sur son torse nu. On remarque une inscription, en caractères arabes, sur ses bras pendants.

Les trois autres statues ne sont qu'à mi-corps, le bas des personnages qu'elles figurent se trouve pris, à partir du pubis, soit dans une gaine de dieu-terme, soit dans une sorte de stèle. Elles sont entièrement nues, mais le support de pierre dans lequel elles se trouvent enchâssées empêchent de voir à quel sexe elles appartiennent. Leur hermaphrodisme ou leur androgynat semble attesté, néanmoins, par l'ornement pileux, de nature virile, de leur menton, et la forme bien féminine, quoique sans grâce, de leurs seins.

L'une, au visage en forme de triangle (la pointe en bas), a le crâne sommé d'une paire de cornes embryonnaires, qu'on retrouve sur un masque gravé à hauteur de son ventre. Toutes portent, comme la figure en pied le long de ses bras, des inscriptions, soit sur la gaine soit sur le socle où elles se dressent et dont leur buste sort.

L'art en est sommaire, presque grossier, comme la graphie des inscriptions que Probst-Biraben et Maitrot de la Motte-Capron se sont donné la peine de déchiffrer : « Notre-Seigneur irradiant de notre feu, fils de ... » — « ... de notre Église immense de charité » — « Notre-Seigneur l'Esprit (l'âme) Saint (de Feu) » — « Il ou elle est immense » — « Dieu sait, Dieu est plus savant » — « Il est notre roi puissant » — « Le seigneur Kouïder (celui qui trouble). »

Rien de très significatif dans tout cela, si ce n'est l'allusion à l'irradiation du feu et de la bi-sexualité des personnages, de caractères gnostiques. On se trouve en présence de représentations d'*éons*, selon toute vraisemblance, c'est-à-dire d'émanations divines, intermédiaires entre le Créateur et la créature, selon la pneumatologie de la Gnose, et d'origine ophite probablement, ce qui donne raison à Hammer-Purgstall, quoique Probst-Biraben et Maitrot de la Motte-Capron voient dans deux au moins des statues des produits de l'école persane...

Mais on chercherait en vain en ces images (qui peuvent être d'époques différentes) quoi que ce fût qui correspondît aux descriptions faites par les Templiers des figures baphométiques qu'on leur aurait révélées. Pas un témoin, en particulier, qui ait parlé de monstres barbus affublés de mamelles, anomalie frappante, pourtant. Or l'androgynat des éons était un des articles de foi de la Gnose. A la fois masculins et féminins, ils représentaient l'être dans l'intégralité de sa nature, et se suffisant à lui-même, comme il fut à l'origine, avant son incarnation terrestre. Mythe d'une haute antiquité, et que l'on retrouve encore dans *Le Banquet* de

Platon : « L'amour nous ramène à notre nature primitive ; en ne faisant qu'un de deux êtres, il rétablit la nature humaine dans son ancienne perfection... »

Le problème que Mignard a soulevé en étudiant les coffrets dits « du duc de Blacas » n'apporte pas plus la solution de l'énigme des idoles baphométiques que les statues du cabinet de Vienne. On a cherché à voir la reproduction des cérémonies templières dans les ciselures du premier de ces coffrets ou plutôt de ces petites boîtes qui furent trouvées en Bourgogne et en Toscane, en des lieux donc fort éloignés l'un de l'autre, bien après le procès de l'Ordre : scène de bestialité, adoration du Baphomet, festin, apothéose du chevalier, célébration du culte du Veau d'Or. Le beau roman qu'on bâtissait là ! Probst-Biraben et Maitrot de la Motte-Capron, qui ont étudié de près ces images, se sont fait un jeu de démontrer, avec force détails, qu'elles retracent « une image extrêmement rare de la thériaque[4] avec des précisions qu'on est tout étonné de trouver là, données avec un art et une connaissance réellement surprenants des façons de faire les dosages et même de la durée des diverses manipulations... Ce qu'on a dit une scène de bestialité, écrivent encore les deux érudits, est tout simplement la représentation assez humoristique des procédés de Nicandre de Colophon... »

La seconde boîte montre un hermaphrodite non sans ressemblance avec les statues de Vienne par le caractère viril de ses traits et sa barbe, ses seins et son sexe féminin. Elle appartiendrait pour cette raison à une autre époque que la première et serait d'inspiration gnostique. Toutefois, les figures alchimiques qui l'ornent (étoiles à sept branches, astres, etc.), conjointement au tracé de l'hermaphrodite, permettraient de lui attribuer une origine espagnole ou

4. Composition propre à guérir les morsures d'animaux venimeux.

italienne, et de penser qu'elle cache une de ces formules utilisées par l'hermétisme dans sa poursuite du grand œuvre.

Restent les explications que l'on a données du mot Baphomet. On l'a orthographié de diverses manières : Baphomet, Bafumet, Bahomet, Bahumet, et fait dériver du nom de Mohammed selon la loi du moindre effort, qui a du bon. Avec davantage d'ingéniosité, on s'est demandé s'il ne venait pas phonétiquement de Mauffe, Maufé, locution courante au Moyen Age pour désigner le diable. Mais c'était revenir à l'étymologie première, puisque les Croisés donnaient communément au prince des ténèbres le nom, plus ou moins estropié ou défiguré, du prophète des infidèles... Il se peut que les postulants Templiers aient ainsi désigné l'idole imposée ou proposée à leur adoration, dans les chapitres où ils étaient reçus. De plus savants chercheurs ont tiré Baphomet de *Baphé* qui, en grec signifie baptême, et de *Meteos,* initiation. Étymologie contestable. Hammer-Purgstall voit dans l'emploi de ce mot la preuve de l'influence des doctrines orientales sur les Templiers et de leur affiliation à la Gnose. Le baptême gnostique était un baptême du feu, il est vrai. Il se faisait, non par l'eau lustrale, mais par le renouvellement, au bénéfice du catéchumène, de la descente de langues de flammes qui s'était produite pour les apôtres.

Dans le domaine des conjectures où tout ceci nous entraîne, il n'est pas déraisonnable de supposer que les images baphométiques du Temple se présentaient sous l'aspect d'une sorte de Janus (l'inventeur de la monnaie, selon Athénée et Macrobe) une face tournée vers l'avenir, l'autre vers le passé, ou encore, celle-ci regardant vers l'Orient, celle-là vers l'Occident[5]. La première était rasée

5. Impossible de trouver trace de manichéisme dans une telle figuration. Tous leurs actes l'attestent, les Templiers n'ont jamais donné dans l'absurdité qui attribue au Mal une puissance égale à celle du Bien. Le Mal n'est que dans *la conscience* que l'on a du Bien. Si l'idée du Bien absolu est concevable, celle du Mal absolu ne l'est pas.

comme nos chevaliers la seconde, barbue comme les Sarrasins.

Quand on sait, comme il sera rappelé par la suite, que le patron des Templiers était Jean, le Baptiste, on peut penser qu'il s'opposait, dans la figuration présumée, par l'idole, des civilisations chrétienne et musulmane, à Mohammed (Mahomet) le prophète de l'Islam.

Qu'on écrive, et mette maintenant, côte à côte, les noms du saint et de l'auteur du Coran :

Baptiste — Mahomet

on obtient, par contraction, en biffant — *après la troisième* — un nombre de lettres égal au *chiffre sacré sept,* au milieu de ce mot composé, l'énigmatique vocable :

Baphomet

La suggestion vaut ce qu'elle vaut. Nous rapproche-t-elle de la vérité ? Pourquoi pas...

III

L'enseignement intérieur du Temple

Il est un point qu'il faut prendre garde de ne pas oublier, quand on se propose d'approfondir la question des Templiers, c'est que ces défenseurs des Lieux Saints furent non seulement des chrétiens, mais des catholiques. Ils sont convaincus, comme le concile de Latran l'a proclamé le 11 novembre 1215, qu'« il n'y a qu'une Église universelle hors de laquelle personne n'est sauvé ». Partout ils donnent de leur piété des signes évidents. Trois fois par an, ils se consacrent à l'adoration de la croix, en grande procession, la tête découverte et faisant plusieurs stations pour dire, agenouillés, à haute et intelligible voix : *« Ador te Crist, et benedise te Crist, qui per la sancta tua crou resemit. »*

Nulle hypocrisie dans ces manifestations unanimes. Et comment, au fort des batailles, pourraient-ils charger avec tant de fougue en invoquant Dieu, son Fils, s'ils n'y croyaient pas de toute la ferveur de leur âme ? La croix demeure pour eux le symbole qui apparut à Constantin et conduisit à la victoire son armée : *« In hoc signo vinces ! »*

Leur charité est exemplaire. A toutes les veilles des grandes fêtes ils distribuent en boules le pain aux pauvres, et libéralement, prodiguent l'argent pour les infirmes. Lors d'une de ces effroyables famines qui désolaient périodiquement le Moyen Age et où l'on voyait les paysans errer comme des fantômes par les campagnes, ronger des racines, piler l'écorce des arbres avec les os des morts arrachés à leur sépulture, les Templiers de la commanderie de Renneville firent, en un seul jour, l'aumône à onze mille cent vingt misérables. Et ce geste n'est pas isolé ; en toute occasion il se renouvelle.

Captif, Molay se lamente de ne pouvoir faire ses dévotions, communier. Nombre de ses frères de même, pour qui « le corps et le sang de Jésus-Christ sont véritablement contenus dans le sacrement de l'autel » et qui languissent d'être privés du pain de vie... Tous paraissent imbus de l'orthodoxie la plus rigoureuse. Après Jean-Baptiste, leurs patron et patronne sont saint Polycarpe de Smyrne, qui s'était attaché, jeune, au Précurseur, et sainte Euphémie de Chalcédoine, l'un et l'autre martyrs de leur foi. Ils les honorent d'édifiante manière ; et jamais on ne contesta qu'ils aient apporté au déroulement des rites des modifications qui prêtassent à une équivoque quelconque. Nul n'eût osé, avant le procès, les accuser d'être des dissidents, encore moins des hérésiarques.

S'il existe, comme il convient de le dire maintenant, une doctrine secrète à l'intérieur du Temple, elle se trouve tout à fait à son aise dans le cadre du dogme, dans le giron de l'Église au nom ou sous l'égide de laquelle elle s'est lentement élaborée. Interprétative de ses textes, elle n'en sape aucunement les assises. Du maître de Samos dont l'enseignement ne fut pas perdu pour eux, les Templiers ont retenu cette injonction consignée dans les *Paroles d'Or :* « Les dieux immortels, tout d'abord, ainsi qu'il est fixé par la loi, honore-les... » Et Pythagore ne parle pas seulement, ici, le langage de la prudence. Notre vérité divine, c'est celle du pays où nous sommes nés, de notre groupe ethnique, celle que notre hérédité et notre sensibilité, notre façon de comprendre la vie nous préparèrent à recevoir. Et de religion, en est-il une plus belle, de portée plus étendue que la catholique ?...

Enfin, l'association de l'idée d'hérésie à celle de chevalerie est chose inconcevable au Moyen Age, la chevalerie étant une institution essentiellement chrétienne. Le respect de la religion est la première des vertus que pratique le défenseur de la veuve et de l'orphelin, du faible et du malade. Gardien de la tradition, il ne saurait agir que dans la règle, servir que dans l'obéissance. C'est de l'extérieur (de l'Asie) que viennent les éléments hérétiques qui contaminent la noblesse du Midi de la France, au XIIIe siècle. La rigueur chevaleresque s'est muée en gentillesse courtoise dans cette civilisation brillante, italique et arabe, trop proche de la Méditerranée, où il n'y avait plus — au lieu de féodalité — qu'une aristocratie amollie, efféminée...

On a accusé les Templiers d'être des gnostiques ; mais on a négligé, ce faisant, de tenir compte que, sous l'étiquette « gnose » se trouvent rassemblées bien des notions hétéroclites, sans rapport les unes avec les autres, et parfois même inconciliables. Aussi bien pourrait-on dire qu'il n'y a pas une gnose, mais des gnoses dont les enseignements divers s'étendent sur des siècles et des peuples très différents. Ils ont une base commune à ce qu'il semble : le pythagorisme, d'essence hellénique. Néanmoins, ce pythagorisme varie selon les nuances qu'y apportent les éléments judaïques, égyptiens, arabes, persans, qui le surchargent.

Palestinienne à son origine, Matter voit la Gnose se diviser en trois branches : la syriaque, l'égyptienne et l'asiatique, et se ramifier encore en petites écoles, sorties des sectes d'Égypte. Il faut chercher là, dans son inépuisable individualisation, la cause de son mal. Ses adeptes accusent de plus en plus la tendance à se suffire à eux-mêmes, pour assurer leur salut. Elle se trouve mêlée à la goétie, s'entache de magie noire, en dégénérant.

Son ambition première, comme son nom l'indique (*gnôsis* veut dire connaissance) était de rendre accessible à l'intelligence le grand Mystère. Elle enseignait à ses zélateurs que tous les êtres spirituels émanent d'une seule lumière, qui est Dieu. Toutefois, la créature ayant transgressé la loi, son âme ne réintégrera le sein de l'Unique qu'au terme d'une lente épuration progressive. La nature est bonne, puisqu'elle est l'œuvre du Créateur ; elle a été gâtée, non par la civilisation (comme le croira Rousseau), mais par le péché, autrement dit l'éloignement et l'oubli de notre origine divine. Le salut est promis à l'âme si, au lieu de les en détourner pour se laisser séduire par les apparences, elle fixe ses regards sur celui dont elle vient. Les gnostiques croient à la faute originelle ; leur doctrine est donc fondée sur l'idée du rachat, de la rédemption.

Mais il n'est pas du propos de ce livre de définir le gnosticisme, sur lequel, du reste, on ne possède guère d'autres renseignements que ceux fournis par ses adversaires, les auteurs chrétiens (les Pères), et qui sont entachés, bien entendu, de partialité. Il suffit de dire, pour l'éclaircissement des principes sur lesquels les Templiers vécurent, que sa tendance était nettement éclectique. Réconcilier la pensée de l'Occident avec celle de l'Orient, et vice-versa, voilà à quoi il visait. Ses tenants raisonnaient ainsi : les Hellènes n'ont qu'une mythologie et s'enlisent dans le scepticisme le plus vain, le plus stérile ; les Juifs ignorent la sagesse suprême parce qu'ils n'ont reçu la loi que d'un démiurge ; enfin, l'Église, qui détient la Vérité, a vu, par la faute de l'incompréhension des Apôtres, ses disciples altérer les textes qu'eux-mêmes leur avaient laissés...

Dépouillée des adjonctions parasitaires qui, par la suite, l'ont dénaturée, la Gnose apparaît, à bien voir, d'inspiration non pas païenne, mais chrétienne, ou plutôt elle est de la même essence que le christianisme en qui elle reconnaît la révélation même de l'Esprit — si elle ne se confond avec lui.

A une époque où les certitudes de l'Église étaient encore assez lâches ou flottantes pour laisser quelque marge aux interprétations, les limites imposées par le dogme ne durent pas être de nature à la gêner. Elle ne présente, toutefois, aucun des caractères de ce qu'on appellera le protestantisme. Elle n'est point protestantisme avant la lettre. Son imagination le lui interdit ; Elle est ensemble trop mystique et trop sensible pour qu'on la dise évangélique. Cette liberté, qui rend tout frémissant le christianisme à peine sorti de la phase initiatique où il élabora sa doctrine, c'est en la Gnose qu'elle se montre le plus impatiente. Ses fidèles, qui s'apparentent aux Esséniens, se font remarquer par leur ascétisme. Aussi, Clément d'Alexandrie les tenait-il pour si honorables qu'il attribue leur nom aux bons chrétiens dans ses *Stromates :* « Heureux, s'écrie-t-il, ceux qui vivent dans la sainteté de la Gnose ! » Les cinquième et sixième livres de ces mêmes *Stromates* roulent tout entiers sur la perfection gnostique. On y peut relever notamment ceci : « Celui qui a mérité le nom de gnostique résiste aux séductions et donne à quiconque demande. »

On se tromperait, toutefois, si l'on déduisait de là que les gnostiques aient appartenu nominalement, même au début de leur existence, au christianisme. Quoique le plus considérable de leurs représentants ait des parties de chrétien, il n'en a pas trahi la foi après l'avoir reçue. Pour être infidèle à l'Église, il eût fallu qu'il la servît d'abord. Il n'en est pas sorti, n'ayant jamais fait partie, que l'on sache, de son corps militant[1]. Les gnostiques ne se soumettaient pas aux idées chrétiennes ; mais ils ne les battaient pas non plus en brèche. Parce qu'un Simon le Magicien niait la divinité de Jésus-

1. Tertullien le qualifie de platonicien. Il eut le tort de quitter, pour Rome, Alexandrie, où il enseignait, et où l'éclectisme était en faveur. L'esprit d'unité, qui régnait dans la capitale de l'Empire, lui fut fatal. On le traita avec rigueur et la dissidence se mit parmi ses disciples.

Christ, ce n'est pas une raison pour faire partager à tous les gnostiques son incrédulité.

Il a existé une Gnose, mettons de nuance chrétienne, très accentuée, qui procédait de ce même Valentin (si près de saint Paul), dont E. de Faye a écrit qu'il fut un « moraliste chrétien et un spéculatif de haut vol » *(Gnostiques et gnosticisme).*

C'est à cette Gnose que les Templiers se rattachent lointainement ou dont ils ont recueilli quelques-unes des leçons. Ce sont celles de Clément d'Alexandrie, cité plus haut, et disant que la philosophie hellénique est — au même titre que l'Écriture Sainte — une manifestation du Verbe. Ce sont également celles d'Origène déclarant que « la loi naturelle est plus près de l'Évangile que la Loi, à moins que la Loi ne soit interprétée spirituellement »...

La Gnose n'a pas, à proprement parler, le caractère d'une religion, encore moins d'une philosophie ou d'une ontologie. Elle est une révélation dont la source remonte en Chaldée et en Perse, on a même dit jusqu'à l'Inde — au-delà de ces pays du Moyen-Orient où la foi s'égara, se perdit comme un ruisseau dans les sables, en les cultes de Baal (le Soleil) et de Belphégor (le Phallus). Les gnostiques s'attribuaient le privilège de détenir une science émanée directement de Dieu : « Celui qui a été, est, et sera », comme disait Simon le Magicien. Cette science leur avait été transmise de génération en génération, par une race élue pour sa sainteté.

Historiquement, la Gnose apparaît donc comme une effervescence de la Tradition ; elle marque un moment de son évolution, c'est-à-dire de sa transmission, d'âge en âge, par le canal d'une élite — du moins convient-il de l'entendre ainsi pour comprendre qu'il ait pu s'en retrouver quelque chose dans l'enseignement intérieur ou initiatique du Temple. Mais pour parler du gnosticisme des Templiers, il faudrait qu'il eût existé une Gnose active à l'époque où ils vécurent. Or la secte avait disparu, les membres de son corps militant s'étaient dispersés depuis longtemps, au XIIe siècle, quand l'Ordre fut fondé[2]. Preuve qu'il s'agissait pour les miliciens éclairés de tout autre chose que d'une doctrine, au sens strict du mot, c'est qu'on n'en a recueilli aucun témoignage probant. Le Temple n'a rien écrit ni professé, et ceux des frères qui — lors du procès — auraient eu des révélations à faire n'ont rien dit. Toute religion, toute philosophie occulte ont tendance à passer de l'ésotérisme à l'exotérisme. Leur secret, si bien gardé qu'il ait été d'abord, finit toujours par être divulgué, il se laïcise en se sécularisant. Pour les Templiers, qui n'étaient instruits qu'*oralement,* ils n'ont jamais rien laissé transpirer des vérités qu'ils détenaient. Ils ne se sont faits propagandistes que d'idées de caractère social et politique fondées sur la solidarité, le compagnonnage.

Aucun signe extérieur à quoi l'on reconnaît l'autorité du chef spirituel, chez les Templiers ; point de grand-prêtre parmi eux, en apparence du moins, ou de grand-pontife qui officie. Ceux qui *savent* ne sont pas nécessairement ceux qui, aux yeux des profanes, devraient savoir. Rien ne les désigne à l'attention. Le grand-maître, en particulier, on l'a vu par Jacques Molay, peut n'être qu'un soldat peu ou pas lettré, encore moins nourri de notions transcendantes.

Wilke *(Geschichte des Tempelherrenordeus)* proclame la piété des Templiers, en général, mais suppose, au sein de leur organisation, l'existence d'une doctrine secrète « introduite par le clergé » et réservée aux membres les plus intelligents de l'Ordre. Et qu'il y ait eu dans celui-ci des hommes éclairés, instruits, bien supérieurs, intellectuellement, aux chevaliers qui ne furent que de vaillants chrétiens, on n'en saurait douter quand on voit les défenseurs qu'ils ont délégués se débattre dans les mailles du procès,

2. Éon de l'Estoile, dont le nom rappelle la pneumatologie de la Gnose, reste un isolé.

argumenter en légistes contre les subtilités de leurs juges.

Pour Jean Marquès-Rivière « un groupe exista, au sein des Templiers, qui possédait des buts secrets de puissance, soutenus par un ésotérisme rigoureux ». Cette opinion est aussi celle de Probst-Biraben et Maitrot de la Motte-Capron, qui ont écrit que le Temple « visait avant tout à une puissance d'hégémonie », et qui ont parlé, d'autre part, d'une séparation existant chez lui en « Templiers exécuteurs des ordres, hommes d'action, incomplètement au courant des affaires de l'Ordre », et en « Templiers directeurs, peut-être même chefs apparents et chefs secrets, possédant inégalement encore les vues d'ensemble du grand-maître réel ».

Mais il y a davantage à dire.

On a comparé la hiérarchie des Templiers à celle des Fatimistes. Toutes deux, cependant, procèdent des pythagoriciens. Point d'associations secrètes qui ne dérivent de la même source : les mystères d'Égypte. Les lois rigoureuses du maître de Samos, qui étudia sur les bords du Nil, sont en grande partie inspirées par les règles des prêtres de Memphis. Les épreuves que faisaient subir les vrais maîtres du Temple à ceux des chevaliers qu'ils voulaient élever à la qualité d'adeptes, durent être par bien des points pareilles à celles que Pythagore imposait à ses disciples : mise en observation du postulant, étude de sa physionomie, de son caractère, de ses discours, de son aptitude à sentir la lumière de l'éternel silence. Ce n'était qu'au bout d'un assez long temps qu'on lui révélait, et avec quelle prudence ! en la distillant, la doctrine sacrée. L'école se divisait, d'ailleurs, en trois catégories : les *écoutants,* auxquels on enseignait des principes de morale et la pratique de l'entr'aide ; les *cénobites,* instruits de lois philosophiques et des bienfaits de la vie en commun ; les *initiés,* enfin, ou *mystes* dont on ouvrait l'esprit à la connaissance des grands mystères. Aussi bien, le vêtement blanc des chevaliers de l'Ordre ne serait-il pas celui des disciples de Pythagore, qui furent, eux aussi, persécutés par un tyran, curieux de connaître leur secret, Denys de Syracuse ?... On incline d'autant plus à le croire que l'insigne patriarcal du grand-maître, l'*abacus*, à pomme plate, sur laquelle était gravée la croix de l'Ordre, rappelait — on a eu l'occasion d'en faire la remarque — le bâton pythagoricien[3]. Mais l'importance que les Templiers attachaient aux nombres, sur quoi l'enseignement de Pythagore est fondé, se montre partout dans ce que l'on connaît d'eux. Comme les pythagoriciens, ils voient dans le déchiffrement du *Tetraktys* — la toute-puissante décade — le moyen le plus sûr de rendre la nature intelligible. Le Moyen Age ne connaissait que le pythagorisme allégorique, c'est-à-dire conventionnel. Les Templiers l'interprètent symboliquement. Ces banquiers (par nécessité politique) savent en faire un langage. La mythologie de Pythagore a un caractère cosmosophique, et c'est ainsi qu'un de ses initiés, le même Clément d'Alexandrie, cité plus haut, assimile la lune au masque de Gorgone, dans ses *Stromates*...

Par les nombres, les images de Pythagore ne sont point des figures employées comme signes d'autres choses, elles sont, à la fois, la signification concrète de valeur et celle, abstraite, de ces choses elles-mêmes.

« C'est l'essence du nombre, a dit Philolaüs, qui enseigne à comprendre tout ce qui est obscur et inconnu (...). La vérité seule convient à la nature du nombre et est née avec lui. »

Rien là que le christianisme condamne ou seulement réprouve. On sait, au contraire, à quel point les nombres

3. L'idée gnostique de saisir la nature de l'Être dans son essence est déjà chez Pythagore. Un signe à quoi, d'autre part, on reconnaît une filiation pythagoricienne, de façon infaillible, dans une école hermétique, est l'importance que cette école attache à la science des nombres. Les Rose-Croix, par exemple, plaçaient au sommet des connaissances, les mathématiques.

sont chargés de sens par lui et comme est riche de spiritualité ce qu'il leur demande d'exprimer.

Le triangle reparaît dans toutes les figures que les Templiers nous ont laissées, et l'on voit que la plupart de leurs églises sont construites sur le plan octogonal. Mais on est frappé par leur prédilection pour le nombre trois, « ce nombre qui, a écrit Joseph de Maistre dans ses *Soirées de Saint-Pétersbourg,* se montre de tous côtés, dans le monde physique comme dans le moral, et dans les choses divines ». Lors de sa réception, le profès devait se présenter trois fois avant d'être accueilli par le chapitre. Il faisait les trois vœux. Les chevaliers prenaient trois repas par jour, mangeaient de la viande trois fois par semaine et observaient trois grands jeûnes dans l'année, où ils étaient tenus de communier trois fois, au cours de trois adorations de la croix. Dans toutes les commanderies ou maisons de l'Ordre, l'aumône se faisait trois fois par semaine. Chaque Templier avait trois chevaux. Il y avait trois façons de punir les coupables ; jetés au cachot, ceux-ci se voyaient flageller à trois reprises. Un milicien se devait d'accepter le combat seul contre trois, et de subir trois fois l'assaut de son adversaire, en combat singulier, avant d'attaquer ou de prendre à son tour l'offensive...

Les Templiers honoraient, en agissant de la sorte, la Très Sainte et Indivisible Trinité, les trois hypostases de l'Un, Père, Fils et Saint-Esprit, mais aussi les trois Logos, les trois âmes de Platon, la manifestation parfaite de l'Unité.

Deux, et montés sur un seul cheval, au début de leur association, ils s'adjoignirent sept compagnons peu après, et furent ainsi neuf qui revêtirent le froc monacal en 1118. Pendant neuf ans, jusqu'en 1127, leur nombre reste le même, neuf étant le chiffre de l'accomplissement. Les commanderies du Temple se divisaient en neuf provinces. Ils sont neuf chevaliers féaux qui — le 7 avril 1310 — rédigent et remettent à la commission papale l'admirable mémoire dont il a été parlé en son temps. Neuf autres encore se présentent au concile de Vienne, en 1312, et sont jetés en prison avant d'avoir été entendus.

N'est-ce pas à dessein, d'autre part, que les Templiers élisent à douze — lui treizième — leur grand-maître ? Par le simple fait de rappeler ainsi le Christ et ses apôtres, ne préfiguraient-ils pas leur destin tragique ? (Leur pieux fondateur avait exigé d'eux qu'ils récitassent treize *Pater* chaque matin, et neuf à l'heure des vêpres...)

La réapparition dans leur histoire du nombre treize, qui devait leur être fatal, est, en vérité, chose impressionnante. Treize évêques et archevêques (outre neuf abbés) assistent le légat pontifical lors du concile dont ils reçoivent leur règle. Cinquante-quatre Templiers sont livrés aux flammes le 13 mai 1310. Le 13 octobre 1307, l'arrestation des chevaliers avait eu lieu dans toute la France. 1313 était une date qu'ils pouvaient atteindre, non dépasser. Molay fut brûlé sept ans après l'ouverture du procès de la Milice ; et des vingt-deux grands-maîtres qu'elle compte, treize, comme il a été signalé, payèrent tragiquement de leur vie l'honneur d'un magistère qu'on leur enviait.

Anatole France, parlant un jour de Papus, a trouvé plaisant de railler la prétention des occultistes de se rattacher au passé le plus lointain par une filiation secrète. Il ne voulait voir d'autres ancêtres aux mystagogues du XIXe siècle que les illuminés du XVIIIe. Mais les gnostiques se réclamaient déjà d'une antique tradition. De même feront les alchimistes, et au XVIIe ces Rose-Croix à la découverte desquels s'acharna Descartes. L'immortalité que se targuait de posséder — comme le comte de Saint-Germain — le maître Janus d'*Axel,* ne pourrait-on proposer de sa réalité une explication satisfaisante pour les esprits sceptiques, en disant qu'elle a le caractère d'un symbole, et qu'il faut l'attribuer à la tradition ?

Une telle tradition, c'est proprement la pérennité de l'Esprit-Saint parmi les hommes. Elle annonçait l'Église à naître, non seulement par les prophètes, mais par les philosophes et les poètes païens ; elle affirme, à l'époque des cathédrales, que cette Église commence à peine et que les chrétiens n'ont rien vu en comparaison de ce qu'ils sont encore appelés à voir, comme le pensait Joseph de Maistre...

L'Église est la maison de Dieu, mais le Saint-Esprit n'a pas de demeure encore, s'il doit être adoré un jour ailleurs que dans le cœur des purs. (L'âme, qui est changeante, doit chercher dans l'Esprit — de la nature de qui elle participe — la stabilité.) « Tout mûrit, avait dit déjà Tertullien, et la Justice aussi. En son berceau, elle ne fut que nature et crainte de Dieu. La Loi et les Prophètes ont été son enfance ; l'Évangile, sa jeunesse ; le Saint-Esprit lui donnera sa maturité. »

Le Moyen Age, en ses élites, est tout palpitant du grand espoir de cette éclosion suprême. « Quiconque a la connaissance de Dieu est le Christ et l'Esprit-Saint, va jusqu'à affirmer Amaury de Bène ; car l'Esprit-Saint s'incarne en lui sans qu'il soit besoin de l'efficacité des sacrements et de l'intermédiaire du prêtre... » Ici, l'individualisme rompt les barrières de l'enseignement sacerdotal. Mais François d'Assise et ses petits frères sont tout spirituels. La pauvreté, sœur de la charité, voilà leur idéal suprême, et cet idéal n'est qu'amour. Le mot se pare d'un prestige qui transporte les femmes. En 1300, une Anglaise vient en France prêcher qu'elle est le Saint-Esprit incarné... En Allemagne, aux Pays-Bas, des égarés enseignent que l'âme anéantie dans l'amour du Créateur n'a point souci du corps... Et que traduit la légende du Graal, cette recherche de la coupe où furent recueillies par Joseph d'Arimathie quelques gouttes du précieux sang du Sauveur, sinon le désir de la chevalerie épurée d'atteindre par le sacrifice au dernier degré de l'échelle mystique ?

Ce que veulent les soldats du Christ, c'est bâtir le Temple du « Libre Esprit », le sanctuaire même de la Coupe autour de laquelle ils veilleront en armes.

André Godard, qui a approfondi le problème paraclétique, écrit dans *L'Universelle Rédemption* que « les Templiers opposent à l'Église du Christ le Temple du Saint-Esprit ». Pourquoi « opposent » ? Sans doute, ils ne font pas de Noël, qui célèbre la naissance de Jésus, ou de Pâques, qui en exalte la résurrection, leur grande fête, mais de la Pentecôte, le jour qui vit pleuvoir des langues de feu sur les Apôtres... Le dimanche de la Trinité, ils se prosternent dans leurs chapelles pour vénérer le plus grand des mystères, celui de la triple essence de Dieu, que l'on trouve à la base de toutes les religions.

Le 24 juin, ils commémorent la venue au monde de saint Jean-Baptiste (le chef de l'Église intérieure)... L'agneau, qui ornait les chapiteaux de leurs chapelles (rappelant le Saint-Sépulcre) est bien le symbole du mystérieux habitant du désert que l'imagerie religieuse représente tenant dans ses bras la douce bête sacrifiée d'avance[4]. Ce n'est pas à dire que les Templiers veuillent substituer l'Église de Jean à celle de Pierre, qui « a fait son temps », comme devaient le déclarer Fichte et Schelling. Mais Jean fut le maître et Jésus le disciple, malgré sa divinité. Pour ce qui est de ce monde et de son existence ou de sa destinée dans le temps relatif, le fils d'Élisabeth, l'épouse de Zacharie, en *savait* plus que le fils de Marie, la femme de Joseph... Une telle croyance, maintes âmes l'entretiennent, du moins, aux XIIe, XIIIe et XIVe siècles, et des artistes peignent ou sculptent alors, en

4. On trouve encore, parfois, en France, des églises et des chapelles ayant appartenu aux Templiers, qui sont placées sous l'invocation de saint Jean-Baptiste. Dans l'église de la commanderie de Brelvennez (Côtes-du-Nord), on a découvert, notamment, l'image d'un agneau de saint Jean portant une petite banderole surmontée de la croix pattée de l'Ordre.

toute pureté d'âme, le Baptiste étendant sa protection sur le Nazaréen...

L'heure était-elle à l'époque des Templiers, est-elle aujourd'hui propice à la construction de la maison du Saint-Esprit qui *suggérera* ce que Jésus a *enseigné ?* La même question, on voit à diverses reprises, au cours de l'histoire, des groupes d'initiés se la poser anxieusement, et entreprendre l'idéale édification. Spectacle souvent grandiose, mais à tant d'égards décevant... Ah ! n'abandonnez donc pas avant l'heure l'asile de Pierre, le corps baptisé du Christ, pauvres âmes affamées de justice, et qui languissez après le règne tant désiré des saints ! A quelle errance, à quels errements misérables ne seriez-vous pas condamnés ! Où vous agenouiller, prier, s'il arrivait que son abri vous manquât, l'*autre* n'étant pas prêt pour vous accueillir ?

Ce qui règne parmi les Templiers, ce qu'ils cultivent, ce n'est pas seulement cet « esprit de mysticisme ou de supernaturalisme nécessaire aux imaginations rêveuses et délicates » dont a parlé Gérard de Nerval, et qu'acceptait et tolérait, d'ailleurs, le clergé catholique aux premiers siècles de notre ère, c'est l'Esprit tout court. Détenteurs de la Connaissance on comprend que ce soit à l'intérieur de l'Église (qui n'eût rien trouvé d'elle-même à reprendre à leur activité) que les Templiers servirent l'Esprit. Mais ils firent plus, sans doute, que de se livrer à des spéculations. Ils réalisèrent une synthèse des notions éprouvées par l'expérience des hommes dans tous les domaines, et les utilisèrent pour des fins d'un impérialisme hautement désintéressé. Comme ils possédaient la science des nombres, cultivaient les mathématiques transcendantes, ils ont aussi appliqué — avec quel succès ! — le calcul aux opérations bancaires. Avec leur flotte, ils ont couru les mers et, peut-être les premiers, colonisé le Mexique, à la fin du XIIIe siècle. Christophe Colomb, de famille noble, et grand-maître du nouvel Ordre des Templiers, selon Maurice Privas, aurait eu en mains les documents nécessaires à son voyage au Nouveau monde[5]. Enfin, l'Ordre était instruit d'architecture. Cela ressort de ce qu'on sait des établissements qu'il avait à proximité des édifices religieux que l'on bâtissait, des relations étroites qu'il entretenait avec les compagnons et les maîtres des pierres vives[6]. Des maisons qu'ils possédaient en tous les lieux où, comme l'a dit le vieux chroniqueur Raoul Glaber, « le monde secouant ses haillons revêtait la robe blanche des églises », les Templiers inspiraient les architectes, guidaient les ouvriers. Et de vivre en Chaldée les incita à approfondir l'astrologie. Rien ne serait moins surprenant, d'autre part, que d'apprendre qu'ils s'adonnèrent à la magie (d'où, peut-être, cette fable de l'enfant qu'ils faisaient rôtir pour oindre de sa graisse leurs idoles) ; cultivèrent les arts divinatoires ou évocatoires, et pratiquèrent l'alchimie. Quoi qu'il en soit, en la pierre philoso-

5. Cf : *Écoutez-moi,* avril 1934.

6. « Les Templiers se rattachaient à ce que l'on a appelé l'hermétisme, tradition d'origine helléno-égyptienne, souvent mêlée à l'ésotérisme chrétien et à l'ésotérisme musulman. Il comportait, précisément, des connaissances d'ordre cosmologique qui correspondent à l'*Art Royal,* ce qui explique que des liens aient pu exister de tout temps entre les hermétistes et les artisans initiés. Après la destruction de l'Ordre des Templiers, il y eut une réorganisation secrète, qui échappe complètement à l'histoire profane, mais qui permit à cette tradition de se maintenir dans des organisations analogues, mais plus cachées. » (E.-G. Dirieq, *Le voile d'Isis,* numéro spécial sur le Compagnonnage, 1934.) « Dans le *Titurel,* écrit Henri Martin *(Histoire de France),* un héros appelé Titurel fonde un temple pour y déposer le saint *Vessel* (le Graal), et c'est le prophète Merlin qui dirige cette construction mystérieuse, initié qu'il a été par Joseph d'Arimathie en personne au plan du Temple de Salomon. La *chevalerie du Graal* devient ici la Massenie, c'est-à-dire une Franc-Maçonnerie ascétique, dont les membres se nomment les Templistes, et l'on peut saisir ici l'intention de relier à un centre commun, figuré par ce Temple idéal, l'*Ordre des Templiers* et les nombreuses *confréries de constructeurs* qui renouvellent l'architecture du Moyen Age. »

phale *(materia prima magisterium),* ils n'ont dû voir que le *Parergon,* la chose secondaire, l'*Ergon,* ou chose essentielle, étant la recherche de cette unité de la matière, qui hanta la pensée de Goethe.

Mais leur suprême objet nous le connaissons : une synarchie. L'idée en fut stimulée chez eux par l'exemple d'Alexandre, le jeune héros macédonien, qu'auréole une gloire si pure. Alexandre s'empara du monde oriental pour le recréer dans l'harmonie, en le douant d'un haut et fécond idéal. « Se sachant envoyé par les dieux, dit Plutarque, pour être l'arbitre de tous et pour réconcilier les hommes », que voulut-il, sinon que chaque peuple eût une patrie dans l'empire qu'il créait ?

Il lui manquait la foi qui soulève les montagnes parce qu'elle prend son point d'appui dans un autre monde que celui-ci. Les dieux grecs, que révérait Alexandre, ne sont que l'incarnation des forces naturelles. Chez les Hellènes, le culte de la paix était en honneur en même temps que celui de la guerre. Offenser les dieux, c'était commettre, plutôt qu'un sacrilège, une offense à la raison, une infraction aux mœurs de la race. C'était violer les lois naturelles et les lois sociales qui réglaient sa manière de vivre. Rien de mystique, de métaphysique même dans la mythologie. En se persuadant qu'il était l'instrument des dieux, Alexandre croyait tenir sa mission des morts, être l'exécuteur de leur volonté. Il obéissait à la voix de ses ancêtres, protestant au nom de la sagesse contre la folie du désordre. Les Templiers, eux, ne séparaient point le Chérubin, qui est l'ange de la Connaissance, du Séraphin, qui est celui de l'Amour. La charité qui les avait animés quand ils s'étaient faits moines les inspirait toujours. Leur but était le perfectionnement moral de l'homme. Ils savaient qu'il n'y a de connaissance qu'en l'amour. La haine, ils ont été à même de constater, pendant les Croisades, comme elle est stérile. Cette paix universelle dont ils rêvent, ils l'imposeront aux peuples en attendant que ceux-ci aient atteint leur majorité, aient acquis la raison nécessaire à l'établissement d'une entente durable, qui permettra la rénovation des âmes.

Dante, chez qui on retrouve la même idée de paix, glorifiait, d'autre part, les Templiers de pair avec l'amour « qui meut le soleil et les autres étoiles » — et par rapport à qui se classent les péchés et s'en mesure la gravité : amour exalté, dénaturé, déficient... Car le monde dont les Templiers se réservaient le gouvernement ou sur lequel ils voulaient faire régner leur autorité morale, c'était celui de l'Évangile. Aux musulmans, dans leur projet, eût été dévolu le rôle d'opposer une barrière à la masse asiatique, confuse, en gestation d'on ne saura jamais quelle ténébreuse possibilité, quelle monstrueuse chimère...

Les Templiers n'ont pas trahi la cause de la chrétienté parce qu'ils ont conçu la possibilité de réaliser un équilibre entre l'Orient et l'Occident, non seulement dans l'ordre matériel, mais dans le spirituel. On voit bien, en étudiant avec impartialité l'histoire, les immenses services qu'ils ont rendus à la civilisation européenne, tant à l'est que dans la catholique Espagne, en tenant l'Islam en échec. Si les Templiers, pivot de la résistance aux envahisseurs dans la presqu'île ibérique, n'eussent pas combattu l'influence mauresque, la prise de conscience de son génie par l'Espagne eût été fort retardée, pour le moins. Présents dans l'île de Chypre, ils se seraient, à coup sûr, opposés comme les chevaliers de Saint-Jean à Malte, à l'avance des Turcs. Schaurer (que cite Finke) l'a justement dit : l'Ordre a approfondi l'idée de l'homme chevaleresque, l'*homo legalis,* et il lui a donné une fonction religieuse, « ouvrant ainsi à toute une classe du peuple, pour de longs siècles, des sphères d'activité qui ont exercé une énorme influence et qui sont encore aujourd'hui reconnaissables dans le monde ».

Sans doute, la mise à exécution de leur grande pensée d'entente spirituelle et d'union politique des États de l'Europe, en accord avec le pape et le roi de France, était-elle prématurée puisqu'elle se heurta au désir de centralisation monarchique de Philippe le Bel, impatient de constituer un tout puissant royaume, et puisque Clément V se montra indigne, par sa vénalité, de sa haute mission sacerdotale...

Mais l'iniquité commise par le mieux doué des Capétiens a eu un effet funeste, et qui s'est prolongé tard : elle a justifié, en quelque sorte, en créant un précédent, l'arbitraire de la procédure criminelle, empruntée aux méthodes de l'Inquisition, en usage sous l'Ancien Régime. Clément V, en outre, en sanctionnant l'abus de pouvoir de Philippe IV, a sapé l'autorité morale de l'Église. Dissolu comme il fut, il a inauguré une ère de corruption dans les mœurs du Saint-Siège, fait le lit de la licence effrénée des papes lors de la Renaissance, et fourni à la Réforme ses plus valables arguments contre le catholicisme romain.

Soutenus comme ils le furent, à leurs débuts, par un homme exceptionnel, Bernard, qui, sans autre titre que celui d'abbé, était en réalité l'âme du monde chrétien, et dont l'auteur de *La Divine Comédie* a fait son introducteur auprès de la théologie, les Templiers crurent qu'un pape se trouverait, de la même envergure que lui... Ils se trompèrent. Ils commirent aussi l'erreur de compter sur l'assistance du premier des souverains féodaux de l'Occident, infidèles à la pensée de Charlemagne. Ils devaient périr. On l'a déploré, à juste titre, quoiqu'il faille se répéter, en manière de consolation, que les hommes passent mais que les principes demeurent.

« Si l'on me demandait de citer, a dit Döllinger *(Der Untergang des Templerordeus),* en employant le mot dans son sens le plus vrai, le *dies nefastus* de l'histoire du monde, il ne m'en viendrait pas d'autre à l'esprit que le 13 octobre 1307. »

IV

Les continuateurs des Templiers

La question de savoir si le Temple a laissé une postérité a été souvent débattue. Elle demeure entière — sur le terrain, du moins, où on l'a placée. Le jugement de l'histoire a débouté la franc-maçonnerie du XVIIIe siècle de sa prétention à l'héritage de la Milice, et, d'autre part, les néo-Templiers, qui se sont dits les successeurs de Molay, n'ont pas produit de titres suffisants à prouver la validité de leurs droits.

La franc-maçonnerie lorsqu'elle fit son entrée en France, en 1725, « Au Louis d'Argent », chez le restaurateur anglais Hure, rue des Boucheries, cherchait à se créer des lettres de noblesse, c'est-à-dire à se dresser une « généalogie » (le mot

1. Dans son mémoire au duc Brunswick, sur la Franc-Maçonnerie, le grand penseur, qui appartint quelque temps à la loge des « Trois Mortiers », en Savoie, déclarait tenir la filiation templière de la maçonnerie pour « plus que suspecte ». « Quand nous supposerions, écrivait-il, que les Templiers ou, ce qui paraît seulement possible, quelques-uns d'entre eux, aient possédé la *Science,* ce ne serait point une

est de Joseph de Maistre)[1]. Elle ne trouva rien de mieux que de se rattacher à l'Ordre détruit par Philippe le Bel et Clément V. Peut-être fixait-elle par là des buts politiques d'une portée lointaine, à son action, de caractère spéculatif et philanthropique, en apparence, si elle a cru sage, par la suite, de démentir ses premières présomptions.

Le baronnet écossais Andrew-Mitchell Ramsay, récemment converti au catholicisme, lui, proposait de faire remonter son institution aux Croisades, et d'en attribuer l'idée à Godefroy de Bouillon. Elle fit mieux : elle se donna pour ancêtres les Templiers, les affiliant, du même coup, aux ouvriers qui bâtirent la cathédrale de Magdebourg en 876, à Magnus Grecus et même à Hiram-Abi, le constructeur du Temple de Salomon. Sur la tombe de cet architecte, qui fut tué pour avoir refusé de révéler le mot secret à ses trois apprentis, Jubelas, Jubelos et Jubelum, l'acacia fleurissait, qu'elle prit pour symbole[2].

Au concile, dit de Clermont — du nom du grand-maître qu'elle avait élu en 1743 — elle institua les hauts grades (ou grades philosophiques, du 19e au 30e degré) des « Maçons-Templiers », dans lesquels on discerne, d'ailleurs, une influence stuartiste.

Mais voici comment le baron de Hund, qui fut de ce concile, raconte dans son livre *Du régime de la stricte observance,* que les frères de la maçonnerie sont les successeurs des Templiers.

raison pour nous de prétendre nous identifier avec leur ordre. » Il craignait, à juste titre, que les gouvernements ne prissent ombrage d'une filiation douteuse, mais qui, par sa prétention même, ne pouvait qu'avoir en soi le caractère d'une menace dirigée à la fois contre la monarchie et contre la papauté.

2. Un rameau de cet arbre (insolite, alors, puisque l'espèce n'en fut répandue en France qu'au temps de Henri IV) aurait été déposé — selon la légende — sur le tombeau renfermant les cendres de Jacques Molay.

« Après la catastrophe (l'agression contre l'Ordre), le grand-maître provincial de l'Auvergne, Pierre d'Aumont, s'enfuit avec deux commandeurs et cinq chevaliers. Pour n'être point reconnus, ils se déguisèrent en ouvriers maçons et se réfugièrent dans une île écossaise, où ils trouvèrent le grand commandeur Georges de Harris et plusieurs autres frères, avec lesquels ils résolurent de continuer l'Ordre. Ils tinrent, le jour de la Saint-Jean 1313, un chapitre, au cours duquel d'Aumont, premier du nom, fut nommé grand-maître. Pour se soustraire aux persécutions, ils empruntèrent des symboles pris dans l'art de la maçonnerie et se dénommèrent Maçons Libres...

« En 1361, le grand-maître du Temple transporta son siège à Aberdeen, et par la suite l'Ordre se répandit sous le voile de la franc-maçonnerie en Italie, en Allemagne, en Espagne et ailleurs. »

La romanesque histoire du baron de Hund fit son chemin, surtout en Allemagne où les sociétés secrètes foisonnaient alors, et il semble bien que les Illuminés de Bavière l'aient adoptée pour la mettre au service de leurs desseins subversifs[3]. Elle se trouvait concorder avec les assertions d'un manuscrit adressé au prince Christian de Hesse par le duc de Sudermanie (le futur Charles XIII de Suède) et dont on pourra lire un curieux extrait à la fin du présent ouvrage. Ce manuscrit fait du comte de Beaujeu l'exécuteur des suprêmes volontés de Molay et donne Pierre d'Aumont pour le premier de ses successeurs.

3. Cadet-Gassicourt écrit dans *Le Tombeau de Molay* (an V) : « Le lendemain de l'exécution de Molay, le chevalier Aumont et sept Templiers, déguisés en maçons, vinrent recueillir les cendres du bûcher [...]. Alors les quatre loges créées par le Grand-Maître (Naples, Édimbourg, Stockholm, Paris) prêtent serment d'exterminer tous les rois et la race des Capétiens, de détruire la puissance des papes, de prêcher la liberté des peuples et de fonder une république universelle. »

Le convent de Wilhelmsbad, en 1782, n'en désavoue pas moins « la maçonnerie écossaise », qui se targue d'être « la continuation ou la restauration de l'Ordre des Templiers ». Elle biffe, du même coup, la liste des grands-maîtres que le baron de Hund avait dressée selon la chronologie de la stricte observance d'Allemagne. Muni d'un brevet signé Charles-Édouard Stuart, Hund avait réussi à se faire décerner, vingt et un ans après le concile de Clermont, le titre de grand-maître des Templiers. De 1313 à 1659, la liste de Hund porte les noms de Aumont Ier, Harris, Sylvestre de Grumpach, Steward, Obrack, Balther, Lyndwertz, Galbert, Gloucester, Aumont II, III et IV, Harokier, Steward II et Grenex qui ne sont évocateurs d'aucune personnalité notable, liée à un événement d'importance quelconque, et ne nous révèlent rien. De 1679 à la fin du XVIIIe siècle, c'est par des termes en latin, de caractère héraldique, que sont désignés les grands-maîtres.

En dehors des néo-Templiers, d'obédience maçonnique et qui reconnaissaient Pierre d'Aumont pour le successeur authentique de Jacques Molay, un groupe dissident fit son apparition sous le Premier Empire. Il est possible que Napoléon n'ait pas été étranger à la révélation de son existence prétendûment demeurée secrète depuis le supplice de Molay. On n'ignora point par ce qu'il en a dit à O'Meara, à Sainte-Hélène, qu'il avait une piètre opinion de la franc-maçonnerie. Ami de Robespierre le jeune (l'aîné sortait de la loge d'Arras), il avait reçu l'initiation à Malte, lors de l'expédition d'Égypte, et savait à quoi s'en tenir sur les agissements de cette société secrète. Il s'en méfiait après avoir profité d'elle au début de sa prodigieuse carrière, et ce fut pour la surveiller qu'il lui donna son frère Joseph pour grand-maître, puis pour lui faire pièce, comme le pensait l'abbé Grégoire *(Des sectes religieuses)*, qu'il autorisa le docteur-pédicure Bernard Fabré-Palaprat à organiser une cérémonie en l'honneur du Temple.

En 1808, en effet, une messe fut célébrée à Paris, dans l'église Saint-Paul-Saint-Antoine, le jour anniversaire de la mort de Molay[4].

L'église était toute de noir tendue, et au milieu de la nef s'élevait un somptueux catafalque orné de la couronne et des insignes de la grande-maîtrise. Un trône avait été dressé, près du catafalque, par les dignitaires de l'Ordre, et, preuve que le spectacle qui émerveilla les badauds avait été réglé selon une volonté supérieure, l'infanterie de ligne faisait la haie tout autour.

La messe se déroula avec la plus grande solennité. Le coadjuteur général, Pierre Romain de Rome (l'abbé Clouet), primat, prononça en chaire l'oraison funèbre de Molay. Il portait la cordelière et le camail de l'Ordre. Les princes avaient revêtu une chlamyde fourrée et bordée d'hermine, ornée d'une croix pectorale en laine rouge.

« Leur manteau, a écrit Élizé de Montagnac dans son *Histoire des chevaliers Templiers et de leurs prétendus successeurs,* était doublé de la même fourrure que la chlamyde, et la croix rouge se trouvait sur l'épaule. Leur ceinture était garnie de franges d'or. Leur toque, en hermine, entourée d'une bandelette et surmontée d'une houppe avec trois aigrettes d'or, était ceinte, pour le grand-maître, d'un diadème de même métal. Les hauts-de-chausses étaient de soie brodée d'or. Les bottines blanches, à talons rouges, bordées d'or. La poignée de l'épée en or massif, garnie de rubis. »

Plus rien, ici, on le voit, de la simplicité d'Hugues de Payns, de Godefroy de Saint-Omer et de leurs sept

4. On a prétendu même que Napoléon avait voulu faire coup double en autorisant cette parade : c'est-à-dire inquiéter le Pape en même temps que déposséder la Franc-Maçonnerie de son prestige de société secrète. Il se serait fait introduire dans l'Ordre et aurait songé à s'en faire attribuer la maîtrise pour créer un schisme.

compagnons — les fondateurs de la Milice. Le grand-maître ne portait pas le seul insigne qui, avec l'anneau magistral, le distinguait jadis de ses compagnons : l'*abacus* pythagoricien. Au lieu de ce prestigieux bâton de commandement, il en tenait un terminé par un globe et surmonté de la croix de l'Ordre. A son cou était passée une chaîne de quatre-vingt-un chaînons, à laquelle était suspendue une croix pattée, émaillée rouge, dont le centre, en forme de médaille, représentait, d'un côté, l'effigie de Hugues de Payns, avec la devise *Pro Deo et Patria,* et de l'autre celle de Bernard Fabré-Palaprat, avec la devise *Ferro, non auro se muniunt.* (C'est avec le fer, et non avec l'or qu'ils se protègent.)

Enfin, il portait un second collier, en forme de chapelet, composé de quatre-vingt-une perles ovales, émaillées rouge, à l'exception de chaque neuvième (9 fois 9), qui, plus grosse et blanche, était surchargée des deux initiales I. H. La première lettre noire, la seconde rouge étaient entourées de palmes vertes.

Si, à ces palmes, on ajoute le grand cordon de soie rouge, rappelant (quoiqu'il fût bordé de blanc) celui de la Légion d'Honneur, qui barrait, de droite à gauche, le buste du grand-maître et suspendait la croix conventuelle, on ne laissera pas d'observer que quelque chose du faste un peu carnavalesque des *Directeurs* et des consuls révolutionnaires alourdissait singulièrement le costume authentique des anciens Templiers.

Sur quoi Fabré-Palaprat s'appuyait-il pour justifier le titre dont il se parait ? Sur une charte de transmission, remontant à 1324, et que l'abbé Grégoire certifiait avoir eue sous les yeux, mais dont il n'a été accordé qu'à de rares privilégiés la faveur de voir l'original. On la disait l'œuvre olographe d'un nommé Jean-Marie Larménius (l'Arménien ?) appelé par Molay à lui succéder, et la déclarait revêtue de la signature de tous les grands-maîtres, du XIVe siècle au XIXe, à commencer par François Théobald d'Alexandrie, désigné par Larménius lui-même pour présider aux destinées du Temple ressuscité...

Au rebours de l'obscure chronologie établie par le baron de Hund, la liste de Palaprat portait des noms illustres, ceux, notamment, de Bertrand Du Guesclin, de Philippe de Chabot, d'Henri de Montmorency, de Charles de Valois, du duc de Duras, du duc d'Orléans (le Régent), du duc du Maine, du prince de Condé...

Derrière Maillard de Chambure *(Règles et Statuts des Templiers),* des ésotéristes comme Sédir, Victor-Émile Michelet, René Guénon, ont accrédité la thèse selon laquelle Larménius aurait bien été le légitime successeur de Molay ; mais, à l'appui de cette thèse, ni les uns ni les autres n'ont fourni de preuves convaincantes.

Tout le monde est d'accord, en revanche, pour reconnaître les titres des Chevaliers du Christ à l'héritage moral, et, dans une certaine mesure matériel, du Temple. Les Miliciens espagnols et portugais avaient été déclarés innocents par l'évêque de Lisbonne et par les conciles de Tarragone et de Salamanque. A la suite de leur acquittement, le roi de Portugal, Denys Ier, qui mérita les beaux noms de « Père de la Patrie », de « Roi libéral » et de « Roi laboureur », prit l'initiative de déléguer Jean Laurentii, chevalier, et Pierre Pétri, chanoine de Coïmbra, auprès de Jean XXII, le successeur de Clément V, pour entamer avec lui des négociations dont l'objet était la restauration de l'Ordre aboli. Ayant obtenu gain de cause, après des débats qui durèrent six ans, Denys Ier rétablit les Templiers dans leurs biens. Les membres de l'Ordre ressuscité prirent le nom de Chevaliers du Christ. Ils juraient de ne jamais rien faire « publiquement ou secrètement » qui fût de nature à porter atteinte au roi ou à nuire à sa famille et à son royaume...

Leur règle était celle des chevaliers de Calatrava, et voici le serment que prêta Gils Martins (ou Martinez), leur premier grand-maître, le 15 mars 1319 :

« Moi, maître de la maison de la Milice de Jésus-Christ, à dater de cette heure et dans la suite, je serai fidèle et obéissant au bienheureux Pierre, à la Sainte Église apostolique romaine et à mon seigneur le Pape ainsi qu'à ses successeurs institués canoniquement. Les confidences qu'ils me feront par eux-mêmes ou par leurs nonces ou par lettres, je ne les révélerai à personne pour leur faire tort à mon escient. Mon Ordre étant sain et sauf, je serai leur adjuteur pour défendre la papauté romaine et les prérogatives de saint Pierre.

« Je traiterai avec honneur tout envoyé du Saint-Siège, et je l'assisterai dans ses nécessités. Appelé au synode, je m'y rendrai, à moins que je n'en sois empêché par un empêchement canonique.

« Tous les trois ans, je visiterai le seuil des Apôtres, ou par moi-même ou par mon député, à moins que je n'en sois relevé par autorisation apostolique.

« Quant aux possessions qui tiennent à ma maison et à l'Ordre ci-dessus, je ne les vendrai pas, je ne les donnerai pas, je ne les engagerai pas ; enfin je ne les inféoderai, ni ne les aliénerai d'aucune manière sans consulter le pontife romain. »

L'habit des chevaliers était celui-là même des Templiers : manteau blanc avec la croix pattée de gueule. Toutefois, une modification de détail y avait été apportée, l'adjonction d'une petite croix blanche, à l'intérieur de la grande, pour signifier, sans doute, que l'Ordre avait été purifié...

Les archives de Thomar[5] témoignent que les premiers

5. Plusieurs églises de commanderies du Temple se voient encore au Portugal, notamment celle, unique en son genre, de Santa Maria del Olivar, à Thomar, à sept lieues de Santarem, qui devint le siège de l'Ordre

chevaliers recrutés par Martins furent d'anciens Templiers. Les dignitaires de l'Ordre aboli conservèrent leurs rangs dans l'Ordre reconstitué. Astreints, d'abord, à l'observance des trois vœux de pauvreté, de chasteté et d'obéissance, les chevaliers furent relevés de celle des deux premiers par le pape Alexandre VI. Autorisation leur fut accordée de se marier, et l'Ordre devint mixte, les frères demeurant seuls dans l'obligation du célibat.

Devenus les défenseurs de la Couronne et de la nation portugaise, les Chevaliers du Christ se distinguèrent dans le rôle qui leur était dévolu. Ils remportèrent plusieurs victoires sur les Maures, et s'emparèrent en Afrique de territoires considérables. C'est sous la maîtrise de l'infant Dom Henri, duc de Viseu et fils de Jean Ier, que furent créés, vers 1400 — les Chevaliers du Christ s'étant révélés d'habiles marins —, les premières colonies européennes.

« Depuis le cap Mogador, il n'était pas permis à aucun vaisseau portugais de naviguer sous un autre pavillon que celui de l'Ordre. C'est sous ce pavillon des Templiers réformés que Vasco de Gama découvrit l'Inde, qu'Albuquerque et Dom Juan de Castro la subjuguèrent », a écrit Correa de Serra dans sa notice sur les vrais successeurs des Templiers.

L'œuvre accomplie par l'Ordre du Christ au Portugal le fut en Espagne par celui de Montesa, qui se constitua parallèlement à lui, et à peu près dans les mêmes conditions, avec les débris de la Milice du Temple, sous les auspices du roi Jacques II d'Aragon.

L'une et l'autre de ces organisations militaires — car elles furent tôt sécularisées — avaient perdu tout caractère

du Christ. Fortifiée par le Grand-Maître Gualdim Paes, elle se compose d'une salle en forme de prisme à seize pans, avec, au milieu, une *abside octogonale,* rappelant la croix des huit béatitudes. C'est le type même de l'église templière avec sanctuaire central et déambulatoire annulaire.

international. Elles servirent uniquement leurs pays respectifs, et jamais ne furent assimilées, à quelque égard que ce soit, à des sociétés secrètes.

La pensée du Temple ne survécut pas en elles, ni son enseignement ésotérique, bien entendu.

Quelque chose a passé et demeurait, hier encore, de l'esprit du Temple dans le *compagnonnage* de caractère universaliste : ghildes, confréries, associations ouvrières et artisanales, que le pouvoir royal, inquiet de leur action souterraine, tracassa, voulut prohiber, et que l'Église elle-même condamnait. C'est que bien des servants, exercés à des métiers variés, trouvèrent l'emploi de leurs connaissances dans les corporations, comme il a été dit plus haut.

Maréchaux ferrants, serruriers, charpentiers, menuisiers, maçons, ils furent nombreux ceux qui, des maisons du Temple dont on les avait chassés, se réfugièrent dans ces groupements d'origine très ancienne. Les « communions » (banquets à frais communs) du compagnonnage, la solidarité étroite de ses membres sous un saint patron, ses lois secrètes, ses mystérieux signes de reconnaissance, ses « mots de guet », ses symboles, enfin, recréaient, pour eux, sans doute, l'atmosphère des commanderies, leur esprit de corps, leur exclusivisme. Et d'ailleurs, bien des ouvriers, auxquels il se joignirent, avaient travaillé pour le Temple ou, en reconnaissance de la protection de ses grands-maîtres, s'y étaient affiliés. Ils en retrouveraient qui avaient vécu dans leurs maisons, qui s'y étaient instruits, et qui, parfois, leur étaient familiers. Dans l'architecture, maintes traditions templières survivaient, qui se prolongèrent assez tard, et furent reprises par les groupements occultes, par la franc-maçonnerie, surtout, dont le rituel n'est qu'allusion à cet art majeur.

On ne saura jamais, de façon certaine, comment se vulgarisa en se dispersant — ou, si l'on préfère, en se ramifiant — la grande pensée templière. On relève, de-ci de-là, de ses traces, et jusqu'en Pologne, où, en 1821, une *Union des Templiers* existait, de caractère strictement national. Hanski, le mari de la future femme de Balzac, en faisait partie. Elle avait pour objet la résistance aux trois États qui s'étaient partagé la terre des Sarmates : Prusse, Russie, Autriche. Créée par Valérien Lukasinski, son activité fut puissante jusqu'à la Révolution de 1830.

Rien ne permet, en définitive, d'attester qu'on ait retrouvé l'esprit, l'enseignement intégral du Temple, dans quelque société que ce soit. Les associations, de création récente, font sourire, dont les membres se sacrent chevaliers en son nom, comme d'autres se prétendent Rosicruciens, mais sans prononcer aucun des trois vœux de pauvreté, de chasteté et d'obéissance (on est des hommes libres ou on n'en est pas ; il faut bien vivre et ne pas violenter la nature...). Un pèlerinage au square du Pont-Neuf, des insignes, quelques palabres farcis de termes vidés de leur sens originel, c'est assez pour convaincre nos gens d'être des initiés...

On s'est ingénié à découvrir dans l'Intelligence Service une survivance du Temple ; on a fait de cette institution l'arme des « supérieurs » qui mènent encore le monde et sont les derniers détenteurs de la science monétaire ; on a même situé leur quartier général, le centre de leurs opérations ténébreuses, en un point du Proche-Orient. Mais si une telle puissance existe, il n'est pas question qu'elle entretienne le précieux dépôt que le Temple lui a légué, et qui est l'hermétisme chrétien. Cet hermétisme, il semble bien qu'on en retrouve le génie dans les œuvres savantes ou poétiques (ou les deux ensemble) des frères de la *Fede Santa,* et des Fidèles d'Amour (*Fideli d'Amore);* dans la doctrine des Rose-Croix, dans la philosophie de Saint-Martin, les intuitions de Villiers de l'Isle-Adam, qui, à côté de la foi simple, continuent de cultiver l'art de l'interprétation.

Les Templiers avaient-ils « plutôt des opinions que des croyances », comme l'a hasardé Eugène Aroux dans sa *Clef de la Comédie de Dante ?* Leur pensée, en tout cas, est loin d'avoir épuisé son contenu. Si elle agit encore, c'est que la tradition demeure, à laquelle elle se rattache et dont elle fut une des manifestations, la plus grandiose peut-être. Ses symboles valent toujours. L'Église, par ses fils les mieux inspirés, par un Léon Bloy, un Ernest Hello, un Charles Péguy, un Paul Claudel aussi, malgré sa rigoureuse orthodoxie, en a retrouvé le sens, alors qu'au XIVe siècle elle paraissait les avoir oubliés. Ils sont éternels. Nos sanctuaires ne parlent pas d'autre langage, ni d'une plus persuasive mysticité.

Pièces justificatives

I

Éloge de la nouvelle milice

(De laude novae militiae)

Par Saint Bernard

Critique de la chevalerie séculière.

Quelle est, chevaliers, cette inconcevable erreur, cette inadmissible folie qui fait que vous dépensez pour la guerre tant de peine et d'argent et ne récoltez que des fruits de mort ou de crime ?

Vous caparaçonnez de soie vos chevaux, vous revêtez vos armures de je ne sais quelles étoffes lâches ; vous chargez d'ornements vos lances, vos boucliers, vos selles, d'or et d'argent ; embellis de pierres précieuses, sont vos mors et vos étriers, et c'est dans ce pompeux arroi que vous avez l'impudente folie ou l'inconscience stupéfiante de marcher au trépas ! Sont-ce là insignes militaires ou parures de femmes ? Vous imaginez-vous que le glaive de l'ennemi respectera l'or, épargnera les gemmes ou ne saura fendre la soie ? Une expérience constante devrait vous permettre de constater que trois vertus, sur toutes, sont indispensables à l'homme de guerre. Le soldat actif et doué de vaillance doit être circonspect pour ne pas se laisser surprendre ; il doit être agile dans ses mouvements et prompt à frapper. Vous, au contraire, vous laissez, jusque sur vos yeux, tomber une longue chevelure dont vous prenez soin à la facon des femmes ; vos jambes s'embarrassent dans les plis de longues chemises traînantes et vous emprisonnez vos mains délicates et soignées dans des manches amples, qui flottent au vent. Mais ce qui, par-dessus tout, charge terriblement la conscience de l'homme d'armes, c'est la légéreté, la futilité des motifs qui l'engagent dans une guerre si périlleuse. Il n'y a pas entre vous, en effet, de querelle ni de guerre qui soient provoquées par une autre cause qu'un mouvement de colère déraisonnable, un vain désir de gloire, ou l'ambition de posséder quelques biens terrestres. Tuer ou mourir pour de tels objets ne met pas l'âme en sûreté.

Pourquoi le Templier a le droit de tuer.
Comment il sait mourir.

Le chevalier du Christ tue en conscience et meurt tranquille : en mourant, il fait son salut ; en tuant, il travaille pour le Christ. Subir ou donner la mort pour le Christ n'a, d'une part, rien de criminel, et de l'autre mérite une immensité de gloire...

Sans doute, il ne faudrait pas tuer les païens, non plus que les autres hommes, si l'on avait un autre moyen d'arrêter leurs invasions et de les empêcher d'opprimer les fidèles. Mais dans les circonstances présentes, il vaut mieux les massacrer que de laisser la verge des pécheurs suspendue sur la tête de justes, et que de laisser les justes exposés à commettre aussi l'iniquité. Quoi donc ? S'il n'était jamais permis à un chrétien de frapper avec le glaive, le précurseur du Christ aurait-il seulement recommandé aux soldats de se contenter de leur solde ? Ne leur aurait-il pas plutôt interdit le métier des armes ?

Mais il n'en est pas ainsi, et bien au contraire. Porter les armes est permis, à ceux-là, du moins, qui ont reçu leur mission d'en haut, et qui n'ont pas fait profession d'une vie plus parfaite. De plus qualifiés, en est-il, je vous le demande, que ces chrétiens dont la puissante main tient Sion, notre place forte, pour notre défense à tous, et pour que, les transgresseurs de la loi divine étant chassés, la nation sainte, gardienne de la vérité, y ait un sûr accès ? Oui, qu'ils dispersent, ils en ont le droit, ces gentils qui veulent la guerre ; qu'ils suppriment ceux qui nous troublent ; qu'ils boutent hors de la cité du Seigneur tous ces ouvriers d'iniquités, qui rêvent de ravir au peuple chrétien ses inestimables richesses enfermées dans Jérusalem, de souiller les Saints Lieux et de s'emparer du sanctuaire de Dieu !

Genre de vie des Chevaliers du Christ.
Exhortation.

Maintenant, pour donner à nos chevaliers qui militent non pour Dieu mais pour le diable, un modèle à imiter, ou plutôt pour leur inspirer de la confusion, je dirai brièvement le genre de vie des Chevaliers du Christ, leur façon de se comporter tant à la guerre que dans leurs maisons. Je veux qu'on voie clairement la différence qu'il y a entre les soldats séculiers et les soldats de Dieu. Et d'abord, la discipline ne fait pas défaut chez ceux-ci. Ils n'ont pas de mépris pour l'obéissance. Sur l'ordre du chef, on va, on vient ; on se revêt de l'habit qu'il donne, et l'on n'attend pas d'un autre que lui le vêtement ni la nourriture. Aussi bien dans le vivre que dans l'habillement, on évite le superflu ; on réserve son attention pour le nécessaire.

C'est la vie en commun, menée dans la joie et dans la mesure, sans femmes ni enfants. Et pour que la perfection angélique soit réalisée, tous habitent dans la même maison, sans rien posséder en propre, attentifs à maintenir entre eux un même esprit dont la paix est le lien. Cette multitude, on dirait qu'elle n'a qu'un cœur et qu'une âme, tant chacun, loin de suivre sa volonté personnelle, s'empresse d'obéir à celle du chef. Ils ne restent jamais oisifs ; ne vont ni ne viennent par pure curiosité ; mais quand ils ne sont pas en campagne (ce qui arrive rarement), pour ne pas manger leur pain sans l'avoir gagné, ils recousent leurs vêtements déchirés, réparent leurs armes, refont les pièces qui s'usent, remettent à l'ordonnance celles qui ne sont plus en état. La volonté du maître et les besoins de la communauté règlent leurs actions. Entre eux, pas de préférence de personnes ; on juge selon le mérite, non d'après la noblesse. Ils s'honorent mutuellement, et, pour observer la loi du Christ, portent les fardeaux les uns des autres. Jamais une parole insolente, une besogne inutile, un éclat de rire immodéré, un murmure, si faible soit-il, ne demeurent impunis. Ils détestent les échecs, les jeux de hasard ; ont la chasse à courre en horreur, et ne se divertissent même pas à la chasse à l'oiseau dont tant d'autres raffolent. Les mimes, les diseurs de bonne aventure, les jongleurs, les chansons bouffonnes, les jeux de théâtre sont à leurs yeux autant de vanités et de folies qu'ils écartent et abominent. Ils ont les cheveux courts, car ils savent que — selon le mot de Apôtre — il est honteux pour un homme de soigner sa chevelure. Ils ne se peignent point et se baignent rarement. Aussi les voit-on négligés, hirsutes, noirs de poussière, la peau brûlée par le soleil et aussi bronzée que leur armure.

Mais sonne l'heure de la guerre : ils se bardent au dedans de foi, au dehors de fer, et non de dorures. Ils veulent s'armer, non se parer ; inspirer la terreur à l'ennemi et non exciter sa convoitise. Ils s'inquiètent d'avoir des chevaux forts et rapides et ne se soucient point de les décorer de toutes les couleurs. C'est qu'ils vont au combat, non à la parade, désireux de victoire et non de vaine gloire, préoccupés de se faire craindre plutôt qu'admirer. Alors, sans turbulence ni impétuosité, sans se précipiter à la légère, ils se mettent en ordre, posément, avec toutes les précautions requises par la prudence, se rangent en bataille, ainsi qu'il est écrit de nos pères, en vrais fils d'Israël qui marchent à la guerre pacifiquement. Mais quand ils en viennent aux mains, on ne reconnaît plus leur douceur de tout à l'heure : ils se précipitent sur leurs adversaires comme sur un troupeau de brebis ; rien ne les arrête, ni leur petit nombre, ni la crainte de la barbarie, de la férocité d'ennemis innombrables. Certes, ils savent qu'il ne faut en aucun cas présumer de ses forces ; mais ils espèrent que l'aide du Dieu des armées leur assurera la victoire. C'est qu'ils en ont fait maintes fois l'expérience, et qu'on pourrait dire, à l'ordinaire, que l'un d'entre eux met en fuite mille ennemis et que deux en font dix mille. Ainsi, par une singulière alliance, ces hommes plus doux que des agneaux sont plus terribles que des lions. Je ne sais s'il convient de les appeler des moines ou des chevaliers. Je crois qu'il sied de leur donner les deux noms à la fois, car il ne leur manque ni la douceur du moine, ni la vaillance du soldat...

... Allez donc en sûreté, allez et repoussez les ennemis de la Croix avec un courage inébranlable, forts de cette certitude que ni la mort ni la vie ne pourront vous séparer de la charité de Dieu qui est en Jésus-Christ, et répétant sans cesse en vous au milieu du danger : Morts ou vivants, nous vous appartenons, Seigneur !

Comme les vainqueurs reviendront du combat couverts de gloire ! Réjouis-toi, courageux athlète, si tu vis et si tu as vaincu dans le Seigneur ; mais réjouis-toi plus encore si tu meurs et vas vers Dieu ! La vie est utile, la victoire glorieuse, mais une sainte mort est bien préférable ! S'ils sont heureux, ceux qui meurent dans le Seigneur, combien plus heureux ne seront pas ceux qui mourront pour lui ?

Oh ! quelle sécurité dans la vie quand la conscience est pure ! Quelle sécurité dans la vie quand non seulement on attend la mort sans crainte, mais bien plus quand on la désire comme un bonheur et qu'on la reçoit avec dévotion !

II

Instructions

Jointes par Philippe le Bel à l'ordre d'arrestation des Templiers[1]

C'est la fourme comment li commissaire iront en la besoingne :

Premierement quand il seront venu et auront la chose revelée au seneschaux et au baillis, il s'enfourmeront secretement de toutes leur meisons et pourra l'en a cautele (précaution) ; se mestier (nécessaire) est, enquerre aussi les autres meisons de religion et faindre que ce soit par occasion du disime (décime) ou pour autre couleur.

Apres ce, cil qui sera envoiez avec le seneschal ou baillif, a jour assené bien matin, selon le nombre des meisons et des granches (métairies), esliront preudommes puissans du païs sans soupechon, chevaliers, eschevins, conseliers et seront enfourmé de la besoingne par serment et secretement li roys est de ceu enfourmés par le pape et par l'Eglise, et tantost il seront envoié en chascun lieu pour prendre les persones et

1. De cet ordre, rédigé en latin, Georges Lizerand a donné une traduction dans son magistral *Dossier de l'affaire des Templiers*.

saisir les biens et ordener de la garde ; et se prendront garde que les vignes et les terres soient cultivées et semées convenablement et cometront la garde des biens a bonnes persones et riches du païs, avec les mesnies (serviteurs) qui seront trouvés es meisons, et eus presens il feront celui jour inventaire en cescun lieu de touz les moebles et les seeleront et iront si efforciement que li frere et leur mesnie ne puissent contrester, et auront serjans avec eus pour eus fere obeir.

Apres ce il metront les persones souz boenne et seüre garde singulerement et cescun par soi et enquerront de eus premierement et puis apeleront les commissaires de l'Inquisiteur et examineront diligemment la verité par gehine (torture), se mestier est, et se il confessent la verité ils escrivront leur deposicions, tesmoings apelés.

C'est la maniere de l'enquerre :

L'en les enortera des articles de la foi et dira comment li pape et li roys sunt enfourmé par pluseurs tesmoinz bien creables de l'ordre de l'erreur et de la bougrerie (vice des « Bougres », Bulgares) que il funt especiaument en leur entrée et en leur profession et leur prometeront pardon se il confesse verité et retornant a la foi de Sainte Eglise ou autrement que il soient a mort condempné.

L'en leur demandera par serment diligenment et sagement comment il furent receü et quel veu ou promesse il firent et leur demanderont par generaux paroles jusque tant que l'en tire de eus la verité et que il perseverent en cele verité.

Ce sunt li article de leur erreur que l'en a trouvé par plusieurs tesmoinz :

Cil qui sunt premierement receü requierent le pain et l'eau de l'ordre et puis li commandeeur ou li metres qui le rechoit le maine secretement derriere l'autel ou revestuaire (sacristie) ou ailleurs en segré et li monstre la crois et la figure nostre seigneur Jhesu Crist et li fet renoier le prophete, c'est assavoir nostre seigneur Jhesu Crist de cui cele figure est, par trois foiz, et par trois foiz crachier sus la crois, puis le fet despouiller de sa robe ; et cil qui le rechoit le beise en bout de l'eschine souz le brael (ceinture), puis en nombril et puis en la bouche et li dit que, se aucun freres de l'ordre veut charnelment gesir a lui, qu'il le soeffre, quar il le doit et est tenuz soffrir selonc le statut de l'ordre et que pluseurs de eus pour ce par maniere de sodomie gisent l'un ovec l'autre charnelment et cheint l'en chaseun d'une cordele sus sa chemise et la doit touz jours li freres porter sur soi tant comme il vivra ; et entent l'en que ces cordeles on esté touchiés et mises entour un ydole qui est en la forme d'une teste d'omme a une grant barbe, laquele teste ils baisent et aourent (adorent) en leur chapistres provinciaux ; mais ce ne le sevent pas tuit li frere, fors le grant mestre et li ancien. Derreschief, li prestre de leur ordre ne sacrent pas le cors Nostre Seigneur ; et de ceu enquerra l'en especiaument des prestres de l'ordre.

Et doivent li commissaire envoier au roy souz leur seaulz et les seaulz de commissaires de l'inquisiteur le plus tost qu'il pourront la copie de la deposicion de ceus qui confesseront les dites erreurs ou principalement le renoiement de Nostre Seigneur Jhesu Crist.

III

Remonstrance du peuple de France

Œuvre de Pierre Dubois

Le pueble du royaume de France, qui touz diz (toujours) ha esté et sera par la grace de Dieu devost et obeissant a seinte Yglise plus que nul autre, requiert que leur sires li rois de France, qui puet avois acès a nostre pere le pape, li mostre (montre) que il les ha trop fortement corrociés et grant esclandre commeü entre eus, pour ce qui il ne fait samblant, fors que de parole, de faire punir, non pas la bougrerie des Templiers, mais la renoirie aperte par leurs professions faites devant son enquisiteour et devant tant de prelaz et d'autres bonnes genz, que nul home qui en Dieu creüst ne devroit ceu rappeler en doutte ne en tel fait notoire querre, garder ne demander ordre ne droit, si come les decretales le dient espressement. Pour quoy le pueble ne set penser raison de cest delay ne de tele perversion de droit, fors que il cuident que ce soit voir que l'on dit communement : que grandemant de odoné et promis leur nuist, ou ce que eus ne prometent rien ne ne donnent pour droit faire. Et sunt meü cil ou la renommée commune par le decret qui contient ces paroles : *Pauper, dum non habet quid offerat, non solum audiri contempnitur, immo etiam contra veritatem opprimitur; cito enim violatur auro justicia nullamque reus pertimescit culpam, quoniam se posse redimere nummis existimat* (Non seulement on dédaigne d'écouter le pauvre, qui n'a rien à offrir, mais encore on l'opprime, contre la vérité ; car la justice est vite altérée par l'or, et l'accusé ne craint aucune faute parce qu'il croit pouvoir se racheter avec de l'argent).

Et si meü le pueble a croire plus legierement ce, pour ce que l'un pechié vient de l'autre, jouste ce que dit le canon : *Quidam perplexi sunt nervi testiculorum Leviathan, id est peccata, per quod patet et expertum est quod peccatum unum est causa et occasio multorum peccatorum* (Les indécis sont les nerfs et les testicules de Léviathan, c'est-à-dire les péchés par quoi il est évident et prouvé qu'un seul péché est la cause et l'occasion d'une multitude d'autres péchés)[1]. Or, voit le pueble que la decretale dit que ceus qui ont les pooirs (pouvoirs) des benefices donner par leurs dons en doivent honorer des greigneurs benefices et du greigneur nombre les persones plus letrés, et si eus le font, il font justice et le commandement de droit : quar si grant vertu comme est justice requiert que ceux a qui il apartient donent a chascun leur droit. Or, voit le pueble que leur pere espirituel, par l'affection de sanc, ha doné des benefices de seinte Yglise Deus as prochains de luy, a son neveu le cardonal, plus que telx quarante papes y a il eu ne donerent onques a touz leurs lignages et plus que Boniface ne nul autre ne dona onques a tout son lignage.

Et si ha laissié mestres de theologie, de decret et seigneours de lois II° ou plus, que il bien cognoissoit ou pooit (pouvait) cognoistre, des quelx chacuns est greigneur

1. C'est par cette citation, empruntée au *Lion de Job,* et qui lui était familière, qu'on a reconnu en Pierre Dubois, l'auteur de la remontrance anonyme ici reproduite.

clerc les quatre pars que son neveu n'est ne estre porroit ; et si n'ont pas les II° autant des biens de seinte Yglise come il a doné audit neveu. Et si ha doné et baillié le dit pape la grant cure de la province de Roen, pour ce qu'il y a grant prise, a son nevou et a un autre la grant cure de Tholouse et a un autre de Poitiers. A teles persones, se il ne fussient de son lignage ou servi ne l'eussent, il tensist chacun pour bien ranté d'une parroisse de Clivres de rentes. Et en y a moult de plus lettrés qui ne poent pas tant avoir, non pas sexante.

Or, regarde le pueble que Nostre Seigneur comande que l'on face justice sus le petit et sus le grant et sans accepcion et favour de persones. Or, decida frere Thomas de Aquin que accepcions de persones ou prejudice d'autrui en tel cas contient pechié mortel et conclust que cest pechié ne puet en soy soffrir vertu, pour ce que vertuz et vices sunt contraires. Et que c'est meffait sont si très grant, quant a Dieu et à touz ceux qui raison entondont, il appert.

Soit posé que vous, noble roy de France, aiez grieve maladie (dont Dex vous gart !) et si avez un grant ost à mener et covient que un soul home en soit mestre gouverneur en lieu de vous et si aiez une bataille champel a faire par un soul home, sus le peril de votre vie, et ne poez par vous eslire phisicien[2] ne avoir que un tout seul ne que un champion ne que un meneour de l'ost, vous donnez le pooir de ceu eslire à l'ome du monde a qui vos avez fait plus de bien, pour ce que plus est tenu a vous et que plus vous en fiez un li : se il ami regarde que le phisicien et les deux chevaliers, commant que il leur preigne de bien faire leurs offices, aront de vous autant de rente comme les diz arcevesques et evesques, et il, pour enrichir deux nevours que il a chevaliers et un phisicien, le vous nomme et eslit, — et si set bien que il trovast aussi ligierment d'autres plus fors, mais il vuet que ses neveour haient le profil lequel vous

2. Médecin.

vous sissiès qui fust donez as trois meillours homes que l'en peüst trover a vous et au besoing de vostre cors guarir, et de vostre cors et le royaume desfendre — se il mesavenoit a ces trois neveours ainsi esleüz de tez offices, ne puniriés vous pas l'oncle autant et plus come eus ?

Vous savez qye nostre sire Jhesu Crist est le pere de toutes les aumes et que les evesques et touz curé sunt par droit appellé phisicien des aumes et champions a combatre pour leur Sauveour encontre touz les diables. Et si savez que une seule aume vaut plus que tout l'or et l'argent du monde, et Jhesu Crist ha plus doné de biens au pape pour faire bien et loialmant son office en ceste election que il ne dona à Moysi, as trois patriarches et a touz les prophetes, que il ama tant.

Ces chouses regardées et considerées, dites au pape que il s'escuse, se il puet soffisamment, de pechié et d'offense contre Dieu et contre chascun des diz arcevesques et evesques, si que il ne puisse estre accusé *de crimine lese divine majestatis,* et que il ne soit cheüt en la poine qui toucha l'Apostre, *quando ipse omnibus que perversa sunt factis Deus asserit Deum,* et saint Augustin s'i acorde au canon XI, q.III, c.*Existimant.*

Et si regart nostre pere le pape que tout ne soit il meintenant qui droit face au pueble des dites porveances (nominations) si mal faites, come chascun le set et voit, après sa mort au cri du pueble, se vous ne l'enpeschiés, sera de ligier procuré que le sucesseur appele les diz neveurs, et trovez pou lettrez pour si grant estat et pour preschier et enseigner si grant pueble, les desposera et mettra en leurs lieus granz mestres de divinité (théologie), qui seront des greigneurs doctours de toute la crestienté, chascun greigneur, se il veut, que il n'en a nul en la cour de Rome au jour d'uy.

Le semblable est bien trouvé en droit que le pape ha autrefois déposé evesque par defaute de science ; et si l'en devroit l'en trop plus tost faire en cest cas (pour ce que, par droit commun, l'élection appartient au chapitre, sanz ce que soverain y deüst mettre la main, ne mais par certaines voies : se le chapitre ne se peüst accorder a son pastour eslire ou postuler as dites iglises) le pape, qui devoit de son office a chascun garder son droit, entre dist sanz cause ou osta la puissance de eslire a ceus a qui ele appartenoit. Et se il n'eüssent eslues persones plus lettrées de leurs colleges, le pape les en eüst refusées ou le deüst avoir fait.

Et pour ce que le pape et les siens qui hont ou aront besoing que l'en sueffre de eus, au mains les siens, en aucun temps ne deüssient pas si grant pueble, si devost et si obedient, corrocier ne escondire de ce que l'on peüst faire ou dire par raison, meismemant pour si grant esclandre apaisier et oster, bien set le pueble, *quod justicia est constans et perpetua voluntas jus suum unicuique tribuens, cessante acceptione personarum* (que la justice est la constante et perpétuelle volonté de donner à chacun son droit, sans acception de personne). Et pour ce, qui fait ce qu'il doit, requiert sanz affection de persone, par don ou par promesse, pour paor, par amour, pour hainge (haine) il est fiz au deauble (diable) et renoie Dieu, qui est veray justice, par icel fait.

Or, pour plaise a dire a nostre pere le pape que il se gart bien que il aille droite voie en sa grant seignorie, et que en ce forte chose li est que il ne mefface a la requeste des siens et de son païs meismement. Et ce escrit li bon Climenz li quart, son predecesseur, qui feüt du pueble cher et marié a un evesque esleü en discort de son païs, que il avoit confermé, qui malmenait ceus qui avoient esleü un autre, par ces paroles : *Qui dant operam sapientiae dicunt difficilius esse uti modeste prosperitatibus quam patienter adversitatibus* (ceux qui pratiquent la sagesse disent qu'il est plus difficile de vivre modestement dans la prospérité que patiemment dans l'adversité). Segont (selon) ce et pour ce, requist nagaires le mestre de l'ordre des prescheours au pape, que il ne baillast prelacion (prélature) a nul de ses freres : quar en cent bien conversanz l'en porroit trouver, si come il li dist, a poines un bien conversant en l'enour et es richeces de prelacion ; de telz prelaz, que que eus preschent, l'on croit trop plus le fait que les paroles.

Pour ce dit l'Evangile : *Cepit Jesus facere et docere,* et : *Quia super cathedram Moïsi sederunt scribe et Pharisei, que dicunt facite, sed que faciunt facere nolite, a fructibus enim eorum cognoscetis eos* (Jésus commença à faire et à enseigner, et : Puisque les scribes et les Pharisiens se sont assis sur la chaire de Moïse, faites ce qu'ils disent, mais ne faites pas ce qu'ils font ; c'est par leurs fruits qu'il faut les connaître).

Et pour ce que aucun font bien pour la gloire du monde ou pour autre cause temporele et ont aucun vice occulte en eus, l'on ne puet pas savoir qui est proudome ne de plusours qui plus l'est ; mais quant l'on voit un home soupris de pechié mortel ou que il l'a fait une foiz, se l'on n'aperçoit son esmendemant, meismement la ou il covient satisfaction aperte si forte a faire, come es cas desus diz, l'on doit cuidier que il soit encore en peschié et refuser le come lié encore de tel pechié. Se il estoit a aucune dignité appelez, tel prelaz doit savoir que ils corront ses souzmis par tel example et par le diffamement de teles choses, *ut probatur,* XI, q. III, c. : *« Non sunt audiendi », in dicto Apostoli, cum ait : « Omnis Christi actio nostra debet esse instructio » ; et in canone inde sumpto, quo cavetur : « Quod agitur a prelatis de facili trahitur a subditis in exemplum »* (Par la parole de l'Apôtre quand il dit : Chaque acte du Christ doit nous servir d'instruction, et dans le canon qui en est tiré où il est déclaré : Ce que font les prélats est transformé facilement en exemple par les sujets).

IV

Fragment de la lettre adressée par Clément V à Philippe le Bel,

le 11 novembre 1311

Clément, évêque, serviteur des serviteurs de Dieu, à son très cher fils Philippe dans le Christ, très illustre roi de France, salut et bénédiction apostolique (...).

Pour faire connaître à ta grandeur royale la vérité de tous les événements qui surviennent dans l'affaire des Templiers, je ne dois pas lui taire le fait suivant : les informations faites contre l'Ordre des Templiers étaient lues devant les prélats et autres ecclésiastiques qui, d'après la convocation qu'ils avaient reçue de nous, sont venus à se sacré concile ; sept chevaliers de cet Ordre, dans une séance, et deux autres dans une séance suivante se sont, en notre absence, présentés devant ces mêmes prélats et ecclésiastiques, offrant de prendre la défense de l'Ordre ; ils ont assuré que quinze cents à deux mille chevaliers, qui demeuraient à Lyon ou dans ses environs, se joignaient à eux pour cette défense. Quoique ces neuf Templiers se fussent présentés volontairement, nous avons cependant ordonné qu'on les arrêtât, et nous les faisons retenir en prison. Depuis, nous avons cru devoir employer des précautions particulières pour notre sûreté, et nous informons ta grandeur de ces événements, afin que, prudemment vigilante, elle avise ce qu'il convient et importe de faire pour la garde de ta personne.

Donné à Vienne, le 11 novembre, la sixième année de notre pontificat.

V

Opinion d'un des évêques du concile de Vienne sur le procès des Templiers

Selon Raynouard

Réunis en concile œcuménique, nous formons une assemblée de laquelle la Chrétienté attend la justice et l'édification, l'Église une gloire nouvelle, et les âges futurs un grand exemple. Nous avons à prononcer sur le sort d'un Ordre religieux, fameux et puissant en deçà et au-delà des mers, dont l'illustration, les services et les richesses ont sans doute excité l'envie, et qui, par un malheur inséparable de la condition humaine, peut avoir été entraîné à de grands abus, parce qu'il avait un grand pouvoir. Vous connaissez les chefs d'accusation ; on vous a lu les informations faites conte les particuliers et contre l'Ordre. Déjà des condamnations nombreuses, précipitées et terribles ont propagé dans l'esprit des peuples une grande prévention ; mais, j'ose le dire, plus l'infortune et les préjugés pèsent sur l'Ordre et les Chevaliers, plus je regarde comme un devoir de ne pas prononcer sur leur sort définitif sans avoir entendu les défenseurs qui se présentent pour la justification de l'Ordre. Le droit naturel, la loi civile et religieuse, les maximes de tous les temps, de tous les lieux, consacrent ce privilège de l'accusé. Mais ces Chevaliers ont-ils besoin de l'invoquer ? Une promesse solennelle, faite par le Saint-Père en présence et au nom de toute la Chrétienté, a pris à témoin Dieu et les hommes, et a déclaré que ce dernier refuge des opprimés ne leur manquerait pas. C'est dans l'espérance que votre jugement définitif les vengerait des fers, des tortures et des bûchers, qu'ils ont persisté, jusqu'à la mort, à soutenir l'innocence de l'Ordre. Accablés, opprimés en tous lieux, vous seuls vous leur restiez sur la terre, et Dieu dans le ciel. Ils ont souffert et ils sont morts.

Je propose qu'on détache les fers dont on a chargé si indignement les neuf Chevaliers, et qu'on les entende. Je dis même plus : le grand-maître, qu'on semble avoir condamné au malheur, au tourment de survivre à ses braves Chevaliers, je le cherche parmi nous, je le demande, sinon comme membre de ce Concile, ainsi que ces chefs d'Ordre que je vois à mes côtés[1], du moins comme ayant dans cette grande affaire à défendre l'intérêt général de son Ordre et l'intérêt personnel de sa vie et de son honneur.

Le Saint-Père s'est réservé son jugement, me dira-t-on ; mais le grand-maître n'a cessé de réclamer ce jugement ; il a toujours annoncé qu'il se justifierait devant le Souverain Pontife. Ne pas juger un infortuné, qu'une accusation solennelle diffame devant toute la Chrétienté, quand lui-même sollicite depuis si longtemps qu'on prononce sur son sort, c'est une plus grande injustice, peut-être, que de le condamner innocent.

Mais qu'avons-nous besoin d'entendre les défenseurs de l'Ordre du Temple ? On nous a lu en plein concile les accusations et les charges. Eh bien ! qui de nous désormais croira que l'Ordre et les Chevaliers fussent coupables ? Ils

1. Il y avait au concile de Vienne le grand-maître de l'Ordre de Saint-Jacques, le commandeur de l'Ordre de Calatrava *(Collection Conciliaire, tome XV).*

adoraient, dit-on, des idoles ! Plusieurs témoins ont déposé qu'il en existait en Angleterre, en France, en Italie, etc. Comment ces idoles avaient-elles disparu, le jour où l'on saisit les personnes et les richesses des Chevaliers ?

Est-ce à nous d'adopter aveuglément ces mensonges grossiers de leurs accusations ? Avons-nous oublié que, du pied de l'autel témoin de leur saint engagement, ils couraient aux combats, et qu'ils n'affrontaient les périls et la mort que pour venger notre religion et punir les Infidèles qui font profession d'être ses ennemis ?

Ils s'imposaient la loi d'offenser la religion et les mœurs ! Eh ! quel intérêt y auraient-ils trouvé ? Aucun, sans doute, vous le pensez tous, vous en convenez tous. Eh bien ! quel homme fut jamais hypocrite sans aucun intérêt de l'être ? Et vous supposeriez que, depuis tant d'années, il existe au milieu de nous, à côté de nous, un corps aussi nombreux et aussi illustre, composé d'hommes choisis dans toute la Chrétienté, qui, sans aucun but, sans aucun intérêt, se soit transmis l'héritage du crime et de l'hypocrisie ?

Près de mille chevaliers s'étaient présentés pour la défense de l'Ordre : que sont-ils devenus ? les bûchers ou les prisons les ont dévorés. Quel chrétien, quel homme doué seulement de l'instinct de la raison, ne se serait révolté d'indignation en apprenant ce qui s'est passé dans plusieurs conciles de France ?

Je m'adresse aux prélats qui les ont présidés. Dans les diverses procédures faites contre l'Ordre et les chevaliers, où trouve-t-on la preuve que les Templiers fussent tombés dans l'hérésie, où trouve-t-on surtout la preuve qu'ils y fussent retombés ? Cependant on les a condamnés comme s'ils avaient été hérétiques relaps. Et sous quel prétexte ? Parce que, attestant n'avoir cédé qu'aux tortures, ils avaient rétracté des confessions nulles devant la justice divine et devant la justice humaine. Mais quelle est la loi, quel est même l'usage qui pouvait autoriser une condamnation aussi extraordinaire ? J'ose le dire : déclarer hérétiques relaps des guerriers qui s'accordaient à professer publiquement notre religion, et qui regardaient comme leur premier devoir de mourir pour elle, c'est, à mon avis, de toutes les hérésies la plus malheureuse qui ait jamais scandalisé l'Église.

On vous présente les dépositions reçues par les commissaires du pape, comme le témoignage de la plus grande partie de l'Ordre : quelle dérision ! Des quinze mille Templiers qui vivaient au moment où la persécution a éclaté, la plupart étaient Français, et les témoignages qu'on présente ne s'élèvent pas à deux cents. Quel nombre en comparaison de ceux qui, en France, s'étaient offerts pour la défense de l'Ordre, ou qui, dans les autres royaumes, l'ont défendu et ont été absous par les conciles ! La plupart des chevaliers français ont péri dans les tortures et dans les flammes : d'autres, traités rigoureusement dans les prisons, y sont morts victimes de leur généreux dévouement au devoir et à la vérité. Les gardiens de ces infortunés attestent que le dernier cri des mourants a été un serment d'innocence. Et cependant on les traitait en excommuniés, et ils sont morts réprouvés des hommes ! Quand les apostats consentiront à braver les tourments et à subir la mort pour garantir la vérité de leurs dépositions, je consentirai à les discuter.

Mais quoi ! Vous les avez examinées, ces dépositions ; vous avez reconnu les contradictions nombreuses par lesquelles les témoins se démentent les uns les autres ; vous avez été frappés de ce qu'on a porté l'imprévoyance jusqu'à exiger les faux aveux de la part même de ceux qui n'étaient entrés dans l'Ordre que depuis une époque où les chefs savaient qu'il était dénoncé et offraient de le justifier ! Vous n'avez pas été moins surpris de ce qu'on avait exigé les mêmes aveux des Templiers reçus depuis cinquante ans. Voudrait-on nous persuader que la prétendue hérésie avait déshonoré ces braves et innombrables chevaliers morts avec tant de gloire en combattant contre les Infidèles ? Et quel est celui de vous qui pourrait admettre que tant de personnages respectables aient consenti à placer leurs amis les plus chers, leurs parents les plus proches, dans un corps où il eût fallu s'initier par un crime inutile, et vivre dans une hypocrisie qui n'eût été ni nécessaire ni profitable, et qui eût été dangereuse ?

Pensons à l'avenir : les chrétiens qui savent défendre la religion et mourir en combattant pour elle ne sont plus en assez grand nombre pour que vous ne deviez craindre de le réduire encore. Réformez l'Ordre des Templiers, s'il le faut, mais ne le détruisez pas. Je désire me tromper dans mes conjectures, mais il me semble qu'une fermentation sourde agite les esprits. Ces sectes[2] que le dernier siècle a vu s'élever, et qu'on a la maladresse de présenter comme des impies et des hérétiques, tant de braves chevaliers qui, en tous temps et en tous lieux, ont passé pour les champions de la foi, les soldats de la religion ; cette grande lutte que nous avons vue de nos jours, entre l'autorité royale et le pouvoir pontifical, bien d'autres motifs, que je ne puis ni ne dois divulguer ici, m'autorisent à présumer que, tôt ou tard, des sectes nouvelles s'élèveront contre notre saint culte, soumettront au doute et à l'examen l'autorité de la foi, la vérité des dogmes, les titres du pontificat. Tant que nous n'aurons à combattre que des opinions et des erreurs, nous pourrons sans doute, avec les armes spirituelles, suffire à la victoire ; mais si Dieu permet que les dissidents ou les incrédules tentent de renverser le Temple matériel, de détruire le marbre périssable de nos autels, qui combattra pour les défendre et les sauver ? Sera-ce nous, pontifes, qui ne savons, qui ne pouvons que lever les mains vers le ciel, pendant que les Israélites ensanglantent le glaive de la victoire ?... Réfléchissez, pensez avant de vous priver de cette milice catholique qui, répandue dans toute l'Europe,

2. Albigeois, Vaudois, etc.

dévouée au pontife et au pontificat, trouve à la fois la fortune, la gloire et le bonheur à faire cause commune avec nos saints autels ; qui, éprouvée par de longs combats au dehors, saura garantir à l'Église la paix au dedans. Oui, j'en atteste la cause de Dieu même ; ici, la politique humaine s'unit au sentiment de la justice et de la vertu pour protéger les droits, les titres et les malheurs des chevaliers opprimés.

VI

Défense de l'Ordre

par un groupe de Templiers

Ce mémoire remis à la Commission par neuf Templiers, le 7 avril 1310, a été successivement publié par Dupuy (*Histoire de l'Ordre des Templiers,* 1751) et Michelet (*Procès des Templiers,* 1841-1851). En voici les principaux passages empruntés à la traduction de Georges Lizerand *(Le dossier de l'affaire des Templiers)* qui en a si justement souligné les mérites :

(...) En présence de vous, révérends Pères et commissaires, établis par le seigneur souverain pontife pour informer sur le statut de l'Ordre du Temple à propos de certaines propositions horribles articulées contre l'Ordre du Temple, les soussignés, frères dudit Ordre, proposent et disent, non pas avec l'intention d'entamer un procès, mais simplement à titre de réponse : que, dans une si grande cause, il ne peuvent, ne doivent, ni même ne veulent, constituer de procureurs sans la présence, le conseil et l'assentiment de leur maître et du chapitre, parce qu'en droit ils ne le peuvent ni ne le doivent.

Item, qu'ils s'offrent tous, personnellement, ensemble et séparément, à défendre l'Ordre et demandent avec supplication à assister en personne au concile général et à être présents partout où l'on traitera du statut de l'Ordre.

Item, ils disent que, quand ils seront en pleine liberté ils ont assurément l'intention d'y aller, s'ils le peuvent ; ceux qui ne pourront y aller commettront à leur place ou constitueront comme procureurs des frères dudit Ordre, qui, en leur nom, suivront l'affaire.

(...) Item, ils protestent que si les frères du Temple ont dit, disent ou disaient à l'avenir, tant qu'ils seront en prison, quoi que ce soit à leur charge ou à la charge de l'Ordre du Temple, cela ne porte pas préjudice à l'Ordre susdit, parce qu'il est notoire qu'ils ont parlé ou qu'ils parleront contraints et poussés ou corrompus par les prières, l'argent ou la crainte, et ils protestent qu'ils le prouveront en temps et lieu, quand ils jouiront d'une pleine liberté et qu'ils auront été rétablis pleinement et intégralement.

Item, ils demandent que tous les frères dudit Ordre qui, ayant abandonné l'habit séculier, se comportent malhonnêtement, à la honte dudit Ordre et de la Sainte Église, soient mis à la main de l'Église, sous garde sûre, jusqu'à ce qu'on sache s'ils ont fait un témoignage faux ou vrai.

Item, ils demandent, supplient, requièrent que, chaque fois que des frères seront examinés, aucun laïc ne soit présent, qui puisse les entendre, ni aucune autre personne de l'honnêteté de qui on puisse douter avec raison ni que, sous prétexte de terreur ou de crainte, le faux puisse être dit, le vrai caché, parce que tous les frères, en général, sont frappés d'une telle crainte et d'une telle terreur qu'il ne faut aucunement s'étonner qu'il y en ait qui mentent, mais plutôt qu'il y en ait qui soutiennent la vérité, quand on voit les tribulations et les angoisses qu'éprouvent ceux qui disent la vérité, les menaces, les outrages et les autres maux qu'ils subissent quotidiennement, les avantages, les commodités, les douceurs, les libertés dont jouissent les menteurs et les grandes promesses qui leur sont faites chaque jour. D'où il suit que c'est pour tous une chose admirable, bien plus, stupéfiante, qu'on accorde aux menteurs, qui, ainsi corrompus, témoignent dans l'intérêt de leur corps plus de créance qu'à ceux qui, comme des martyrs du Christ, sont morts dans les tortures, avec la palme du martyre, pour soutenir la vérité, et même qu'à la plus grande et plus saine partie des vivants qui, pour soutenir la vérité, n'obéissant qu'à leur conscience, ont souffert et souffrent encore chaque jour en prison, tant de tortures, de peines, de tribulations, d'angoisses, d'incommodités, de calamités et de misères.

Item, ils disent qu'on n'a trouvé aucun frère du Temple hors du royaume de France, dans tout l'univers, qui dise ou qui ait dit des mensonges ; par quoi on voit assez clairement la raison pour laquelle c'est dans le royaume de France que ces mensonges sont articulés : c'est parce que ceux qui les ont dits ont témoigné alors qu'ils étaient corrompus par la crainte, par les prières ou par l'argent.

Pour la défense de l'Ordre, ils répliquent et disent simplement que l'Ordre du Temple fut créé et fondé dans la charité et l'amour d'une vraie fraternité et qu'il est — pour l'honneur de la glorieuse Vierge, mère de Notre-Seigneur Jésus-Christ, pour l'honneur et la défense de la Sainte Église et de toute la foi chrétienne, pour la lutte contre les ennemis de la Croix, c'est-à-dire les infidèles, les païens ou les Sarrasins, en tout lieu et principalement sur la Terre Sainte de Jérusalem, que le fils de Dieu, en mourant pour notre rédemption, a consacrée par son propre sang, — auprès de Dieu le Père, un ordre saint et immaculé de toute tache et de toute espèce de vices, en qui est et sera toujours en vigueur une doctrine régulière, une observance salutaire, et que, comme tel, il est approuvé, confirmé et honoré de nombreux privilèges par le siège apostolique.

Quiconque entre dans ledit Ordre promet quatre choses essentielles, savoir : obéir, rester chaste, rester pauvre et consacrer toutes ses forces au service de la Terre Sainte. (...) C'est pourquoi, au sujet des articles proposés contre l'Ordre — articles déshonnêtes, horribles, terrifiants et détestables autant qu'impossibles et souverainement honteux — ils disent que ces articles sont mensongers et faux et que ceux qui ont suggéré ces mensonges iniques à notre seigneur le souverain pontife et à notre sérénissime seigneur le roi de France, sont de faux chrétiens ou bien des parfaits hérétiques, détracteurs et corrupteurs de la Sainte Église et de toute la foi chrétienne, parce que, mus par un zèle cupide et une ardeur envieuse, ils ont, comme de très impies semeurs de scandale, recherché les apostats ou les frères sortis de l'Ordre, qui furent, à cause de leurs crimes, chassés, comme des bêtes malades, de la bergerie, c'est-à-dire de la congrégation des frères ; de concert avec eux, ils ont inventé et ourdi ces crimes et ces mensonges qu'on attribue faussement auxdits frères et à leur Ordre ; ils les ont séduits de telle sorte que, tous ceux qui ont pu être découverts, ils les recherchaient, les amenaient, les chapitraient, et ils constituaient un dossier de ces mensonges pour les porter au seigneur roi et à son Conseil. De cette façon, tous ceux qui étaient amenés des diverses parties du monde, si nombreux fussent-ils, étaient ainsi subornés et conduits que, touchant ces crimes, ils faisaient la même déposition. Grâce à quoi ils induisaient l'esprit dudit seigneur roi et de ceux de son Conseil à croire à ces crimes. Car ceux-ci croyaient que ce qu'ils disaient, et qui procédait de la malice des inspirateurs et des suborneurs, procédait du vice de l'Ordre et des frères.

C'est de tout cela qu'ensuite sont sortis pour l'Ordre de si grands périls, comme aussi l'arrestation, la spoliation, les tortures, les assassinats, les violences endurées par lesdits frères, qui, menacés de mort, avouaient contre leur conscience, dressés qu'ils étaient par des satellites[1] ; et ils étaient forcés d'avouer ces crimes parce que le susdit seigneur roi, ainsi trompé par ces séducteurs, instruisit le seigneur pape de tout ce qui précède et qu'ainsi le seigneur pape et le seigneur roi furent trompés par de faux avis.

Item, ils disent que vous ne pouvez procéder par la voie qui vous est tracée, c'est-à-dire d'office, parce qu'ils n'étaient pas diffamés à propos de ces articles avant leur arrestation et que l'opinion publique ne travaillait pas contre l'Ordre. Et il est certain qu'ils ne sont pas plus que nous en lieu sûr, parce qu'ils se trouvent et se sont continuellement trouvés au pouvoir de ceux qui suggéraient des faussetés au roi, et qui, chaque jour, par eux-mêmes et par autrui, les engagent, par le moyen de discours, d'envoyés, de lettres, à ne pas s'écarter des fausses dépositions qui leur ont été extorquées par la crainte, parce que, disent-ils, s'ils s'en écartaient, ils seraient certainement brûlés.

Item, ils disent que les frères de l'Ordre qui ont dit ou confessé ce qui précède l'ont fait à cause ou par la crainte des tortures et qu'ils reviendraient volontiers sur leurs aveux s'ils l'osaient ; mais ils sont frappés par tant et de si grandes terreurs qu'ils n'osent pas, à cause des menaces qui leur sont faites quotidiennement. Par suite, ils supplient qu'on leur donne, au moment de leur audition, une sécurité si grande qu'ils puissent sans crainte revenir à la vérité.

1. Hommes armés au service d'un autre homme.

VII

Sur la dernière croisade

Michelet fait allusion à un document qui prouve une dernière tentative pour la délivrance des Lieux Saints. Le concile en parlait, les princes prenaient la croix, mais nul ne bougeait. En vérité, ce n'était que d'argent qu'il était question. La pièce suivante, trouvée à l'abbaye des dames de Longchamp, est un échantillon des merveilleux récits par lesquels on tâchait de réchauffer le zèle du peuple pour la Croisade.

A trez sainte dame de la réal lingniée des Françoiz, Jehenne, Royne de Jérusalem et de Cécile, notre trez honorable cousine, Hue roy de Cypre, tous ses boz desirs emprospérité venir. Esjouissez vous et elessiez avecquez nous et avecquez les autrez crestienz portant le singne de la croix, qui pour la reverance de Dieu et la vengance du trez doulz Jhesucrist qui pour nous sauver voult estre en l'autel de la crois sacrifiez, se combattent contre la trez mescreant gentz des Turz. Eslevez au ciel le cri de vous voiz au plus haut que vous pourrez et criez ensemble et faitez crier en rendant gracez et loangez sanz jamez cesser à la benoîte Trinité et à la très-glorieuse Vierge Marie de si sollempnel si grant et singulier bénéfice qui onques maiz tel dus quez à hore, ne fu ouis, lequel je faiz savoir. Quar le XXIII, jours de juing, nous avecquez les autrez crestienz signés du singne de la croiz, estions assemblez en un plain entre Smirne, et au lieu là où estoit l'ost et l'assemblée trez fort et trèz puissant des Turz prez de XII. c. mille[1], et nous crestiens environ cc. mille[2], meuz et animez de la vertu divine, comansamez à si vigreusement combattre et si grant multitudez Turz mettre à mort, que environ de heure et vesprez nous feusmez tant lassez et tant afoibloiez que nous n'en poyons plus. Mais tous cheux à terre atandions la mort et le loier de notre martire, pour ce que des Turz avait encore moult deschiellez qui encore point ne sestoient combatu ne sestoient de rienz travaillez et venoient contre nous; aussi désiraux de boire notre sang comme chiens sont désiraux de boire le sang des lievrez. Et beu l'eussent, si la trez haute doulceur du ciel ne eust aultrement pourveu. Maiz quant les chevaliers de Jhesucrist se regarderent que ils estoient venuz à tel point de la bataille, si commentierent de crier ensemble et de crier à voiz enroucez de leur grand labeur et de leur grande feblesce : O très doulz fils de la trez doulze Vierge Marie, qui pour nous racheter vousiz estre crucifiez, donnez nous ferme espérance et vieillez nos cuers si vous en confermer que nous puissions par l'amour de ton glorieux non le loier de martire recevoir, que pluz ne nous poonz deffandre de ces chiens mescreanz. Et ainsi comme vous estienz en oraison en pleurs et en larmez, en criant alassez vois enroucez, et la mort trez amere attendanz, soudainement devant noz tentez apparut suz un trez blanc cheval si trez haut que nulle beste de si grant hauteur nest. Unz homs en

1. Un million deux cent mille.
2. Deux cent mille.

sa main portant baniere en champ plus branche que nulle rienz à une croiz merveille plus rouge que sanc, et estoit vestu de peuz de chamel, et avoit trez grant et trez longue barbe et de maigre face clere et reluisant comme le soleil, qui cria a clere a haute voiz : « O les gens de Khesu- crist, ne vous doubtez. Veci la majesté divine qui vous a ouver les cielx et vouz envoie aide invisible ; levez suz et vous reconfortez et prenez de la viande et venez vigreusement avecquez moi combattre, ne vous doubtez de rienz. Quar des Turz vous aurez victoire et peu mourronz de vouz et ceulz qui de vouz mourront auront la vie perdurable. » Et avonc nous nouz levamez touz, si reconfortez et aussi comme si nous ne nous feussienz onquez combatiuzet soudainement vous assilemez (assaillîmes) les Turz de très grand cuer et nous combatimez toutez nuit, et si ne poons paz bien vraiement dire nuit, car la lune non pas comme lune, maiz comme le soleil resplendissant. Et le jour venu, les Turz qui demourez estoient s'enfouirent si que pluz ne les veismez et aussi par l'aide de Dieu nous eumez victoire de la bataille, et de matin nous nous sentions plus forts que nous ne faisienz au commencement de la première bataille. Si feimez chanter une messe en lonneur de la benoite Trinité et de la benoite Vierge Marie, et devotement priamez Dieu que il nous vousit octroier grace que les corps des sainz martirs nous puissienz reconnoistre des corps aux mescreanz. Et adonc celui qui devant nous avoit aparut nous dit : « Vous aurez ce que vous avez demandé et plus grand chose fera Dieu pour vous, se fermement en vraie foy perseverez. » Adonc de notre propre bouche li demandamez : « Sire di nous qui es tu, qui si granz choses as fait pour nous, pourquoy nous puissionz au peuple crestien ton nom manifester. » Et il répondit : « Je suis celui qui dits : *Ecce qui tollit peccata mundi (voici celui qui enlève les péchés du monde).* Celui de cui aujourduy vous « celebrez la feste. » Et ce dit, plus ne le veismez mais de lui nous demoura si très grant si et très-soueve oudeur que ce jour et la nuit ensuivant nous en feumez parfaitement soustenus recreez et repuez sans autre soutenance de viande corporelle. Et en ceste si parfaite recreation nous ordenemez de guerre et denombrez les corps dez sainz martirs et quant nous veinmez au lieu nous trouvasmes au chief de chaccun corps dez crestienz un lonc fut sanz wranchez (branches) qui avait au coupel une trez blanche fleur ronde comme une siste (hostie) que l'on consacre, et en celle fleur avoit escript de lettrez dor : Je suis crestien. Et adonc nous lez separamez dez corps dez mescreanz ; en merciant le souverain Seingneir. Et ainsi comme nous voulienz suz les corps faire dire l'office dez mors, cy comme lez crestienz ont accoustume à faire, lez voix du ciel sanz nombre entonnerent et leverent un chans de si tres doulce melodie que il sembloit a chaccun de nous que nous feussienz en possession du royaume qui vouz est aplie dez le commencement du monde. Et adonc nous ensevelismez lez corps, c'est a savoir III mille et cinquante et II, jouste la cité de Tesbayde qui fut jadiz une cité singuliere, laquelle, avuecquez le pays dileuc environ, nous tenonz pour nous et pour loiaux crestienz. Et est ce pays tant plaisant et delitable et plantureux, que nul bon crestien qui soit là ne se puet doubter que il ne puist bien vivre et trouver sa soustenance. Et les charoingnez des corps des mescreanz, comme nous les poimez nombrer, furent plus LXXIIIIM. Si avonz esperance verifiee qui dit qu'il sera une bergerie et un pasteur, c'est-à-dire que toutez manieres de gent seront d'une foy ensemblez en la maison et l'obediance de Sainte Église dont Jhesucrist sera pasteur. *Qui est benedictus in secula seculorum (qui est béni dans les siècles des siècles).* Amen. Et avint cedi miracle en lan de grace MLL CCC. et XL VIII.

VIII

La succession des Templiers

Voici un document dans un français plus ou moins douteux, respecté par G.-A. Schiffmann, qui le date d'environ 1745 :

« Parmi les chrétiens on trouve Boetius et son beau-père Symmachus nommé le vénérable et Ausonius. Après eux, nous rencontrons une grande lacune dans la suite des Initiés, jusqu'à ce que nous retrouvons les mystères de l'Ordre dans ceux des Rosecroix modelés d'après ceux des Esséniens dont ils descendoient directement. On peut avec justice leurs attribuer la Restitution de l'Ordre. Car les chanoines du Saint-Sépulcre qui étoient des Rosecroix fixés à Jérusalem adoptèrent ensuite les Templiers, dont l'institut s'accomodait au but de l'Ordre : c'étoit la sobriété, le secret, la pauvreté, la chasteté, l'amitié jusqu'à la mort, le secours mutuel et la défense de la Religion.

« Au douzième siècle sous le règne de Baudouin roi de Jérusalem 9 gentils hommes grands amis et dans valeur distingués, dont l'un nommé Hugues de Paganis fut le chef, s'assemblèrent au lieu où avait été le Temple de Salomon entre les 2 colonnes, s'unirent pour la défense de la religion et du Saint-Sépulcre aux Chanoines de Jérusalem, qui les initièrent dans les grands Mystères et restituèrent l'Ordre sous le nom de celui des Templiers. Ils prirent l'habit blanc, auquel le pape Honorius ajouta la croix rouge, et les institua sur la prière d'ancien Patriarche de Jérusalem comme l'ordre religieux, d'après la règle de St-Bernard.

« Pauvres dans le comencement et en petit nombre les Templiers crûrent en peu de temps en nombre et en richesses et firent de si hauts faits d'armes que leur grandeur et ces actions furent bientôt connus par toute la chrétienté. Les Souverains et princes de toutes parts et *particulièrement ceux d'Écosse*[1] et d'Angleterre leurs donnèrent des grands biens, qu'ils employèrent dans la guerre sainte en vrais chevaliers chrétiens. Par la sucession de tems les chevaliers accrurent si fort en puissant et en richesses qu'ils possedoient des grandes villes, des forteresses, une milice formidable et un grand nombre des sujets principalement en terre sainte où résidoit ordinairement le Grand-Maître de l'Ordre avec la plupart des chevaliers.

« Mais lorsque la ville de Jérusalem et une grande partie de la Palestine furent reconquise par les infidèles, le siège magistral fut transféré à Chypre et enfin de là à Paris. Le Patriarche de la haute Clerisse de l'Ordre demeura à Chypre selon toutes les apparences.

« Enfin l'Ordre des Templiers se conserva presque pendant deux siècles dans les plus grands lustres, mais tant par le secret impénétrable sur leurs mystères, sur leur gouvernement intérieur, sur leurs forces militaires, sur leur mystère œconomique et plus encore par leurs richesses et les connoissances sublimes qu'ils possedoient. Ils porterent tant

1. Les passages soulignés le sont par nous.

d'Ombrages aux Souverains et particulièrement au roi de France Philippe-le-Bel, qu'ils refusèrent de servir contre ses ennemis, qu'il obtint du Pape Clément V, leur excommunication et finalement leur destruction et abolition totale. On leur imputa les crimes les plus atroces, mais on ne put rien leur prouver. Non obstant le Grand-Maître Jacques Molay homme vertueux et d'une vie exemplaire et d'une conduite irréprochable fut brulé avec un grand nombre de chevaliers, l'ordre fut anéanti, ses biens confisqués, partie au profit des Souverains, partie fut donnée aux chevaliers de Saint-Jean et aux chevaliers teutoniques.

« Les Templiers qui échappèrent au supplice abandonnèrent leurs biens et se dispersèrent, *les uns se réfugièrent en Écosse,* d'autres se retirèrent dans les lieux écartés et cachés où ils menèrent la vie d'hermite.

« Lorsque le Grand-Maître Molay s'aperçut par la tournure, que l'iniquité donna au procès institué contre lui, qu'il n'y avait plus d'espoir, ni pour lui ni pour l'ordre, il prit son parti et ne songea plus qu'aux moyens de conserver, de propager et de perpétuer les sublimes connaissances et les principes fondamentaux de l'Ordre.

« Il jetta à cet effet les yeux sur son neveu le comte de Beaujeu qui depuis longtemps avait témoigné une vocation décidée pour entrer dans l'Ordre et l'ayant fait appeler quelques jours avant son supplice il déposa dans son sein les malheurs inévitables qui menaçaient l'Ordre, et le projet qu'il avait formé sur lui.

« Beaujeu reçut avec reconnaissance les propositions de son oncle qui exigea de lui pour preuve de sa fidélité de descendre dans le tombeau des Grands-Maîtres d'y prendre sous un des cercueils qu'il lui indiqua et désigna un écrin de cristal en forme triangulaire monté en argent et de le lui apporter.

« Beaujeu descendit de nuit dans le tombeau, y trouva l'écrin, l'enleva et le porta au Grand-Maître qui satisfait de son zèle et son courage l'institua aux mystères et reçut de lui le serment de faire revivre l'Ordre suivant les tems et les circonstances et de le propager jusqu'au jour du dernier jugement ou lui demanderoit compte devant le Grand Architecte de l'univers de l'accomplissement de ses engagements. Il lui confia ensuite, que l'écrin qu'il venoit de lui apporter, renfermoit la relique la plus pretieuse que Baudouin roi de Jérusalem avoit donné à l'ordre scavoir l'index de la main droite de saint Jean-Baptiste. Il lui remit trois clefs en déclarant, que le cercueil sous lequel avait été caché l'écrin, renfermoit une caisse d'argent dans laquelle il trouveroit avec les annales et les anciens lettres les principaux connoissances sublimes de l'Ordre, qu'il y trouveroit en outre la couronne de rois de Jérusalem, confié à la garde des Grands-Maîtres de Saint-Sépulcre, le chandelier d'or à 7 branches et les 4 évangelistes d'or, qui ornoient le Saint Sépulcre, que lui, Molay, avoit sauvé et emporté toutes ces choses pretieuses de Jérusalem, en les cachant dans cet cercueil sous le prétexte, que c'étoit le corps du Grand-Maître Beaujeu son prédécesseur, qu'il avoit déclaré faire transporter à Paris tandis que tout le monde étoit dans l'opinion que toutes les choses sacrées étoient tombées entre les mains des infidèles. Il lui confia enfin que les deux colonnes qui ornoient le chœur du Temple à l'entrée du tombeau des Grands-Maîtres étoient creusés et renfermoient des grands trésors accumulées des espargnes de l'ordre et versées successivement dans les colonnes, dont on pouvoit demonter les chapitaux et en tirer les fonds. Ces déclarations faites Molay fit jurer Beaujeu de sauver le tout et de le conserver à l'ordre jusqu'à la fin du monde ; l'embrasse pour la dernière foix et se prepara à subir le sort qui l'attendoit.

« Dès que Molay fut expiré Beaujeu se mit en devoir de s'acquitter de ses engagements. Il s'assura 9 chevaliers, restes infortunés échappés aux fureurs de la persécution et aux terreurs des supplices ; il mêla son sang avec celui de ses frères et fit vœux de propager l'ordre sur le globe tant qu'ils se trouveraient neuf architectes parfaits.

« Il alla demander au roi Philippe la permission d'enlever du tombeau des Grands-Maîtres le cercueil du Grand-Maître Beaujeu son oncle paternel prédécesseur de Molay et l'ayante obtenue il descendit avec ses frères dans le tombeau des Grands-Maîtres et fit emporter le cercueil, qui au lieu des cendres de son oncle renfermoit la caisse d'argent, dont il a été fait mention. Il fit enlever aussi les trésors contenus dans les deux colonnes et transporter le tout au lieu de sûreté. Il est probable que ce fut à Chypre où résidoit l'Archimandrit ou Patriarche avec le Grand Chapitre clérical de l'Ordre.

« Après s'être acquitté avec succès de ces premières vœux Beaujeu et les 9 frères restituèrent l'ordre dont Beaujeu fut déclaré Grand-Maître avec tous les droits, qui appartient à cette dignité et la couronne des rois de Jérusalem demeura sous sa garde.

« Mais pour mieux cacher l'ordre Beaujeu institua des nouvelles cérémonies qu'il voila de l'emblème du temple de Salomon et des Hieroglyphes qui-y-ont rapport.

Ces cérémonies furent réformées et modelées d'après la connoissance que Beaujeu avoit des coutumes des anciens et conservant toutes fois celles, qui étoient héréditaires à l'ordre par une si longue suite d'années.

« Après la mort de Beaujeu le siège magistral chut à Aumont, un des *Templiers dispersés, qui s'étoient réfugiés en Écosse.* On peut juger par les différents malheurs arrivés à l'Ordre, combien à son rétablissement l'ont dut être circonspect à l'étendre et d'y initier des Sujets indiqués.

« Cependant depuis Beaujeu l'ordre n'a jamais cessé un instant de subsister, et nous connoissons depuis Aumont une suite non interrompue des Grands-Maîtres de l'Ordre jusqu'à nos jours ; et si le nom et la résidence ainsi que le lieu de véritable Grand-Maître et des vrais supérieurs qui régissent l'ordre et dirigent les sublimes travaux aujourd'hui est un mystère qui n'est connue qu'aux vrais Illuminés, tenu à cet égard en secret impénétrable c'est parce que l'heure de l'ordre n'est pas encore venû et le tems n'est pas rempli au quel les portes s'ouvriront et la lumière luira à tous et qu'il est de la prudence de cacher encore le domicil du chargé aux prophanes quand même ils auroient entrevu quelques rayons de la lumière qui éclaire les vrais Francs-Maçons. »

ANNEXES

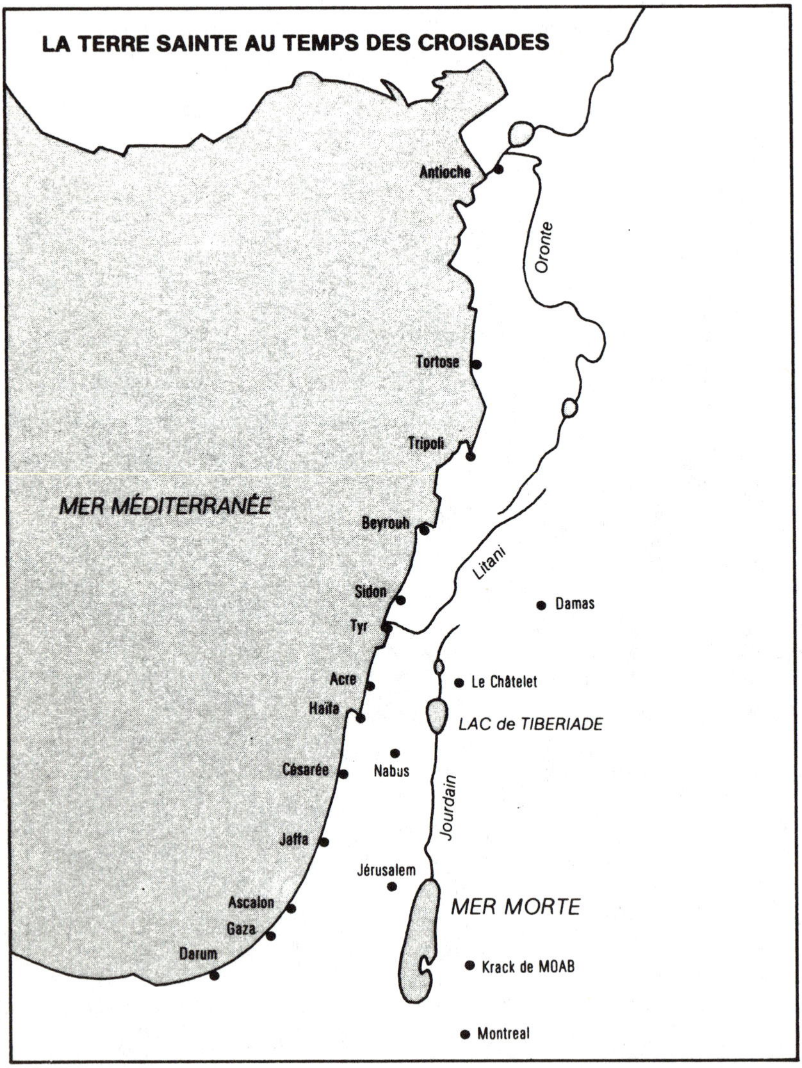
LA TERRE SAINTE AU TEMPS DES CROISADES
Antioche
Oronte
Tortose
Tripoli
MER MÉDITERRANÉE
Beyrouh
Litani
Sidon
Damas
Tyr
Acre
Le Châtelet
Haïfa
LAC de TIBERIADE
Nabus
Césarée
Jourdain
Jaffa
Jérusalem
Ascalon
MER MORTE
Gaza
Darum
Krack de MOAB
Montreal

RÉSUMÉ
DE LA RÈGLE MANUSCRITE
DE L'ORDRE DU
TEMPLE

d'après les manuscrits de Rome,
de Paris et de Dijon.

Traduction et adaptation de la Règle en français faites en 1140

I
Règlements d'admission

Sauf quelques cas d'exception, comme l'admission *in extremis,* prévus par la règle (§ 58), la réception des nouveaux frères devait être faite par le grand-maître en chapitre[1]. L'Ordre était sévère dans ses choix et dans ses épreuves. Il ne se contentait pas « d'esprouver l'esperit pour savoir se il vient de Diex », comme dit le § 5 de la règle : il imposait au candidat tous les travaux les plus pénibles du

1. Dans le cas même où le maître avait reçu *in articulo mortis* un chevalier du siècle comme Templier, si celui-ci revenait à la vie, il devait faire de nouveau sa profession en chapitre, conformément aux Statuts (§ 58).

couvent[2]. On lui faisait tourner le moulin, chauffer le four, faire la cuisine, conduire les chameaux, garder les porcs, etc. (§ 127). Lorsqu'il demandait à manger, on le rebutait par de dures paroles, lui remontrant que sous l'habit qu'il voulait prendre, il ne rencontrerait que pauvreté, peines et privations. Si sa vocation résistait à ces épreuves, il était conduit devant le grand-maître, qui lui adressait sept questions auxquelles il devait répondre :

1. Jures-tu de dire tout en vérité ?
2. N'es-tu pas engagé dans un autre Ordre ?
3. N'es-tu pas marié ou fiancé ?
4. N'as-tu point de dettes ?
5. N'as-tu aucune maladie ?
6. N'es-tu pas prêtre ?
7. Es-tu fils de chevalier et de loyal mariage ?

Le candidat qui avait celé la vérité sur un de ces points, était exclu de l'Ordre, et puni des peines dont il sera parlé plus tard (§ 122).

Quant à l'âge auquel on était admis dans le Temple, il paraît que l'usage ne fut pas toujours le même à ce sujet. On y admit d'abord, comme novices, des enfants en bas âge[3] ; plus tard, les statuts nouveaux défendirent de recevoir dans l'Ordre quiconque n'était point assez fort pour porter les armes (§ 7).

Après l'examen dont il vient d'être parlé, le candidat était conduit devant le chapitre assemblé, et jurait entre les mains du grand-maître les vœux et les serments suivants :

2. Le mode d'initiation n'était pas le même dans tous les pays. Au Portugal, par exemple, il différait entièrement de ce qui se pratiquait en France. Dans les dépositions des témoins, on voit que les cérémonies imputées à crime aux chevaliers du Temple se rapportent presque toujours aux chevaliers français à l'exclusion des autres.

3. Dans l'information rapportée par Dupuy, Guy-Daulphin, quatrième témoin, déclare avoir été reçu dans l'Ordre à douze ans.

Vœux :
1. d'obéissance ;
2. de chasteté ;
3. de pauvreté ;
4. de fidélité à la règle.

Serments :
1. de recouvrer par les armes la Terre-Sainte ;
2. de ne pas sortir du Temple pour entrer en un autre Ordre ;
3. de n'écouter ni la médisance ni la calomnie (§ 127).

Le récipiendaire, étant ainsi lié vis-à-vis du Temple, recevait à son tour par la bouche du grand-maître les promesses de l'Ordre, qui formaient l'autre partie du contrat : « Toi et ton père, et ta mère, et ton lignage, vous êtes reçus communs aux biens du Temple, et le Temple commun à vos biens. Tu auras du Temple Salomon de pain assez, eau et pauvre robe. »

Cet engagement réciproque était suivi de la remise du manteau blanc, signe distinctif de l'Ordre, que le nouveau chevalier recevait à genoux[4], tandis que les frères chantaient le psaume *Ecce quam bonum* et l'oraison consacrée par le rituel à cette cérémonie. A la fin de ces prières, le grand-maître relevait le chevalier, et, de même que le chapelain, le baisait sur la bouche[5]. Il lui expliquait ensuite les différentes parties de la règle dont la connaissance lui était nécessaire, et lui disait de quelles peines ses infractions étaient punies. C'est ainsi que se terminait la cérémonie de la réception des nouveaux frères (§ 127).

4. Les vêtements laïques du récipiendaire appartenaient de droit au Drapier (§ 64).

5. Il est bien entendu que les détails de l'initiation rapportés ici sont exclusivement empruntés au texte de la règle. Les imputations dirigées contre les Templiers dans le cours du procès, n'étaient justifiées que par les témoignages des accusés soumis à la torture.

On a déjà vu que, quoique le célibat fût un des vœux faits au Temple, l'Ordre admettait cependant, au moins en Europe, des frères engagés dans les liens du mariage. Le § 51 de la règle apprend à quelles conditions ils y étaient reçus[6]. Le chevalier marié qui voulait être admis parmi les Templiers, devait s'engager à leur laisser après sa mort une partie de ses biens ; cette clause s'appliquait même à sa femme, qui devait souscrire un semblable engagement. Les motifs de cette étrange condition étaient que, dans l'Ordre, tous les biens étaient communs entre les frères (§ 122). Cette communauté était absolue pour les frères religieux (§ 127) ; elle devait être au moins partielle pour les frères mariés.

On voit dans les prohibitions introduites dans la règle (§ 52) que, dans les premiers temps de l'Ordre, et sans doute pour étendre son influence et augmenter ses richesses, on y admettait des femmes sous le nom de sœurs[7]. Les abus qui résultèrent de cet usage en firent condamner la continuation par le § 52 déjà cité, qui porte : « Dames por sorrors de ci en avant ne soient receues ».

C'est probablement aussi aux premières nécessités de l'Ordre, qu'il faut attribuer une coutume étrange, qui fut depuis imputée à crime aux Templiers, et que la règle rappelle dans son § 6. On veut parler de l'admission des excommuniés. Quand le grand-maître connaissait quelque chevalier frappé de cet anathème, il devait lui députer un Templier et l'inviter à s'engager sous les drapeaux de

6. Les chevaliers mariés formaient une classe semblable aux tertiaires des Ordres mendiants. C'est aussi à cette catégorie qu'appartenaient les papes et les rois affiliés à l'Ordre. Innocent III lui était attaché de cette sorte ; Philippe le Bel et son neveu avaient en vain sollicité leur admission dans cette classe.

7. La déposition de Bergeron, au procès analysé par Dupuy, fait mention de sa femme, qui était entrée dans l'Ordre en même temps que lui. L'Ordre de Malte avait imité plus tard cet exemple.

l'Ordre. S'il acceptait cette proposition, le Temple sollicitait pour lui une absolution qui devait être accordée sans peine, et il jouissait dès-lors des mêmes privilèges que les autres frères qui n'avaient point encouru de censures spirituelles.

II
Règlements hiérarchiques

Si l'on en excepte le grand-maître, le sénéchal, le maréchal, et quelques autres des principaux dignitaires de l'ordre du Temple, il est difficile de déterminer exactement le rang qu'y tenaient les autres officiers. Le nombre s'en était accru avec les richesses de l'Ordre, qui n'avait pas voulu rester en arrière des autres puissances contemporaines. Cependant on trouve dans la règle plusieurs nomenclatures à l'aide desquelles on a pu former le tableau suivant, qui résume d'une manière aussi complète que possible l'organisation hiérarchique des Templiers.

Le grand-maître.
Le sénéchal.
Le maréchal.
Le sous-maréchal.
Les douze commandeurs :
du royaume de Jérusalem, trésorier de l'Ordre ;
de la ville de Jérusalem ;
d'Acre, amiral de la flotte ;
de Tripoli ;
d'Antioche ;
de France ;
d'Angleterre ;
de Poitou ;
d'Aragon ;
de Portugal ;
de Pouille ;
de Hongrie ;

chacun d'eux ayant sous ses ordres un maréchal de la terre, ceux de Tripoli et d'Antioche ayant de plus un drapier.

Le drapier.

Le sous-drapier.

Le gonfanonier.

Le turcoplier.

Les commandeurs de maisons.

Les commandeurs de chevaliers.

Le commandeur de la viande, et, sous ses ordres, le frère queux, choisi parmi les sergents.

Les chevaliers.

L'infirmier.

Les chevaliers *a termine*[8].

Le chapelain.

Les écuyers.

Les écuyers *a termine.*

Le sergent gonfanonier.

Les turcoples.

Les sergents

Les sergents *a termine.*

Le crieur.

Le grainetier.

Le frère de la monnaie.

Le ferreur.

Le jardinier.

Le frère de la grande vigne et les autres frères des métiers.

Les frères donats et oblats.

Les frères mariés[9].

8. On donnait ce nom à ceux qui n'étaient engagés que pour un certain temps, à la différence des autres, dont les vœux étaient perpétuels. La Règle du concile de Troyes, art. XXXII, parle aussi des frères qui servent *a termine.*

9. C'était en Europe seulement que l'Ordre admettait à l'affiliation des chevaliers engagés dans les liens du mariage.

Il faut expliquer maintenant quels étaient les devoirs et les droits attachés à ces diverses fonctions.

Le grand-maître jouissait d'une autorité aussi étendue que pouvait l'être celle d'un chef investi de son pouvoir par l'élection. Après avoir posé en principe (§ 4) que les frères doivent renoncer à leur propre volonté pour se dévouer au service de Dieu, la règle leur impose l'obligation d'obéir au grand-maître, et de répondre à tous ces commandements : « Oil de par Dieu », comme à celui qui le représente sur la terre (§ 27), et qui a les statuts *en sa discrétion* (§ 55)[10]. Sans le congé obtenu de lui, les chevaliers ne peuvent aller en ville ni château (§ 27). Il faut qu'ils l'obtiennent également pour recevoir ou donner les moindres présents (§ 29) ; pour joûter, prendre le bain et se faire saigner (§ 58) ; pour avoir serrure ou loquet de sac ou de malle ; pour recevoir et ouvrir une lettre (§ 27). Comme il hérite une partie des harnais des chevaliers morts, et des présents envoyés d'outre-mer quand le donataire meurt avant de les avoir reçus (§ 58), de même il dispose à son gré des chevaux et des armes des chevaliers (§ 23). Quand il se rend à Antioche ou à Tripoli, il peut prendre au trésor 3000 besans, ou davantage s'il en a besoin (§ 58) ; mais, par respect pour le système hiérarchique, qui oblige le grand-maître envers le chapitre de l'Ordre[11], comme l'ordre envers le grand-maître (§ 58), ce dernier ne peut, sans l'autorisation du conseil, recevoir aucun nouveau frère (§ 58) ; nommer aux dignités de l'Ordre (§ 58) ; prêter l'argent du trésor ; donner, vendre, ni même recevoir terres,

10. Le grand-maître s'intitulait *par la grâce de Dieu*, depuis que Louis VII avait accordé ce titre à Bertrand de Blanquefort, cinquième grand-maître de l'Ordre.

11. On trouve une autre preuve de la suprématie du Chapitre dans le §122 de la règle, qui attribue en certains cas au Chapitre le droit de condamner le frère absous par le grand-maître.

châteaux ou seigneuries ; déclarer la guerre ; traiter de la trève ou de la paix (§ 58). Il visite les commanderies, détermine les secours qu'elles doivent se fournir les unes aux autres (§ 58), et fait tenir note, par son *escrivain sarrasinois* (§ 63), des joyaux donnés au Temple, et qu'il peut, à sa volonté, faire mettre en sa huche comme siens (§ 58).

A ces fonctions administratives du grand-maître il faut joindre les devoirs militaires dont il est spécialement chargé, et que l'on détaillera en parlant des règlements stratégiques des Templiers. Il faut y ajouter pareillement les fonctions quasi-sacerdotales qu'il exerce à l'égard des chevaliers, dont il entend la coulpe ou confession disciplinaire, et dont il fixe la pénitence (§ 29).

On comprend qu'une aussi haute dignité devait être l'objet de bien des ambitions secrètes, et que l'élection qui la conférait ne pouvait en éloigner toutes les intrigues. Cependant le système électif établi par la règle avait été calculé de manière à ôter à la brigue autant de chances que possible. Voici ce que les statuts nous apprennent à ce sujet.

Quand le grand-maître vient à mourir, il est immédiatement remplacé par le maréchal de l'Ordre, qui tient son autorité jusqu'à l'élection du grand-commandeur ou vicaire-général du Temple. La nomination de ce chef provisoire, confiée aux commandeurs de province, est suivie de l'indication, faite par lui et le maréchal, du jour choisi pour l'élection du grand-maître. Ce jour étant fixé, les Templiers se préparent, par des jeûnes et des prières[12], à l'œuvre importante à laquelle ils vont être appelés. L'heure venue, le convent et tous les commandeurs, exprès convoqués, s'assemblent après matines au lieu qui est indiqué. Le

12. Le § 127 de la Règle impose à chaque frère l'obligation de réciter pendant une semaine deux cents *pater* chaque jour, pour le repos de l'âme du grand-maître défunt.

grand-commandeur, assisté des anciens de l'Ordre, ayant fait sortir de l'assemblée deux ou trois *prudhommes et saiges,* en choisissent un pour commandeur de l'élection ; rappelé dans le conseil, on lui fait part de ce choix, en lui ordonnant, ainsi qu'à tous les autres frères, de se choisir un compagnon, et en lui remontrant en même temps qu'il doit porter une égale affection à tous les membres de l'Ordre, et n'en favoriser aucun au détriment des autres. Là se bornent, pour la première journée, les opérations de l'élection.

Après avoir passé la nuit en prières, le lendemain, dès prime sonnée, l'Ordre se réunit pour entendre la messe du Saint-Esprit et les autres offices indiqués par le rituel. Le chapitre général se forme de nouveau, et le grand-commandeur fait connaître le motif de sa réunion, enjoignant aux assistants de se prosterner à terre pour réclamer les lumières du Ciel. Ceci fait, le commandeur de l'élection et son compagnon sont appelés, et on leur ordonne, au péril de leur âme et sur leur part du paradis, d'élire deux des frères qui meilleurs leur sembleront, sans écouter grâce, haine ni amour. Ce choix, fait en secret par eux, étant proclamé, ces quatre élections en choisissent de même deux autres, « et cels six deux, et sont huict ; et ces huict deux, et sont dix ; et ces dix deux, et sont douze, en l'honneur des douze apôtres, et ces douze élisent le frère chapelain pour tenir le lieu de Jésus-Christ, dont la charge est de garder les autres en paix et amour ». De ces treize électeurs, huit sont choisis parmi les chevaliers, et quatre entre les sergents ; le chapelain ne peut être pris que parmi les prêtres ; ils doivent être tous de nations ou de provinces différentes. Aussitôt après leur nomination, ils entrent dans l'assemblée, et requièrent du grand-commandeur les prières de l'Ordre en faveur des treize frères chargés de cette tâche délicate ; après quoi ils prêtent serment de garder le plus profond silence sur l'élection, et de ne céder, dans leur choix, ni à la haine ni à l'amour ; puis ils se retirent en quelque lieu secret pour remplir la mission qui leur est confiée. La simple majorité des suffrages détermine l'élection du grand-maître, dont le nom est proclamé dans l'assemblée générale. Il est digne de remarque que, pour conserver à tous les chevaliers l'image, au moins, de l'élection directe, qui dès avant le second siècle de l'Ordre avait été remplacée par les formes nouvelles qui viennent d'être exposées, le commandeur de l'élection, après avoir proclamé le choix des électeurs, s'adresse ainsi à l'assemblée : « Nous nous y sommes accordés, biaus seigneurs : en êtes-vous contents ? » La règle, il est vrai, ne suppose pas qu'on puisse répondre autrement qu'elle le prescrit : « Oil (oui), de par Dieu. »

Cette sorte de sanction populaire était suivie des serments d'obéissance, prêtés d'abord par l'Ordre, puis ensuite par le nouveau chef qu'il venait de se donner, et que l'on portait en triomphe à la chapelle, au chant du *Te Deum.*

Les fonctions du sénéchal consistent à remplacer le grand-maître, particulièrement sous le rapport militaire : car nous avons vu que c'est au maréchal de l'Ordre qu'appartient le droit de le gouverner aussitôt après la mort du grand-maître.

Indépendamment de cette haute prérogative, le maréchal de l'Ordre remplace le sénéchal, désigne les commandeurs d'outre-mer (§ 60), commande la garde du grand-maître, et a l'intendance des armes et des harnais.

Un des soins principaux du sous-maréchal est de conduire le drapeau de l'Ordre, que porte le gonfanonier, dont la nomination lui appartient en concours avec le maréchal (§ 60). Lorsque, dans les cas pressants, le maréchal prend lui-même la garde du baucéant, le sous-maréchal passe alors au commandement des turcoples.

Les fonctions des commandeurs de langues ou de provinces consistent à diriger l'administration de l'Ordre dans leurs circonscriptions respectives, et à en conduire le contingent en temps de guerre. Quelques-uns d'entre eux sont chargés de devoirs particuliers : ainsi le commandeur de Jérusalem, avec une escorte de dix chevaliers, doit conduire au *flum Jordain* ceux des pèlerins que leur dévotion porte à le visiter (§ 62). Comme paiement de ce soin, la moitié du butin fait au-delà du fleuve lui appartient, l'autre moitié est réservée au commandeur du royaume (§ 62).

Il a aussi la garde de la Vraie Croix, qui suit le camp des chevaliers dans toutes leurs expéditions (§ 62).

Le drapier est chargé du soin d'approvisionner l'Ordre des habillements et équipements, dont on donnera le détail en parlant des règlements stratégiques (§ 67).

Le gonfanonier accompagne le drapeau de l'Ordre, le baucéant[13], que gardent dix chevaliers. Il commande en outre les écuyers, et exerce sur eux la justice, qui, en son absence, appartient au sous-maréchal. Il est chargé de leur enseigner oralement la règle et les cas pour lesquels *ils peuvent estre fustés* (battus). Il a sous ses ordres le grainetier et la garde du camp ; il conduit les troupes au fourrage, et surveille au camp la police des tables (§§ 73, 74).

Le turcoplier commande les turcoples, qui forment la cavalerie légère de l'Ordre, chargée d'éclairer la marche de l'armée, de faire les fourrages et d'escorter les convois.

Les commandeurs de maisons sont les chefs des établissements particuliers de l'Ordre, tant en Europe qu'en Asie.

Les commandeurs des chevaliers paraissent avoir été des chefs militaires chargés du commandement d'une *échelle* ou escadron.

13. Indépendamment du grand étendard de l'Ordre, qui marchait avec le gonfanonier, on voit dans la règle que plusieurs officiers du Temple faisaient porter devant eux, selon l'usage des nations asiatiques, de petits drapeaux qui sont également désignés sous le nom de baucéant. Le sénéchal (§ 59), le maréchal (§ 60), les commandeurs de langues (§§ 62, 63), les commandeurs des chevaliers (§ 70), les chefs d'échelles (§ 70), jouissaient tous de ce droit.

Le commandeur de la viande a l'intendance des vivres de l'armée ; le soin des approvisionnements lui appartient, comme celui des distributions, qui sont réglées par les statuts militaires.

Après ces chevaliers de l'Ordre, viennent les chevaliers, les écuyers, les sergents, et les autres frères compris dans la dénomination générale d'assemblée ou convent du Temple.

La nature de leurs fonctions est suffisamment expliquée par le nom même qui les désigne. Ce que quelques-unes ont de particulier sera indiqué dans l'analyse des règlements militaires des chevaliers du Temple.

III
Règlements militaires

Ainsi qu'on l'a dit plus haut, la règle des Templiers renferme, avec ce qu'on pourrait appeler les statuts religieux, administratifs et politiques de l'Ordre, des règlements militaires qui ne sont pas moins dignes d'intérêt. C'est cette partie de la règle que nous allons rapidement analyser.

Armes. Les Templiers ne paraissent pas avoir fait usage d'armes qui leur fussent particulières. Leur panoplie varia avec les lieux et avec les temps. Seulement on sait qu'étant sans cesse en guerre avec les Sarrasins, ils adoptèrent plusieurs de leurs armes, qui, dans la règle, sont désignées sous le nom générique d'armes turquoises. C'est d'eux qu'ils prirent l'usage de la plupart de leurs armes de jet, et notamment de la *lance à jecter (djêrrid),* qui est désignée dans le § 122 de la règle. Les masses d'armes, qui étaient aussi chez eux une des marques du commandement (§ 59), l'épée, la lance, les couteaux d'armes (§ 67), l'arç et l'arbalète (§ 60), étaient leurs principales armes offensives. Il paraît toutefois que, du moins dans le premier siècle de l'Ordre, ses armes se distinguaient, par leur simplicité, du luxe qui brillait dans celles des chevaliers du siècle. La règle défend aux chevaliers de garnir de flammes et de banderoles leurs lances (§ 35), d'en peindre le bois (§ 122), et de polir leurs heaumes ou chapels de fer, à moins d'une permission expresse du grand-maître (ibid.). Leurs armes défensives sont énumérées dans le § 67 : ce sont un haubert ou heaume de fer, des chausses de fer, l'écu, la cotte, les épaulières, et les gants d'armes, les souliers de mailles[14], et le manteau de l'Ordre, que les chevaliers portaient blanc, les sergents et les écuyers brun (122).

Le maréchal avait l'intendance des armures et des harnais du Temple, comme aussi de ceux enlevés aux ennemis, à l'exception des arbalètes, qui, sans doute parce qu'elles étaient rares alors, appartenaient, par droit d'aubaine, au commandeur sur les terres de qui l'ennemi les avait perdues (§ 60).

Chevaux. La principale force des troupes du Temple consistait, comme celles de toutes les armées de cette époque, dans la cavalerie, dont elles étaient presque entièrement composées. Les nombreuses dispositions de la règle qui se rapportent à son organisation témoignent de l'importance qui s'y était attachée.

Une sorte de haras ambulant, désigné dans les statuts sous le nom de *haraz* (§ 63), et sous celui de caravane de chevaux (§ 5), accompagnait l'Ordre dans toutes ses expéditions. Il était placé sous la surveillance du maréchal, qui en était responsable. La pesanteur des armes et du bagage que portaient les chevaliers, les obligeait de faire venir d'Europe les chevaux de guerre qu'ils montaient. Les turcoples seuls, qui formaient leur cavalerie légère, se servaient de chevaux arabes (§ 58). Indépendamment du

14. Il paraît que les fers doux de Bourgogne étaient déjà renommés à cette époque. Le § 60 porte que le maréchal est chargé de fournir l'Ordre d'acier pour les armes, et de fil de Bourgogne pour les cottes de mailles.

haraz ambulant, il y avait au chef-lieu de l'Ordre un dépôt où étaient conduits, lors de leur débarquement, les chevaux et les mulets qui arrivaient d'outre-mer, et où, au retour des expéditions, les chevaux des chevaliers étaient ramenés pour être soignés par les écuyers (§ 58). De ce dépôt, le grand-maître pouvait tirer à son gré les chevaux nécessaires à son service, et ceux qu'il voulait offrir en présent *aux amis de la meson* (§ 58).

Le soin pris des chevaux se remarque dans plusieurs dispositions de la règle. Ainsi, sans congé exprès de son chef, nul chevalier ne pouvait lancer son cheval au galop (§ 122). Il lui était défendu également de monter sans selle et sans housse, de courir un pari, sinon de peu de valeur, comme d'une lanterne ouverte, d'une peau de mouton, etc. (§ 122) ; de joûter, sans en avoir obtenu la permission (§ 122). Il n'était pas permis de donner « par préférence ou meilleur amour » la ration d'orge d'un cheval à l'autre, de leur lier durant la nuit les pieds avec des entraves, de leur attacher deux jambes ensemble pour les faire marcher l'amble, etc. (§ 122).

La règle du concile de Troyes, article XXX, avait fixé à trois le nombre des chevaux de chaque chevalier : un pour lui, un pour son écuyer, et un pour le bagage. Le § 67 de la règle du manuscrit de Dijon donne de ce bagage un détail qui explique comment, plus tard, un quatrième cheval dut être accordé aux chevaliers pour le transporter.

Sans parler des armes pesantes que portait chaque chevalier, il avait encore avec lui une gribeloire ou petite tente pour camper, un bassin à orge, une hache, une râpe, trois paires de besaces, deux sacs, trois couvertures de chevaux, un sac à paille, un drap de lit, une étamine, un carpite (tapis) blanc et noir, deux longes de cuir, un treillis à serrer le haubert, deux sangles, un escuelier (sac à mettre les écuelles) en cuir, une toile pour la table, une cuiller, un chaudron, un couteau à pain, un canivet (petit couteau), deux chemises, deux braies (culottes), deux paires de chausses, une ceinture de cuir, un jupon à girons devant et derrière, une pelisse couverte, deux manteaux blancs, l'un orné de panne, l'autre sans panne, une cotte de mailles, une chape, un chapel de bonnet et un chapel de feutre (§ 67).

Campement. Avec l'attirail que traînaient à leur suite des troupes ainsi équipées, on conçoit que le camp devait être dressé chaque soir. Nous trouvons dans la règle de curieux détails à ce sujet.

Quand le grand-maître avait choisi l'emplacement du camp, il faisait arrêter le gonfanon ou baucéant, qui en devenait le centre (§ 68). C'était là que la chapelle était dressée pour recevoir la Vraie Croix, et la garde à laquelle elle était confiée. Des cordes tendues autour d'elle, formaient une barrière que les chefs seuls pouvaient franchir (§ 68). Autour, dès que les tentes du grand-maître, de la chapelle, du commandeur du pays, et celles des vivres, étaient dressées, et que le maréchal avait lancé le cri : « Hebergiez vous, seigneurs, de par Dieu ! » (§ 68) les chevaliers plantaient, en files parallèles, leurs gribeloires : c'est ainsi qu'on nommait les petites tentes en parallélogrammes dont l'usage leur était particulier. Aux chefs seuls étaient réservées les tentes rondes, dont la dimension était plus ou moins grande suivant leur grade. Les chevaliers devaient planter leurs gribeloires par échelle (escadron), de manière à conserver dans le campement l'ordre et le rang de bataille.

La cloche du camp (§ 68) était suspendue près de la chapelle, au milieu des tentes réservées aux prêtres, au commandeur de la viande, au crieur, et au grainetier, qui campaient tous autour du gonfanon (§ 68).

Ensuite le maréchal faisait faire les appels (§ 60), en commençant par les hommes d'armes qu'il commandait ; puis on criait : « Aux livraisons », et les frères y allaient, vêtus de leurs manteaux, chacun portant ses sacs, et menant avec soi ses écuyers (§§ 68, 122). Les heures et l'office étaient chantés après le repas du matin (§§ 68, 122) ; les vêpres et complies avant celui du soir, qui est désigné dans la règle sous le nom de collation, et après lequel un second appel était fait sous la surveillance du maréchal (§§ 68, 122).

Les fourrages, comme on l'a vu plus haut, étaient faits sous le commandement du gonfanonier, qui y conduisait de préférence les turcoples ou cavaliers légers, avec la moitié des écuyers, tous vêtus d'esclavines[15], pour ne pas être reconnus de loin par les Sarrasins (§ 122).

On voit dans le § 69 que, par crainte de surprises, les frères qui étaient au fourrage en ou embuscade ne pouvaient ôter à leurs chevaux ni la bride ni la selle, même pour leur donner à manger (§ 69).

Vivres. Le commandeur des viandes avait l'intendance des vivres de l'armée, et distribuait aux chevaliers, aux écuyers et aux sergents les rations qui leur étaient dues (§ 68).

Le grainetier avait la garde de l'orge destinée aux chevaux et aux mulets de la caravane (§ 68) ; il était également chargé de fournir aux chevaliers la paille sur laquelle ils couchaient dans leurs tentes.

Ordre de marche. Les cas d'alerte pendant le campement étaient prévus par les statuts. « Quand le cri lève dans le camp, dit la règle, ceux qui sont proches doivent y courir ; ceux qui sont plus éloignés se rendent à la chapelle comme place d'armes. » (§ 68) Quand le cri levait hors du camp, on ne pouvait y courir qu'avec la permission des chefs « mesme pour lion ou beste dévorante » (§ 68), et lorsque le drapeau de l'Ordre s'y portait (§ 69). Dans les cas extrêmes, les

15. Sorte de manteau de pèlerin, de couleur brune.

frères gardés comme prisonniers pour des fautes disciplinaires, étaient armés et envoyés à l'ennemi (§ 122).

Si le matin était arrivé sans alerte, la cloche de la chapelle et le crieur éveillaient le camp. Les appels faits, on criait *le trousser,* c'est-à-dire l'ordre de serrer les bagages et de plier les tentes ; puis *le monter,* ou l'ordre de monter à cheval (§ 69). Au signal donné par le grand-maître, l'Ordre se mettait en mouvement. D'abord marchait le turcoplier à la tête de ses turcoples, qui éclairaient la route et les flancs de l'armée. Il pouvait même mener avec lui jusqu'à huit chevaliers comme réserve ; mais s'il en avait un plus grand nombre, ils devaient être conduits par un commandeur de chevaliers et un gonfanon (§ 72). L'avant-garde, ainsi formée, marchait en échelle, comme le reste de l'armée, et de temps à autre le turcoplier devait en détacher un cavalier, pour faire au maréchal le rapport de ce que les éclaireurs avaient pu découvrir sur la route (§ 72).

Derrière cette cavalerie légère, marchaient les sergents armés d'épées, d'arcs, d'arbalètes, et de courtes javelines et vêtus d'un haliberion sans manicles (haubert sans manches), de chausses de fer sans avant-pied, et coiffés d'un chapel de fer (§ 67).

Les chevaliers venaient ensuite, disposés en échelle[16], marchant au pas et en silence, chacun d'eux précédé de ses écuyers et suivi de son bagage (§§ 69, 70). Durant la marche, il était défendu aux chevaliers de passer d'une échelle à l'autre (§ 70), et de se réunir deux ou trois pour converser (§ 69). Cet ordre de marche ne pouvait être changé qu'au passage des défilés, et sur le commandement des chefs (§ 70). Si un frère prenait la place d'un autre, la règle, pour éviter toute dispute, voulait que celui-ci, au lieu de la reprendre, allât la réclamer du maréchal, qui devait la lui

16. Ce mot est pris dans le sens d'escadron ou de peloton. Il était emprunté de la disposition même d'une troupe qui, en marchant par pelotons, représente la figure d'une échelle.

faire rendre aussitôt (§ 122). S'ils traversaient une eau courante, ils ne pouvaient, sans congé des chefs, s'arrêter pour abreuver leurs chevaux qu'autant que le baucéant lui-même s'arrêtait (§ 122). S'ils avaient besoin de s'écarter un peu, ils devaient se tenir sous le vent, à cause du sable et de la poussière, « dont ils auraient faict ennui à la chevalerie » (§ 122).

Souvent, dans ces longues marches, on rencontrait quelques croisés égarés qui venaient se rallier aux troupes du Temple. Une sage prévoyance avait réglé que si cette rencontre avait lieu le soir, le chevalier errant serait placé devant un Templier, qui le surveillerait jusqu'au jour (§ 69).

Dans cet ordre, et à moins qu'une soudaine rencontre de l'ennemi n'en disposât autrement, les troupes du Temple marchaient jusqu'à l'heure de prime, qui était aussi celle de la halte. Cette partie de l'office des chevaliers était chantée en plein air et sous les armes, sans déplier la chapelle ; après quoi l'Ordre reformait ses rangs et, le baucéant reprenant sa marche, tout le Temple le suivait (§ 69).

Ordre de bataille. La cavalerie du Temple était, comme on l'a vu plus haut, divisée en deux corps, les turcoples et les chevaliers. Quoique les premiers fussent employés plus spécialement comme éclaireurs, ils avaient une organisation semblable à celle des chevaliers, et formaient la première ligne de bataille. Les uns et les autres chargeaient en échelles, chaque échelle, étant conduite par un commandeur, excepté l'échelle du grand-maître, qui était sous les ordres du maréchal (§ 60).

Les écuyers formaient une sorte de réserve, et étaient formés en échelles, en arrière de la seconde ligne de bataille, sous les ordres du gonfanonier. Devant celui-ci marchait au pas, et suivant la charge, lentement, un turcople portant le baucéant, qu'entourait une garde de dix chevaliers. Il leur était défendu de s'en éloigner sous aucun prétexte ; ils devaient seulement « grever les ennemis le plus bel qu'ils pourront autour du gonfanon » (§ 70). Et comme le drapeau servait de point de ralliement à toute l'armée, on avait réglé, pour le cas où il serait abattu ou déchiré, que le commandeur de l'échelle au milieu de laquelle il était placé, devait porter « un gonfanon ploié entor sa lance pour le déploier si mésaventure arrivait de l'autre, sans pouvoir baisser cette lance pour férir » (§ 70).

Au reste, une même défense était faite à tous les frères de charger sans en avoir reçu l'ordre de leur chef, sous peine d'être mis à pied jusqu'au premier campement (§ 76).

De même, sans en avoir obtenu congé, les chevaliers, « por bleceure ou por plaie », ne devaient se retirer de la mêlée (§ 76). Les sergents non armés de fer, pouvaient seuls, quand ils étaient blessés, se porter en arrière de la ligne de bataille (§ 72).

Cette défense de quitter son rang sans congé, ne recevait d'exception que dans le cas « où un crestien alloit follement et les Turs (Turcs) l'assailloient pour l'occire, le mettant en peril de mort » (§ 70).

On avait prévu le cas où le sort des armes serait contraire à la chevalerie du Temple. « Si la crestienté torne à desconfiture, dont Diex (Dieu) la garde, nul ne doit quitter le champ, tant comme il y a gonfanon en avant, sous peine d'être chassé du Temple à tout jamais » (§ 70). Si la déroute était complète, les chevaliers devaient se rallier au drapeau des Hospitaliers de Saint-Jean, ou à ceux des autres croisés qui soutenaient encore le combat ; et si ceux-ci étaient défaits, les frères pouvaient alors aller « là où Diex plaira » (§ 70).

Marine. Les fréquentes communications que le Temple entretenait avec l'Europe, d'où il tirait ses recrues, ses armes, ses chevaux et la plus grande partie de ses vivres, nécessitaient l'emploi d'une marine considérable. On ne voit pas cependant que l'Ordre en ait jamais possédé une bien importante, et l'on peut conjecturer de plusieurs passages de la règle, que c'était des villes maritimes de l'Italie qu'il empruntait les transports dont il avait besoin. Il n'y avait pas d'amiral du Temple ; seulement, le commandeur d'Acre était tenu d'entretenir pour le service de l'Ordre quelques vaisseaux dont il avait le commandement (§ 61).

Invalides. Si l'on en excepte les chevaliers engagés seulement *a termine,* comme dit la règle, les Templiers étaient tous liés par des vœux perpétuels aux travaux militaires de l'Ordre. Même quand l'âge ne leur permettait plus de porter les armes, ils suivaient le Temple dans ses expéditions, afin de l'aider de leurs conseils comme prud'hommes. Ils rendaient alors leur épée et leur lance au maréchal, qui donnait à chacun d'eux, en échange de son cheval de guerre, « un roncin à l'aublaine (cheval marchant l'amble) pour les déduire ». « Ces viels hommes, disent les statuts, doivent surtout prendre garde de faillir dans le boire et dans le manger, à celle fin que les jeunes se mirent en eulx » (§ 122).

IV
Règlements religieux

Les dangers continuels dont l'existence aventureuse des Templiers était entourée dans leurs guerres contre un ennemi sans miséricorde, leur avaient fait considérer le martyre comme un des risques inévitables de leur profession. La règle (§ 1) fait un devoir aux frères d'être toujours disposés à en recevoir la palme, et c'est pour les y préparer qu'elle leur prescrit de nombreux devoirs religieux.

Il paraît qu'en outre du chapelain de l'Ordre, dont il a été parlé dans les règlements hiérarchiques, il existait sous le même nom dans les troupes du Temple un certain nombre de prêtres attachés à l'Ordre, et jouissant de ses privilèges[17]. A en juger par les dispositions au § 122, ils avaient une hiérarchie analogue à celle des autres Templiers ; les simples chapelains portant, comme les écuyers, le manteau brun, et ceux qui étaient élevés à la dignité de l'épiscopat, portant le manteau blanc, « parce qu'ils sont chevaliers de sainte Église ».

Une troisième classe d'ecclésiastiques est encore mentionnée dans la règle, celle des diacres, qui remplissaient près des principaux officiers de l'Ordre les fonctions d'aumôniers, leur récitant les heures et l'office, que bien peu d'entre ceux-ci eussent su lire eux-mêmes (§ 59). Le commun des chevaliers, à qui cette ressource était refusée, n'étaient astreints qu'à la récitation d'un certain nombre de pater, comme on l'expliquera tout-à-l'heure.

La révérence portée à ses fonctions avait fait accorder au chapelain des privilèges particuliers. Il pouvait raser sa barbe et porter des gants[18] ; la meilleure robe close de la draperie lui appartenait[19] ; à table, sa place était marquée à côté de celle du grand-maître, et il était servi le premier après lui (§ 121). Les pouvoirs spirituels qu'il tenait du pape étaient plus étendus que ceux accordés aux archevêques du

17. Dans les premiers temps de l'Ordre, les chevaliers étaient soumis pour le spirituel au patriarche de Jérusalem, et aux évêques dans le diocèse desquels ils résidaient. Ce ne fut qu'après que les chevaliers de l'Hôpital eurent obtenu du pape d'avoir des prêtres attachés spécialement à leur Ordre, que ceux du Temple commencèrent à avoir des chapelains, vers l'an 1168 environ.

18. Le maçon de l'Ordre partageait seul avec le chapelain le droit de porter des gants (§ 122). C'était, au reste, un privilège que réclamaient tous les maçons, même ceux du siècle. Lors de la construction de la Chartreuse de Dijon, en 1383, le duc Philippe-le-Hardi, pour récompenser l'activité des maçons qui y étaient employés, leur distribuait par douzaines des gants qu'il faisait venir de Flandre.

19. Les robes des autres frères étaient ouvertes par-devant pour qu'ils pussent ôter et remettre leurs armes sans se dévêtir (§ 121).

siècle[20], et ne recevaient de restriction que dans quatre cas, réservés seuls au patriarche : le meurtre d'un chrétien, le combat entre croisés, les coups portés à un clerc, le parjure du prêtre qui s'engageait dans l'Ordre comme laïc (§ 121). Ces prérogatives étaient balancées par des dispositions sévères détaillées dans la règle : « Si le chapelain est de mauvaise vie, dit-elle, et met discorde ou esclandre entre les frères, il faut se délivrer de lui plus légèrement et à moins de conseil que d'un autre frère : on le mettra aux fers ou en prison perpétuelle, etc. » (§ 122).

Si l'on s'en rapporte aux §§ 22 et 122 de la règle, le rituel du Temple avait été calqué sur celui du Saint-Sépulcre, dont on avait cependant modifié quelques dispositions peu compatibles avec la vie errante de cette chevalerie religieuse.

Dès que la cloche du camp appelait les Templiers à la chapelle, ils devaient s'y rendre tous. « Le frère forgeron s'il parait le pied d'un cheval, le boulanger ayant la main à la pâte, le forgeron dont le fer était rouge à la forge », étaient seuls dispensés momentanément de cette obligation (§ 67). L'office, composé des heures canoniales, était entendu par les frères debout et à genoux (§§ 8, 122), à moins d'une permission expresse du grand-maître, chacun d'eux portant son manteau sur ses armes, et une chape par-dessus sa cotte de mailles (§ 121).

Aux matines, qui se disaient deux heures avant le jour, et durant lesquelles on pouvait, par crainte du froid, se couvrir la tête de son manteau (§ 122), ou porter une coiffe de nuit (§ 121), chaque chevalier devait réciter vingt-six pater, après quoi il allait visiter ses chevaux, et voir si ses écuyers avaient mis en ordre son harnais. Il se recouchait ensuite après avoir dit un pater, et se relevait à l'aube du jour pour

20. Il pouvait célébrer la messe dans les lieux mis en interdit. Il avait le droit d'asile dans sa maison, et pouvait être témoin dans sa propre cause.

entendre prime, la messe, tierce, et none. Après l'office du matin, durant lequel ils devaient réciter cinquante-six pater (§ 122), en attendant les ordres du grand-maître, les chevaliers s'occupaient de vérifier l'état de leurs armes, préparaient des traits, ou se délassaient « de belles paroles et courtoisies » (§ 122).

Le soir venu, ils entendaient vêpres et complies en récitant dix-huit pater et de longues prières pour les morts (§ 45).

Aux repas, le chapelain bénissait la table et disait les grâces, tandis que les chevaliers récitaient un pater debout et la tête découverte.

Les §§ 14, 16 17, 56 et 122 de la règle font connaître la rigueur des abstinences et des jeûnes qu'elle prescrivait à tous les membres de l'Ordre, et qui leur avaient été imposés par le pape Innocent II au concile de Pise en 1134. Ils devaient s'abstenir de l'usage de la viande trois jours par semaine. Les malades eux-mêmes, à l'infirmerie, n'en recevaient point le vendredi. L'Ordre observait deux carêmes : l'un qui commençait le lundi avant le jour des Cendres et durait jusqu'à Pâques ; l'autre qui commençait le lundi avant la Saint-Martin pour finir le jour de Noël (§ 77)[21].

Trois jours avant la fin du premier, le jeudi-saint, le grand-maître lavait publiquement les pieds à treize pauvres, et leur donnait à chacun une chemise, une paire de braies, deux pains, deux deniers et deux souliers (§§ 58, 122). La règle ajoute que le chapelain doit bien prendre garde que ces pauvres aient les pieds nets, de peur que le maître, en les baisant, ne puisse avoir mal au cœur (§ 122).

Le soir du même jour on pratiquait au Temple une cérémonie qui doit être mentionnée ici. La cloche du camp

21. Pendant le premier de ces deux carêmes, les frères ne pouvaient prendre leur premier repas qu'après avoir ouï les vêpres (§ 122). Cette rigueur n'existait pas pour le carême d'automne.

ne devant pas sonner avant l'office de Pâques, les chevaliers étaient réunis à la chapelle au bruit d'une table battue par un diacre (§ 122). Le chapelain récitait la passion, après quoi les écuyers apportaient à boire à l'assistance, qui était encore à jeun. L'office achevé, les prêtres lavaient les autels avec du vin, qui, recueilli dans des coupes, était bu dévotement par les chevaliers (§ 122).

L'aumône était une des obligations les plus étroitement imposées aux Templiers. Le pain rompu et non achevé pendant le repas devait être donné aux pauvres (§ 18). Les vieilles robes des frères appartenaient de droit aux lépreux (§ 58). Dans la distribution des vivres, la ration de viande pour deux chevaliers était calculée de manière à ce que du reste il y eût de quoi nourrir deux pauvres (§ 68). Quand le grand-maître mangeait au Temple, cinq pauvres y étaient nourris des reliefs de sa table ; trois pour chaque commandeur, etc. (§ 122).

Le soin des malades est prévu par de nombreuses dispositions de la règle, qui seront mentionnées tout-à-l'heure. Avant d'entrer à l'infirmerie, ils devaient être confessés, et avoir reçu les sacrements de communion et d'extrême-onction (§ 77). Ils ne pouvaient en sortir avant d'avoir assisté à une messe d'actions de grâces pour leur convalescence (§ 77).

On a déjà parlé de la coulpe ou confession disciplinaire qui se faisait au grand-maître, ou à son défaut, à tout autre membre de l'Ordre (§§ 27, 31). En outre, la confession sacramentelle, qui devait être faite au chapelain par tous les frères, est expressément ordonnée par le § 122 de la règle, duquel il semble résulter que cette confession générale était suivie d'une absolution donnée *universaliter,* ce qui servit sans doute de prétexte à l'un des chefs de l'accusation dans le procès de 1311. On voit au reste dans les procès-verbaux de l'inquisition de Toulouse que cette accusation avait déjà été produite contre la plupart des sectes poursuivies par le

Saint-office. Toutefois, au concile de Vienne, cette imputation fut abandonnée par le pape, nonobstant les remontrances des Dominicains, qui, malgré leur ancienne amitié pour les Templiers, étaient devenus leurs plus ardents persécuteurs depuis l'établissement des chevaliers de Saint-Dominique, *cavalieri gaudenti,* qui prétendaient remplacer les chevaliers du Temple.

Au demeurant, cette institution de la confession disciplinaire était commune à la plupart des autres ordres religieux. Les Hospitaliers de Saint-Jean, les Teutoniques, les chevaliers de Calatrava, les Cisterciens, depuis 1254, etc., en pratiquaient également l'usage.

Indépendamment des peines spirituelles imposées dans ces confessions, la règle établit les cas dans lesquels la peine de la discipline devait être infligée aux pénitents. Elle était appliquée pour des fautes assez légères, comme de se présenter en public sans porter le manteau de l'Ordre (§ 122). Ce châtiment était infligé avec *une escorgée,* dit la règle, une ceinture de cuir. Le chapelain seul, quand il s'agissait de la discipline prescrite par la règle, avait le droit de la donner ; tout autre prêtre, au contraire, pouvait remplir cet office s'il s'agissait d'une simple pénitence religieuse (§ 122).

Un autre usage consacré par la règle est rappelé dans le même paragraphe : quand un frère était sur le point de traverser la mer pour retourner en Europe, il paraissait devant l'Ordre réuni dans la chapelle, et demandait pardon des fautes qu'il avait pu commettre contre chacun de ses membres, annonçant qu'il était prêt à subir la pénitence qu'il leur plairait de lui infliger, et requérant le pardon de ses frères ainsi que l'absolution du chapelain (§ 122).

V
Règlements moraux, civils et judiciaires

Morale. La morale des Templiers, leur administration intérieure, et les formes judiciaires observées par eux à l'égard des membres de l'Ordre, ne furent pas attaquées par leurs accusateurs avec moins de violence que leur orthodoxie religieuse. Sans prétendre affirmer que les prescriptions de la règle sur ces divers sujets fussent toujours suivies avec une scrupuleuse exactitude, on ne peut s'empêcher de reconnaître cependant qu'elles témoignent d'un esprit bien différent de celui reproché au Temple par ses ennemis.

Le point capital de ces accusations, en ce qui touche la morale, était, comme on l'a déjà dit, l'imputation d'un crime infâme et contre nature. Le relâchement général des mœurs dans ces temps reculés, est un fait que les témoignages de l'histoire ne permettent pas de révoquer en doute ; mais on ne voit pas de raison pour supposer que les Templiers aient été, sous ce rapport, plus corrompus que les autres troupes européennes jetées par les croisades sur le sol asiatique. Les textes de la règle justifient de sa sévérité.

Les frères qui s'étaient rendus coupables de ce péché, « si horrible qu'il ne doit être nommé », étaient exclus du Temple à jamais (§ 122). La justice ordinaire de l'Ordre ne les protégeait plus de ses formes régulières : le grand-maître les avait en sa discrétion, et les faisait mettre pour leur vie aux *gros fers,* quand il ne les contraignait pas à abandonner la Palestine (§ 123). Il faut bien remarquer aussi que dans tout le cours du procès, quoique des centaines de Templiers déposent de l'autorisation odieuse qui leur avait été donnée, *trois* seulement reconnaissent s'en être rendus coupables. Il est difficile de voir là autre chose qu'un désordre individuel.

La même rigueur de la règle se remarque dans deux autres textes : le premier ordonne aux chevaliers de fuir la société des femmes et le péril de leurs regards, de s'abstenir des baisers de mère, sœur, *et amie* (§ 53) ; le second, pour éviter les abus qui pouvaient résulter des relations même sacramentelles avec les femmes, interdit aux chevaliers de présenter comme parrains aucun enfant au baptême (§ 54).

On trouve dans la règle un article qui se rapporte peu aux reproches adressés à la sobriété des Templiers. « Si l'on donne, dit-elle, de grandes et larges pièces de viande, ce n'est pas pour que les frères et les sergents s'emplissent le ventre, mais pour leur fournir les moyens de pratiquer eux-mêmes l'aumône directement ». (§ 122) On verra tout-à-l'heure, touchant l'usage du vin, quelles étaient les sages prescriptions de la règle.

Pour fuir l'oisiveté, qui leur était strictement défendue, les chevaliers, quand ils avaient rempli leurs devoirs religieux et militaires, pouvaient s'exercer à certains jeux dont les statuts permettent l'usage tout en en prohibant les abus (§ 122).

Le tir à l'arbalète était un de leurs passe-temps favoris. Ils pouvaient y jouer « dix coupons de chandelle sans plus », et au besoin mettre en gage la corde rechange de leur arme, pourvu qu'elle fût dégagée avant la nuit (§ 122). Les jeux de dames et d'échecs étaient sévèrement interdits (§ 122).

La chasse, à cause des dangers qu'elle entraînait en pays ennemi, était interdite aux Templiers. Il n'y avait d'exception que dans le cas où les lions, « qui circuitent pour dévorer », s'approchaient du camp (§ 35). Toutefois le gibier et les poissons dont ils pouvaient s'emparer fortuitement leur appartenaient, à la charge de les remettre au commandeur de la viande, qui en faisait la distribution entre les frères (§ 122).

La règle, pour éviter de sanglantes querelles, et maintenir dans l'Ordre une fraternelle concorde, défendait aux chevaliers de « jurer, payenner, crier, dire laides paroles », leur ordonnant, au contraire, de se faire entre eux « toutes courtoisies et belles paroles» (§ 122). La médisance n'était pas moins sévèrement condamnée : il fallait garder toute réserve dans ses discours, et si l'on entendait quelques paroles méchantes, les faire cesser ou quitter la place, «sans livrer les oreilles de son cœur au vendeur de l'huile» (§ 33).

L'esprit de renoncement aux biens temporels avait fait passer en proverbe, au Temple, que «homme religieux qui a maille ne vaut maille» (§ 122). Il était défendu aux frères d'avoir aucun argent en propre[22] ; celui qui mourait laissant un pécule était enseveli, comme les esclaves, en terre profane (§ 122). Il était pareillement interdit, même au grand-maître, de faire aucune commandise (dépôt) d'argent entre les mains d'un tiers (§ 122).

Comme tout était en commun au Temple, les frères ne pouvaient disposer de rien sans l'autorisation du chef. Même pour donner un *canivet* d'Angleterre ou d'Antioche, ils devaient obtenir sa permission, comme aussi pour toucher, sous quelque prétexte que ce fût, à la besace d'autrui (§ 122).

On a déjà dit que le Temple prenait soin des chevaliers que l'âge ne rendait plus propres au service militaire. La règle ordonne de les entourer de respect et d'honneurs ; ceux qui suivent les expéditions doivent être consultés, comme étant les sages et les prud'hommes de l'Ordre (§§ 43, 112).

Un même sentiment de respect pour la faiblesse avait fait ordonner que les chevaliers qui ne pourraient se guérir à l'infirmerie seraient reconduits en Europe (§ 58).

Ceux qui étaient atteints de maladies dangereuses étaient séquestrés dans des chambres ou des tentes séparées (§ 77), et confiés aux soins de l'infirmier, des mages et des médecins appointés par le grand-maître. Pour assurer

22. C'était pour assurer l'observation de cette défense, qu'il était défendu aux chevaliers d'avoir «loquet ou sereure (serrure) en sac ne en malle» (§ 29).

davantage le bien-être des malades, l'infirmier jouissait d'une autorité définie par les statuts : il avait sous ses ordres la bouteillerie, la cuisine, le jardin, la gélinerie[23] et la porcherie (§ 77). En même temps, et pour s'assurer que son zèle ne pourrait aller trop loin, il lui était interdit de faire faire aucune amputation que de l'avis du chef de l'Ordre, qui devait tenir la main à ce que les malades fussent servis de « viandes, chairs, oiseaulx et blanc mangier propres à les rendre à la santé » (§§ 44, 122). Et comme la nourriture de l'infirmerie était plus recherchée que celle du Temple, on avait réglé, à cause de la communauté qui était le caractère propre de l'Ordre, que le compagnon du frère placé à l'infirmerie, quoique bien portant lui-même, serait traité comme le malade, et servi à trois mets, au lieu d'un seul qui lui était dû (§ 68). On voit, dans le § 77, que l'infirmier ne pouvait servir à ses malades « fèves, lentilles, ail, choux *sinon floris,* bœuf, truie, chèvre, bouc, anguilles, fromage, etc., » et qu'il devait leur demander chaque jour quels mets il leur plairait davantage de manger. Au sortir de l'infirmerie, les chevaliers, avant de reprendre leur rang dans l'armée, devaient, comme on l'à déjà vu, assister à une messe solennelle célébrée pour eux par le chapelain de l'Ordre.

Usages civils. Les usages civils des Templiers sont détaillés longuement dans divers chapitres de la règle.

On peut juger de la pauvreté primitive de l'Ordre par les dispositions qui se rapportent à l'indemnité due au chevalier *a termine* qui venait à perdre son cheval à la guerre. La maison, dit le § 48, lui en paiera le prix si elle en a les moyens ; mais à l'expiration de son terme, il en laissera la moitié à l'Ordre, par charité. On en trouve une nouvelle preuve dans le § 14, qui ordonne aux chevaliers de manger

23. Basse-cour.

à deux dans la même assiette, « por mesaise (rareté) d'écuelles ».

C'était pour fournir à ces besoins, que la rançon des prisonniers avait été réglée par un tarif, qui en fixe le minimum à 100 besans et le maximum à 1 000 (§ 61), et que le luxe des vêtements, qui était alors un goût universel, était remplacé au Temple par une rigoureuse simplicité. Les habillements des chevaliers devaient être faits de telle sorte qu'on pût les mettre et les ôter rapidement (§ 9). Si dans la distribution des robes un frère choisissait la plus belle, on devait la lui reprendre, et lui donner la moins bonne (§ 9). Au lieu de chaînes d'or à attacher le manteau, ils faisaient usage de lacets de cuir propres à résister à la fatigue (§ 121). Il était défendu également de coucher sur un matelas, de couvrir d'esclavine ou de tapis la paillasse, et de porter un chaperon de tête (§ 122) et des souliers à becs, *poulaines* (§ 11). Tous les chevaliers devaient dormir vêtus, une lampe brûlant près d'eux, et prêts à prendre les armes au premier signal (§ 11). Pour éviter des soins superflus, il leur était enjoint de porter les cheveux courts et la barbe longue (§ 11).

Les repas se prenaient en commun, sans places marquées, sinon pour le grand-maître et le chapelain (§ 77), sur des tables auxquelles s'asseyaient, sans se mêler, les chevaliers et la *masnée* [les écuyers et les sergents (§ 122)], dès que la cloche avait cessé de sonner, et après avoir récité les prières d'usage, qui se composaient de trente pater pour les vivants, trente autres pour les morts, et un pater récité debout, tandis que le prêtre bénissait le repas (§ 122). Pendant sa durée, une lecture était faite aux frères, qui l'écoutaient en silence (§ 13, 20). Le grand-maître seul pouvait manger à une table séparée, quand il avait invité un homme du siècle, s'il venait de chevaucher ou de se faire saigner (§ 58). Après la bénédiction de la table par le chapelain, nul ne pouvait la quitter avant la fin du repas, à moins, dit la règle, « que le nez lui saigne ou que cri se lève »

(§§ 67, 122). Pour conserver une juste égalité dans les distributions, les écuyers servaient les chevaliers « par même mesure » de bœuf ou de mouton, à leur choix, les jours gras ; d'herbages, d'œufs, de poissons salés et de fromage les jours maigres : les dimanche, mardi et jeudi, ils devaient recevoir, en outre, du poisson frais « de fleuve ou de mer » (§§ 77, 122). Et, comme les mêmes mets ne pouvaient plaire également à tous, chacun pouvait partager et échanger sa part « autant que son bras pouvait s'étendre » (§§ 77, 122)[24].

Le vin était tempré (mélangé) d'eau (§ 19), aussi bien celui des chevaliers que celui de la masnée (§ 122), et leur était servi par mesure dans des hanaps dont ils se servaient en commun (§ 77), à la réserve du grand-maître et du chapelain, qui buvaient chacun dans un hanap particulier (§ 77). On ne voyait sur la table ni « phioles, ni copes de verre », dont l'usage n'était permis qu'à la table de l'infirmerie (§ 77). Quant à la mesure des rations, il paraît qu'elle n'était pas la même pour tous : « deux écuelles de chevalier en font trois de turcople ; deux de turcople en font trois de sergent » (§§ 68, 122). La mesure du vin, les jours maigres, était le double de celle des jours gras (§§ 68, 122).

La règle prévoit le cas où quelque prud'homme du siècle avait été invité à dîner par le grand-maître, ou un frère de l'Ordre. Dans ce dernier cas, il fallait en prévenir à l'avance le commandeur de la viande, qui devait envoyer de la bouteillerie et de la cuisine de quoi faire honneur à l'hôte du chevalier *a plente* (avec abondance). Comme on avait voulu étendre cette hospitalité jusqu'aux animaux, la règle défend formellement aux frères d'introduire à table « ne chien ne

24. On ne voit pas dans la règle quel était le nombre des repas servis aux Templiers. On pourrait inférer du § 78 qu'ils en faisaient quatre au moins : car on lit que les frères qui ont été saingés saignés trois repas par jour seulement.

oisel» pour leur donner à manger le pain du Temple, et les faire boire dans leurs hanaps (§§ 68, 122).

Les frères condamnés à tenir la pénitence de l'Ordre, mangeaient à terre, aux pieds du grand-maître, sans nappe et sur le pan de leur manteau (§§ 58, 122). Ils devaient se tenir ainsi en silence, sans rire ni jouer, et attendre que le maître, par charité, ajoutât à leur maigre pitance une part de sa viande : pour ce faire, dit la règle, on met à son écuelle quatre rations au lieu d'une (§ 77). Et comme les chats et les chiens venaient souvent incommoder le pénitent dans son humble posture, il lui était permis de les chasser, comme aussi de se retrancher derrière un banc «por se garder de laidure» (§ 122).

Justice. Il n'y avait pas assez de fixité dans les règles de la justice du Temple, pour que son administration ne fût pas mêlée de bien des abus. Ainsi l'autorité du grand-maître y tenait souvent lieu de loi[25], et l'on voit que dans plusieurs cas les statuts consacrent en principe que les peines doivent être graduées en considération, non-seulement de l'offense qu'il s'agit de punir, mais encore du plus ou moins d'estime dont l'accusé est digne : «on fera au prud'homme la grande faute petite, disent-ils, et la plus grande au mauvais frères» (§ 122).

La dénonciation fraternelle servait le plus souvent de base aux poursuites. Quand un Templier découvrait qu'un de ses frères avait failli, il devait, «avec pitié fraternelle», lui imposer une légère pénitence; s'il ne voulait s'y soumettre, l'autre appelait alors un second frère pour sanctionner son jugement. Si le chevalier pris en faute se refusait encore à le reconnaître et à en faire pénitence (§ 32), alors celui qui

25. Les statuts font mention d'un chevalier qui avait nié au maître une jatte de beurre, et que celui-ci expulsa de l'Ordre pour cette faute légère (§ 123).

l'avait découvert devait, à la première réunion du chapitre hebdomadaire, dont on fera connaître tout-à-l'heure les attributions, se lever, et révéler la faute dont il réclamait la punition. L'accusé s'avançait la tête nue vers le grand-maître, et exposait sa défense, soit, ainsi que le prévoit la règle, en rétorquant l'accusation contre le dénonciateur, soit en cherchant à se défendre par un alibi. Alors, s'il y avait plusieurs dénonciateurs, ils devaient être interrogés et confrontés séparément avec l'accusé. On trouve aussi que dans quelques cas particuliers il était admis à exercer une garantie sur laquelle le Chapitre, qui formait le tribunal, devait prononcer (§ 122).

Au reste, ce droit de dénonciation appartenait exclusivement aux membres de l'Ordre. Quand un chevalier étranger avait à se plaindre d'un Templier, il devait s'adresser au grand-maître, et lui faire connaître son grief, pour que celui-ci pût en poursuivre la réparation (§ 122).

Comme cette justice du Chapitre ne pouvait accompagner toutes les expéditions des Templiers, et demeurait d'ordinaire avec le gros de l'armée, le pouvoir judiciaire était remis aux mains du commandeur des chevaliers de chaque détachement, et en l'absence d'un officier de ce grade, les chevaliers devaient élire entre eux un commandeur temporaire, pour garder la règle et en punir les infractions (§ 122).

Il semble résulter de l'examen des statuts, qu'il y avait au Temple deux sortes de peines : les punitions disciplinaires, et les peines judiciaires.

Les premières étaient infligées par les chefs aux subalternes, pour de légers manquements à la règle et à la subordination : elle consistait à mener l'âne, faire le feu, laver les écuelles, peler les aulx, et éplucher les ciboules (§ 122).

Les peines judiciaires étaient prononcées par le Chapitre, contre les infractions plus graves dont les frères s'étaient rendus coupables. Ces peines sont ainsi classées dans les §§ 119 et 120 de la règle :

Perdre la maison. C'était la punition la plus rigoureuse que l'on infligeât dans l'Ordre. Celui qui en était atteint était dégradé, et chassé à jamais du Temple ; on le renvoyait nu, portant au cou une corde et une charte de congé. Il pouvait en cet état essayer de se faire admettre dans quelque autre Ordre religieux, excepté dans celui des Hospitaliers, les deux Ordres étant convenus de ne pas recevoir mutuellement leurs déserteurs (§ 122). Les chevaliers du Temple perdaient la maison dans neuf cas : pour crime de simonie, pour révélation des choses dites en chapitre, pour meurtre de chrétien[26], pour larcin, pour sortie par la fenêtre du château fermé[27], pour convention de commune[28] ; pour désertion aux Sarrasins, pour crime d'hérésie, pour abandon du drapeau de l'Ordre (§§ 79-86).

Perdre l'habit. Cette peine, qui n'était que temporaire, privait seulement le chevalier des droits et des privilèges de l'Ordre. Il pouvait en être relevé par le Chapitre après un certain laps de temps. La règle détermine les cas suivants, dans lesquels cette punition devait être prononcée : la désobéissance ; les coups donnés à un frère ou à un chrétien[29] ; le dommage porté à son manteau en le secouant trop rudement ; l'incontinence ; la calomnie contre soi-même, faite dans le but de se faire chasser ; la menace de déserter ; baisser l'étendard en bataille ; charger avant l'ordre ; refuser

26. La règle ne permet de donner la mort qu'aux ennemis de la Croix, que les chevaliers peuvent « grever et tuer sans colpe » (§ 40).

27. Il était défendu aux frères d'aller en ville ou château à plus d'une lieue, pour manger et pour boire, sous peine d'être mis à la pénitence de l'Ordre de un à trois jours (§ 122).

28. *Commune* ne peut être pris dans l'acception habituelle de ce mot, qui signifie ici complot, conspiration.

29. Il était défendu de battre les écuyers quoi qu'ils fissent, afin de ne pas les assimiler aux esclaves, à qui la règle permettait d'infliger ce châtiment (§ 35).

à un frère le pain et l'eau du Temple ; donner l'habit autrement qu'en chapitre ; voler le bien d'autrui pour se faire recevoir Templier[30] ; briser le sceau ou la masse d'armes du grand-maître ou d'un frère ; briser une serrure ; donner ou prêter à un homme du siècle les aumônes du Temple ; prêter son cheval sans congé ; porter choses d'autrui avec celles du Temple ; dire à son escient que choses d'autrui appartiennent au Temple ; tuer ou blesser ou perdre un esclave ou une bête[31] ; se livrer au plaisir de la chasse ; causer dommage en essayant ses armes[32] ; donner bête vivante à quatre pieds, autre que chien ou chat ; faire maison neuve à pierre et à chaux ; faire dommage au Temple à son escient ; passer la porte avec intention de déserter ; coucher deux nuits dehors ; déchirer l'habit ou le jeter à terre par courroux (§§ 88-118, 122).

Les autres peines mentionnées dans la règle sont celles des fers, qui étaient infligées pour un temps ou à perpétuité, ce qu'on appelait mettre *in pace* (§ 120), et celle de la discipline, qui était donnée par le chapelain, ainsi qu'on l'a vu plus haut. La règle ne spécifie point les cas dans lesquels ces punitions étaient encourues.

30. Le crime qui est ici prévu paraît supposer que des conditions pécuniaires étaient imposées par le Temple au récipiendaire. La règle n'en fait cependant connaître aucune : on voit seulement au § 48 que le chevalier *a termine* qui entrait dans l'Ordre, devait se fournir d'un cheval, et des armes nécessaires à sa profession.

31. Sans prendre congé du grand-maître, on pouvait battre les esclaves de corgées ; mais cette permission était nécessaire quand on voulait « les mettre à l'eschiele ou les larder, sans les mahaigner toutefois » (§ 122).

32. Il s'agit ici des joûtes et des tournois, sévèrement défendus par le Temple, qui, de peur que ces passe-temps chevaleresques ne détournassent les frères des devoirs plus sérieux de leur profession, leur interdisait même de parler entre eux des « prouesses et besognes de chevalerie mieux dites folies » qu'ils avaient faites avant leur entrée dans l'Ordre (§ 33).

VI
Règlements politiques

On comprend qu'il ne faut pas chercher dans une règle religieuse et militaire du XIIe siècle quelque chose qui ressemble à la politique des sociétés modernes. On y trouve seulement quelques traces de l'esprit de conduite de l'Ordre dans ses rapports avec les puissances dont la protection lui était nécessaire, et dans ses efforts de développement.

Plusieurs textes de la règle témoignent de l'intérêt que le Temple attachait à se concilier les hommes puissants du siècle. Ainsi, quoiqu'il fût défendu par les statuts, et sous des peines sévères, de faire aucun don des biens de l'Ordre, on voit que ses chefs pouvaient en disposer en partie au profit des amis de la maison. Le grand-maître pouvait donner jusqu'à cent besans, un cheval, même celui d'un chevalier, une coupe d'or ou d'argent, une robe de vair ou d'autres joyaux de prix (§ 58). Le sénéchal pouvait donner « une selle à crosse, ung mul ou une mule » ; le maréchal, une selle « chevauchée et rendue ». Le commandeur du royaume de Jérusalem pouvait disposer d'une robe de brunette, d'une panne de vair, ou d'une toile de Reims, pour en gratifier « les amis qui font grans présents, et pour l'accroissement de la maison » (§§ 58, 61). Les simples commandeurs de maisons étaient autorisés aussi à entretenir, par des présents faits secrètement, les bonnes dispositions que les seigneurs témoignaient à l'égard de l'Ordre (§ 65). Quand ces protecteurs du Temple venaient y prendre leur repas, la règle, malgré ses rigoureuses prescriptions contre le luxe de la table, permettait de placer devant eux des coupes et des flacons de verre ; ce qui était refusé au grand-maître lui-même (§ 77). Cette condescendance pour les protecteurs de l'Ordre allait encore plus loin : ils pouvaient faire relever de leur pénitence les chevaliers qui avaient été frappés d'une peine disciplinaire (§ 122).

On a vu que la règle interdisait expressément aux frères de posséder en propre une somme d'argent, quelque légère qu'elle fût. Elle leur permettait cependant d'avoir « terres, champs, hommes et vilains » (§ 40). La raison de cette différence est facile à trouver : l'argent n'eût fait que donner aux chevaliers une indépendance personnelle contraire à la discipline ; les terres et les vilains profitaient à l'Ordre en étendant son influence au-dehors. Un motif de même nature avait fait autoriser en faveur des chefs, et même quelquefois des simples frères, la possession de commandises de bétail. Le § 61 parle des « *boveries* » qui, par permission du maître, pouvaient être gardées par des détachements de cavalerie.

Un autre soin de la politique du Temple avait été, pour éviter les brigues et les jalousies, d'éloigner de la Palestine ceux des chefs de l'Ordre dont la puissance eût pu faire ombrage à celle du grand-maître : les commandeurs d'Occident, France, Poitou, Angleterre, Aragon, Portugal, Pouille et Hongrie, ne pouvaient passer d'Europe en Asie sans la permission expresse, non du grand-maître, mais de l'autorité suprême, qui résidait dans le Chapitre (§§ 58-61).

Il reste encore à parler des rapports du Temple avec les autres Ordres, et particulièrement avec celui de l'Hôpital, que les historiens du Moyen Age ont présenté comme nourrissant l'un contre l'autre des sentiments de jalousie et de profonde inimitié. On ne peut guère révoquer en doute, il est vrai, la plupart des faits attestés par les auteurs contemporains ; cependant il semble difficile de croire qu'en ces occasions les Templiers suivissent d'autre impulsion que celle des circonstances mêmes dans lesquelles ils se trouvaient placés. Rien ne ressort de leur règle qui accuse le moindre sentiment de haine ou de jalousie contre les Hospitaliers ; on y trouve, au contraire, de nombreux témoignages de la conduite fraternelle que les Templiers étaient tenus de suivre à leur égard. Ainsi les deux ordres se rendaient mutuellement leurs déserteurs (§ 122). Quand les

Templiers étaient mis en déroute par les Sarrasins, c'était autour du drapeau de l'Hôpital qu'ils devaient se rallier, de préférence à toute autre bannière de la chrétienté (§ 70). Ils ne pouvaient planter leurs tentes près de celles des autres troupes des croisés ; mais la règle leur permettait de se mêler, pour camper, aux frères de l'Hôpital, et de placer avec eux leurs tentes corde à corde (§ 67). Ils ne pouvaient boire ni manger ailleurs qu'au camp ou au Temple ; mais quand il s'agissait des maisons ou du camp des Hospitaliers, il leur était permis d'y prendre les repas qui leur étaient offerts (§ 122). Ces dispositions favorables prouvent assez que la rivalité qui divisa souvent, et arma même plus d'une fois les deux ordres l'un contre l'autre, n'existait ni dans l'esprit ni dans les préceptes de la règle du Temple, qui, au contraire, suppose entre eux une étroite union, bien plus conforme au but commun de ces deux institutions.

Quant aux autres ordres, il en est deux particulièrement qui eurent avec le Temple des rapports intimes : l'Ordre teutonique, avec lequel les Templiers furent toujours unis d'intérêt, et que, durant leur procès, le clergé de Livonie essaya d'entraîner dans leur ruine ; l'ordre des Dominicains, qui, jusqu'à cette catastrophe, se montra leur fidèle allié. En 1243, le chapitre général des frères prêcheurs avait même statué que toutes les fois qu'un Dominicain, comme confesseur, assisterait au testament d'un mourant, il s'emploierait pour assurer un legs aux Templiers.

Les Hospitaliers de Saint-Jacques, et ceux de Castille en Espagne, entretenaient avec le Temple des relations également amicales. Il y avait un traité de garantie mutuelle entre les trois ordres, même contre le roi.

VII
Du Chapitre

Dans un ordre indépendant, comme celui du Temple, et qui avait fondé sa hiérarchie sur le principe de l'élection, la base de l'autorité devait résider, on le comprend sans peine, non dans la personne du chef, mais dans la volonté générale, régulièrement manifestée dans les assemblées de l'Ordre.

On reconnaît, en lisant la règle, que ces assemblées étaient divisées en Chapitres généraux, auxquels tout l'Ordre était convoqué, et en Chapitres hebdomadaires, qui se tenaient chaque dimanche partout où il se trouvait plus de quatre Templiers réunis.

C'était au Chapitre général qu'appartenaient la puissance législative et la puissance judiciaire. Le grand-maître ne pouvait déclarer la guerre et conclure la paix qu'avec son autorisation (§ 58). Il avait également le droit exclusif d'acquérir et d'aliéner les terres et seigneuries de l'Ordre (§ 58). Seul, il pouvait modifier les statuts en ce qui touchait à la hiérarchie, à l'administration civile, et à la justice. L'application des plus graves peines, comme l'expulsion, la privation de l'habit, et l'emprisonnement, lui était réservée. Enfin, c'était à lui qu'était attribué le droit d'élire le grand-maître, et de recevoir les nouveaux chevaliers[33].

La juridiction des Chapitres hebdomadaires qui régissaient chaque commanderie, n'embrassait que les cas disciplinaires, auxquels s'appliquaient les peines légères qui ont été citées plus haut, en parlant des règlements judiciaires. L'interprétation des points les moins importants de la règle leur était aussi déférée. On ne voit pas, au reste, qu'ils participassent aux autres fonctions dont le Chapitre

33. Les Chapitres généraux, dit Münter, étaient très secrets ; mais on en tenait rarement : car ils coûtaient beaucoup, et le grand-maître ne les craignait pas moins que le pape les conciles.

général était investi. Quant à la forme dans laquelle ils statuaient sur les affaires qui leur étaient soumises, la règle l'explique sommairement. Chaque frère, en entrant au Chapitre, devait se signer, ôter son chaperon « se il n'étoit pelé », dire un pater, et puis s'asseoir à son rang. Quand l'assemblée était toute réunie, on récitait une prière en commun ; le chapelain faisait une instruction, et l'affaire s'instruisait, comme il a été dit dans les règlements judiciaires. Les voix étaient recueillies en l'absence des parties, qui ne rentraient au Chapitre que pour entendre prononcer le jugement.

Il semble résulter de quelques textes de la règle, que l'exécution des jugements étaient confiée au grand-maître ; cependant on n'y trouve rien de précis à ce sujet.

Maillard de Chambure,
Règles et statuts secrets des Templiers, Dijon, 1841.

PRINCIPALES SOURCES

C.-G. ADDISON : *The knights Templars* (London, 1814).

SAINT BERNARD : *De laude novae militiae* (Patrologie latine de Migne).

EDGAR BOUTARIC : *Notices et extraits de documents inédits à l'Histoire de France sous Philippe le Bel* (Paris, 1862). — *Clément V, Philippe le Bel et les Templiers* (« Revue des questions historiques », 1871).

M. BOUTHOUL : *Le grand Maître des Assassins* (1936).

MAILLARD DE CHAMBURE : *Règles et Statuts secrets des Templiers, Histoire de cet Ordre* (Dijon-Paris, 1840).

HENRI DE CURZON : *La règle du Temple* (Paris, 1886).

PIERRE DUPUY : *Traité de la condamnation des Templiers* (Bruxelles, 1702). — *Histoire de l'ordre militaire des Templiers* (1751).

H. FINKE : *Papsttum und Untergang des Templerordeus* (Münster, 1907).

FROUDE : *The spanish Story of the Armada and other Essays* (1892).

RENÉ GUÉNON : *L'ésotérisme de Dante* (Paris, 1929).

RENÉ GROUSSET : *L'épopée des Croisades* (Paris, 1939).

BERNARD GUI : *Vie de Clément V.*

VON HAMMER : *Sur deux coffrets gnostiques du Moyen Age du Cabinet de M. le duc de Blacas* (Paris, 1832). *Mines de l'Orient exploitées* (Vienne, 1818).

R. P. JOLY (Capucin) : *Histoire critique et apologétique de l'Ordre des Templiers* (1789).

GEORGES LIZERAND : *Le Dossier de l'Affaire des Templiers* (Paris, 1923).

M. LAVOCAT : *Procès des frères et de l'Ordre du Temple* (Paris, 1888).

FRANÇOIS DE MÉZERAY : *Histoire de France.*

PRINCIPALES SOURCES

JULES MICHELET : *Procès des Templiers* (Collection des documents inédits sur l'Histoire de France. Paris, 1841-1851).
VICTOR-ÉMILE MICHELET : *Le secret de la Chevalerie* (1930).
MIGNARD : *Preuves du manichéisme de l'Ordre du Temple.*
ÉLIZÉ DE MONTAGNAC : *Histoire des Chevaliers Templiers et de leurs prétendus successeurs* (1864).
PLANE : *Apologie des Templiers* (Meudon, 1797).
J.-H. PROBST-BIRABEN et A. MAITROT DE LA MOTTE-CAPRON : *Les Templiers et leur alphabet secret* (1939). — *Les idoles des Chevaliers du Temple* (1939). — *Les coffrets mystérieux des Templiers* (1939). — *Les Templiers et les gardiens du Temple* (1939). — *Le Roi de France et les Templiers* (1940). — *L'Héritage des Chevaliers du Temple* (1940).
RABANIS : *Clément V et Philippe le Bel* (Paris, 1858).
M. RAYNOUARD : *Monuments historiques relatifs à la condamnation des Chevaliers du Temple* (1813).
VERTOT : *Histoire de l'Ordre de Malte.*
JACQUES DE VITRY : *Gesta Dei per Francos.*

TABLE DES MATIÈRES

N° d'éditeur : 2320
N° d'impression : 16869

Les Presses Littéraires - 66240 Saint-Estève
Réimpression : janvier 1997

Imprimé en France

ISBN 2-235-00070-3